走出貧窮

Portfolios of the Poor

戴芮・柯林斯
Daryl Collins

強納森・梅鐸
Jonathan Morduch

斯圖亞特・盧瑟福
Stuart Rutherford

奧蘭妲・魯斯芬
Orlanda Ruthven

許恬寧　譯

目次

表目次

圖目次

推薦序

富裕限制了我們的想像

林明仁（臺灣大學經濟學系特聘教授）

如果你是因為看到本書的書名《走出貧窮》而好奇，「嗯，這應該是一本教像我一樣的月光族，如何找尋投資機會、完善資產配置、實現財富自由的理財書籍」的話，那你可能要失望了。因為，能有時間與財力閒逛書店或瀏覽網路的你，並非本書討論的對象。

這是一本談「真正的窮人」的書。不是月薪三十K以下的窮人，而是從全球的角度來看，每日扣掉房租支出後，手頭只剩兩塊美金（還不夠買兩個御飯糰），在生存邊緣掙扎的人們。「終結任何形式的貧窮」（end poverty in all its forms everywhere），在聯合國永續發展目標中排行第一，而世界銀行也指出，以測試證據與分析作為基礎，協助各國制定正確扶貧政策，並聚焦於可積極改善人民生活的政府投資，才是正確的作法。從國家上位的政經制度、資料的蒐集與分析、各類扶貧政策的效果，以及新作法的發想與評估，發展經濟學家在理論與實務上，都提供了非常好的建議，而這也是循證分析（Evidence Based Policy Evaluation）的最好典範。而依據世界銀行二〇二〇年〈終結貧窮、繁榮共享〉（Poverty and Shared Prosperity）報告指出，全球貧窮人口的比例（Global Poverty Rate），從一九九〇年的三六%（十九億人）降到二〇一七年的十%（七億人），除了國際經濟的發展外，這群發展經濟學家的功勞也不能被忽略。

本書即是由個體行動的角度，結合發展經濟學、行為經濟學與財務規劃研究，以協助家戶脫貧的最好指南。四位作者在微型金融及國際扶貧與發展領域都有多年研究與實戰經驗，本書不只是象牙塔裡的作品，而是以實際行動與政策執行結合，對現狀帶來改變的研究成果的忠實紀錄。

讀者可以從三個層次上來消化書中的內容，首先是了解地球上其他地方真正的窮人是怎麼過日子的。作者們與窮人相處，設計出財務日記（financial diary）研究法。透過密集的互動與訪談，建立家戶層級的資產負債表與現金流量表，了解這群人們每日的財務行為，以及他們為什麼要做這些財務決定的理由。本書研究發現，窮人的財務有三個特點，首先是收入少，再來是入帳時間極不穩定，這兩點讀者應該不會感到意外。但第三點：高頻率的財務活動，就出乎大家的意料了。以第一章的哈米德與卡迪佳這對夫妻為例，他們狡兔就不只三窟：家裡擺一些現金、交一些給父母保管、借錢給親戚、買人壽儲蓄險，但同時也積極向微型金融機構借款、跟親友與雇主調頭寸、欠雜貨店跟房東錢，卻也同時擔任鄰里間的地下銀行！他們的資產負債表，借方跟貸方的分錄都非常精彩，風險程度也各有不同。這家人的資產淨值雖然是負的，但償債比率還是在可控範圍。這也呼應了發展經濟學對窮人生活的理解：就是因為窮，所以每一分錢都要找到最合適的去處，而處理財務安排，也就占據了窮人大部分的時間。

四位作者從最基本的財務事實出發，記錄受訪者的每一筆現金流，以及它的來龍去脈，再從風險管理的重要性、儲蓄的方式、利率的影響，到如何與微型金融機構打交道，一步一步透過理論與實務的對話，抽絲剝繭，讓這些研究成果成為提供更好財務組合理論的養分。這些一步一腳印、老老實實進入細節的研究，提供了政策制定很好的個體參考，後來也成為扶貧政策的重要內容。

除了滿足知識的好奇心、了解政府與學界對減少全球貧窮的研究努力及政策成果外，本書對台灣社會或個人，或許也會有一些幫助。根據民國一一〇年衛服部統計，台灣的中低收入族群約在三十萬人左右。但由於審查標準相當嚴苛，因此「隱形貧戶」不在少數。本書提出的財務日誌研究方法，不但可以用來了解台灣貧戶的財務狀況，研究結果也可以與作者後續在風險管理、儲蓄方式、財務管理等方面的洞見加以對照，以找出更有效率的行為改變方式。最後，本書對個人的財務規劃也並非沒有可以參考之處。畢竟，就是因為資源相當稀少，所以窮人們必須更仔細評估每一塊錢（one dollar, literally）要怎麼花，才會最有效率，必須更像個斤斤計較的經濟學家才能生存下來。建立個人財務日誌、評估各類投資的風險，找出最佳財務組合，也是負責任的個人理財標準起手式。

總而言之，這是一本希望讓世界變得更好的書。而詳細的資料蒐集與社會科學嚴謹的推論過程與分析方法，是本書最重要的特色。就讓經濟學家溫暖的心加上冷靜的頭腦，帶讀者走過這趟了解貧窮、提出解方的知識之旅吧！

推薦序

把手弄髒只為求真相的研究

莊雅婷（臺北大學經濟學系助理教授）

自從二〇〇六年穆罕默德．尤努斯獲得了諾貝爾和平獎之後，關於微型貸款的討論如雨後春筍般，各種微型貸款的服務也在發展中國家受到重視，微型貸款的理論和實踐都成為現代扶貧政策當中不可或缺的一項金融服務。

微型貸款顧名思義是小額的貸款，大部分是貸款，後來也有存錢還有保險類型的金融工具，而服務的對象大多是窮人，利息一般來說比銀行高很多，以社群互相擔保的方式借款，還款率非常高。當時得獎的原因是這項服務補足了窮人對於金融服務需求的缺口，而還款率之高顯示了這是一項永續的服務。不過微型貸款在行之有年後，也有各種批評的聲音，包含利息過高是一種不道德的手段，以及金融商品多以貸款為主沒有更多彈性的工具。

在一片微型貸款的政策討論中，真要了解如何讓這些所謂的窮人的銀行（也就是微型貸款機構）更確實完成扶貧目標，我首推《走出貧窮》一書，這本書根據窮人的財務日記，詳細了解窮人現金流裡面的限制與實況，而唯有抽絲剝繭窮人的現金流，才能補足金融機構服務的不足。

第一次知道這本書，是這本書二〇〇九年成書的時候，也是我剛進入發展經濟學學術領域的時候。乘著諾貝爾和平獎的光環，當時的學者和NGO界大力討論微型貸款理論與實務，那些年，我曾有幸為當時美國著名的微型貸款機構FINCA International，還有當時研究微型貸款的知名學術機構Innovation for Poverty Action（IPA）做研究員，使用各種評估的計量工具，分析微型貸款的效益，沉浸在這股討論微型貸款的浪潮。而這本書卻是在一個量化研究為政策討論王道的浪潮中，所出現的一本非主流方法的政策分析書籍，所以當時很吸引我的注意。其一因為本書的作者之一強納森．梅鐸（Jonathan Morduch）和我當時IPA的老闆耶魯大學教授丁．卡倫（Dean Karlan）是朋友，其二是我好奇身為經濟學家的梅鐸，為何用一種不那麼經濟學的方式呈現這個議題，反而是一種兼具質化與量化的混合式方法。直至今日，使用日記分析的方法在各社會科學都還是十分少見，這也是當時的創舉，即便書本已經很老了，裡面的洞見仍切合各種扶貧政策的討論，雖然這樣類型的著作與方法沒辦法改寫發在經濟學界的主流期刊，但我認為這種把手弄髒的研究方法，是在充斥數學或模型世界的經濟學界難能可貴的精神。

作者們與二百五十個家庭合作，用財務日記的方法詳細記載窮人各種正式與非正式的現金流，每個月至少需要探訪對象兩次，涵蓋了孟加拉、印度、南非的貧窮家庭，甚至是所謂世界銀行定義的赤貧家庭。而作者們也認為，唯有這樣的方式，才能知道真正的收入或支出是發生在什麼時候、以怎樣的形式流入或流出，真實了解這群家庭生活的限制，這是一般只看資產負債表的方式看不到的。簡而言之，他們觀察到窮人的財務組合，最大的特點就是**收入低、不固定又無法預測，且缺乏可靠的理財工具**，一般的政府或非營利組織在考慮扶貧的金融相關政策時，多半只看到第一項收入低的限制，卻沒有看到更深層的問題，因此所規劃出來的各種財務工具自然不符合窮人的需求。

作者們也在書中精彩的用家庭發生的各種情況去闡述他們如何依賴社群間非正式的金融關係，這是一種必然、也是一種詛咒，因為窮人家庭的收入不穩定，正式金融機構無法滿足他們預測不到的臨時需求，所以必須仰賴社群的借貸，才能度過難關。但這些「不得不」建立的金錢關係，也促使窮人們即便不喜歡和某些人有非正式的金錢往來，也還是得靠著這些籌錢管道，以保障生活穩當。也因為管理金錢的複雜度，與接踵而來的不確定性與風險，窮人們的計畫趕不上變化，常常沒辦法把握好的機會。書中點出了很多一般人的誤解，比方其實窮人並不是不理財的，而是一直積極地在管理錢，正因為少所以才更靈活使用各種金融管道。再者，窮人借高利貸是一種無可奈何，因為正式金融機構的貸款很少借這麼小額又有這麼短的期限，這些不固定的借貸需求，導致他們需要尋求一般人較難以理解的高利息借款（但作者在第五章有說明把窮人借款利率看成一種費用更為貼切，因為這些貸款都很短期，使用年利率去計算是一種誤導）。

書中也很精采敘述許多非正式社團的功能還有變革，比方儲蓄社、互助會等很多都有存錢及借錢的功能，這部分的社團各國都有，類似台灣的標會。而借錢與存錢，對窮人來說，意義很相近，因為缺乏可靠的存錢與借錢管道，很多非正式的管道都提供了金融風險管理的功能，但即便是這樣，這些非正式的管道，還是有一層永遠去不掉的不確定性或風險。和台灣的標會一樣，雖然有互助合作的功能，但還是頻頻有倒會的風險傳出。

在這樣一頁頁被整理解讀的財務日記中，我彷彿讀到一個個栩栩如生的故事，那些可怕突如其來的喪病意外、那些歡喜支出卻龐大到傷腦筋的喜慶，都在這些現金流的敘述中活了過來。我回想起博士班那年，我深入印度鄉間中去做探索性的研究調查，遇見了一群女士，她們說話語氣像媽媽、像阿嬤，她們說起存款俱樂部的故事，也有提到她們社團的記帳本子，我想這些本子裡可能也一筆筆記下了那些不確定的風險、不可預測的現金流，也反應了當代金融機構或非營利機構所能強化的缺口——更可靠、更彈性，也更符合窮人日常需求的金融服務。

最後，如果你想看微型貸款理性模型的一面，我推薦搭配看強納森．梅鐸的 *The Economics of Microfinance*，這本書呈現微型貸款理論的部分，搭配簡單的經濟學模型去解釋為什麼微型貸款的服務內容長這樣、為什麼微型貸款可以提供成功永續的服務，比較類似微型貸款的教科書，而理論背後的故事，以及來龍去脈，你一定要看《走出貧窮》。

第一章

窮人的財務組合

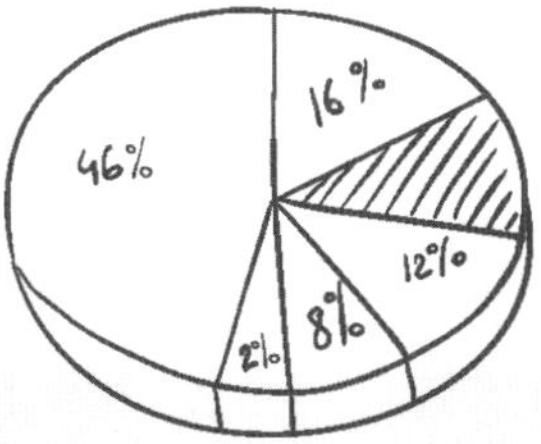

義憤填膺的公民團體、新聞從業人員、政治人物、國際組織與流行音樂明星，一遍遍喚醒民眾對於全球不公的關注。新聞定期報導全球的貧窮率趨勢，致力於推廣讓貧窮率減半的全球運動。定義全球的窮人時，「每人每日不到兩美元收入」成為廣獲認可的基準線。世界銀行（World Bank）估算二〇〇五年時，世上五分之二，也就是有二十六億人落入這個範疇；此外，這二十六億人之中，最赤貧的九億人更是每天靠不到一美元掙扎度日。

無須如此度日的我們，很難想像靠如此迷你的收入活下去。甚至不假思索地認定，那種天方夜譚級別的極低收入，導致窮人幾乎只能當「日光族」。要脫貧的話，只能靠國際慈善，或是有一天加入全球化經濟。最熱門的全球貧窮公共辯論議題，因此全在談援助與債務豁免，爭辯著全球化的優缺點，[1]窮人可以如何自救則是比較少聽見的討論。如果說靠一、兩塊錢就得過一天，已經很難想像，更別提要設想如何靠這樣的收入致富。

假設你的家庭收入，確實是平均每人每天不到兩美元，如果和處於那種情境的其他人一樣，那麼你幾乎一定是在地下經濟從事零工、兼職或自雇的工作。一天靠兩美元過活最不常被提及的問題，就是你不會真的每一天都拿到錢。「一天兩塊錢」是指一段時間的平均，某幾天賺比較多，某幾天比較少，通常根本沒收入。此外，生活在這種狀態時，你能取得的協助有限。就算有，品質一般也偏低。家人與社群是你最大的後援，然而最常見的情形是你得自己看著辦。

你大部分的錢會花在基本的必需品，尤其是食物，但要如何抓預算？你該如何確保每天都有得吃、有得喝，而不只是有收入進帳的那幾天？如果每天有食物吃似乎已經夠困難，發生緊急狀況該怎麼辦？孩子生病時，如何能確保有錢看醫生和幫他們買藥？即便健健康康、平平安安，你又怎麼有辦法籌錢，應付未來的高額支出——包括房子與家具、讓孩子接受教育與結婚等等。此外，你還得替自己留一點錢，等老到無法工作的時刻派上用場。簡言之，生吃都不夠，該如何想辦法曬乾？

以上是很實際的問題，數十億人每天都會碰上，此外也是起點，可以據此設想出新方法，替企業開創新市場，服務每天靠一美元、兩美元或三美元度日的民眾。政策制定者與政府試圖處理一直存在的不平等時，剛才那段話提到的問題是明顯的起點。

雖然以上提到的窮人財務問題相當基本，要回答卻很不容易。現成的資料僅提供以管窺天的機會，不論是政府與世界銀行等機構所做的大型全國代表性經濟情況調查，亦或者是小規模

---

[1] 相關討論的大致情形，最犀利的援助策略論點，可參見 Sachs（2005）、Easterly（2006）加以辯駁，Wolf（2005）替全球化辯護，Stiglitz（2005）等人則指出侷限。

的人類學研究或專門的市場調查，全都不是為了解決此類問題而設計。大型調查讓人大致能了解生活條件，協助分析者計算全球的窮人數量，以及窮人每年的一般消費，但僅以有限的方式，讓人了解窮人實際上如何度過一週又一週的生活：如何制訂策略、權衡利弊、抓住機會。人類學研究與市場調查，雖以較為貼近生活的方式檢視行為，但極少依據一段時間內定義明確的經濟行為，提供量化的證據。

由於我們擁有的知識，無法解答我們冒出的種種疑惑，我們在幾年前展開一系列詳細的一年期研究，試圖了解家庭如何靠極少的收入活下去。我們所做的研究，有的追蹤農業社區的村民，其餘的則研究城市居民。我們的第一項發現是最基本的一條：不論研究哪個地區，多數家庭鮮少一有收入到手，就全數花光，即便是每天每人平均要靠不到一美元過活也一樣。家庭會想辦法「管理」金錢，有機會就存、有必要就借錢。他們或許依舊左支右絀，但一段日子後，即便是最窮困的家戶，也以這樣的方式管理高比率的收入：他們會存下一些錢，或是拿去償還債務。窮人動用五花八門的方法，把錢藏在家中、託別人保管，或是存進銀行機構；加入儲蓄社（savings club）、儲貸社（savings-and-loan club）、保險社（insurance club）；或是向鄰居、親戚、雇主、放貸者、金融機構借錢。一般的貧窮家庭隨時處於各式財務關係之中。

窮人的財務生活在眼前展開，我們得出兩點心得，除了對全球貧窮的看法改觀，還可能協助市場回應貧窮家戶的需求。首先，我們發現對窮人來講，理財其實是日常生活中相當基本、人們也深深理解的一件事。判斷貧窮家庭能在多少程度上改善生活時，金錢管理是關鍵因素。理財能力的重要性，不一定高過身體健康、良好的教育或財富，但通常是達成這幾大目標不可或缺的條件。第二，我們發現貧窮家戶想盡辦法管理微薄收入時，幾乎每每受不了現有理財工具的糟糕品質，最令人無法忍受的一點是可靠性低。我們因此想到，如果能提供貧窮家庭某種更理想的財務工具，他們改善生活的機率絕對會大大增加。

我們這裡談的是管理金錢的財務工具。這些工具要能有辦法在每人每天兩美元的條件下，不僅讓桌上有食物，還能應付生活帶來的其他支出需求。可靠金融工具的重要性，不同於一般的假設。貧窮家庭的生活與優先順序，並非如我們所想的那樣，我們必須重新思考銀行與銀行業務的概念。全球的「微型金融」（microfinance）運動已經引發某種程度的重新思考，但值得繼續深入研究。不論是致力於帶來社經變革的慈善家與政府，或是試圖拓展市場的企業，本書介紹的研究發現都將點出新機會。

「窮人」和任何公民團體一樣，每個人的情形各有不同，不過有一件事是共通的：人們因為沒有太多錢而被定義為窮人。如果你是窮人，你每天的生活絕對主要是在想辦法安排錢的事——程度大概超越其他任何類型的團體。

財務日記

為了找出對窮人而言，財務工具最關鍵的地方是什麼，我們與窮人相處，詳細了解他們管理金錢的方法，設計出「財務日記」（financial diary）研究法，一共訪問三個國家的窮人，在每次的一年研究期間，每個月至少探訪研究對象兩次。我們先是在孟加拉與印度做調查，不久後也在南非進行，利用訪談資料整理出「日記」，呈現受訪者如何處理金錢。我們一共蒐集到超過兩百五十份完整日記，[2]我們想知道的窮人家戶如何理財，在研究的過程中，答案逐漸浮現，互相印證。很重要的一點是，那些答案也符合我們這些年來，在其他脈絡下的所見所聞，包括三國以外的拉丁美洲、非洲與亞洲各地的情形。[3]

我們得知收入流是在哪些時刻、以什麼樣的方式流進流出。觀察貧窮家戶的情形，其實幾乎像是在觀察小型企業，我們建立家戶層級的資產負債表與現金流量表，緊盯著研究對象的財務行為：他們借入與償還的錢、借錢給其他人與拿回錢、儲蓄與提領的錢，以及做這些事的成本。家庭在當下提出的解釋，增進了我們對於相關決定的理解。我們聆聽受訪者談自己的財務生活：為什麼他們那麼做、其中的困難與簡單之處，以及他們感到自己做得多成功。令人想不到的是，資產負債表與現金流量表等企業的金融工具，替我們的研究帶來了架構，我們得以開始了解收入極低的家庭，每天要怎麼做才能度日。[4]

購買力與窮人財務

目前為止，我們應用聯合國「千禧年發展目標」（Millennium Development Goals）廣為人知的貧窮標準，提到一天靠一、兩美元生活的挑戰，[5]不過「每人每天多少美元」的數字因經過特殊計算，所以在此加以解釋。

---

2 如果納入研究四十三個家戶的二代鄉村銀行日記（Grameen II diary，詳情請見第六章），樣本數逼近三百個家庭。

3 這裡所指的國家，以及我們蒐集日記的三個國家（孟加拉、印度與南非），全都幸運未處於戰火衝突，政府也公認有效運轉，經濟未中斷。本書提到的部分情形有可能不適用於脆弱或「失靈」的國家，或是不具備貨幣經濟的地區。我們的整體論點受個人與許多組織所做的大量研究形塑，內文將引用代表性的研究。

4 Krislert Samphantharak and Robert Townsend（2008）的重要新研究，將此處的概念應用在泰國的每月資料，替家戶與公司之間的類比，打下紮實的研究法基礎。

5 「千禧年發展目標」一共有八項：讓赤貧減半（定義是每人每天生活費不到一元，一九九三年的ＰＰＰ美元）、防堵愛滋傳播、提供普及的初等教育等等，預計在二〇一五年前完成。全球所有的國家與所有的頂尖發展機構承諾一起努力。詳情請見：http://www.un.org/milleniumgoals。

為求反應各國的生活成本，相關數字經過調整。一美元在印度德里（Delhi）、孟加拉達卡（Dhaka）、南非約翰尼斯堡（Johannesburg），比在美國紐約好用。銀行或機場用來兌換美元與印度盧比（rupee）、孟加拉塔卡（taka）、南非蘭特（rand）的標準「市場」匯率，不一定能確實反映出事實，聯合國因此利用「購買力平價」（purchasing power parity，簡稱PPP）轉換係數加以調整。採用經過PPP調整的美元，為的是試圖呈現我們研究的國家所具備的購買力，實際上高過市場匯率所呈現的數值。

如何計算PPP轉換係數，本身已成為重要的研究主題，由「世界銀行國際比較計畫」（World Bank International Comparison Program）負責主持，算法還在持續修正中。[6]以我們研究的情境而言，PPP係數的侷限在於它們依據的商品與服務，為的是反映各國的整體人口消費模式，貧富不拘，購買汽車、電腦、外出用餐等項目都涵括在內，但我們的研究希望側重於窮人的購買力，尤其南非的貧富差距極大，此一問題尤其嚴重。

好消息是新型的「貧窮PPP」（Poverty PPP）轉換係數，集中在一般由低收入戶購買的商品與服務，但此一數據目前尚無法取得。由於我們缺乏「貧窮PPP」的數據，本書其餘的章節仍舊依市場匯率換算。在我們進行財務日記研究的期間，孟加拉、印度與南非的平均市場匯率是一美元＝五十孟加拉塔卡，一美元＝四十七印度盧比，一美元＝六．五南非蘭特。

為了讓大家了解本書呈現的市場匯率美元，如何不同於經過PPP調整後的美元，表一．一提供兩組換算係數。

舉例來說，表格的右上方那格顯示，我們在文中討論的孟加拉家庭所擁有的一美元，實際上可以買到在美國要二．八八元才買得到的東西（參考年度為二〇〇五年）。此一比率值得留意——即便我們不確定將這樣的特定國家層級的換算，應用在我們的樣本上是否合適。

採用市場匯率還能避開其他兩種複雜情形。第一，「千禧年發展目標」的依據是一九九三年的美元價值，聯合國文獻討論每日一美元的

表一．一　購買力評價比較

樣本（研究年份）	比較年份	
	一九九三年	二〇〇五年
孟加拉（一九九九至二〇〇〇年）	2.67	2.88
印　度（二〇〇〇至二〇〇一年）	3.69	3.75
南　非（二〇〇四至二〇〇五年）	1.96	1.72

注：PPP 的 1 美元與市場匯率的 1 美元價值比。

6 利用地方貨幣收入來估算每日／元的方法，絕佳的資料來源請見：Sillers（2004）。更深入的世界銀行國際比較計畫的資料與新數據，請見：www.worldbank.org。相關議題的討論可參見：《經濟學人》（*The Economist*）所提出的「大麥克」指數（"Big Mac" index）、http://www.economist.com/markets/bigmac/about.cfm。表一．一的一九九三年與二〇〇五年數據，計算依據為國際貨幣基金（International Monetary Fund, IMD）「國際金融統計」（International Financial Statistics, IFS）的消費者物價指數（consumer prices index, CPI）。藉由PPP轉換率所得出的二〇〇五年比較資料，是本書成書時的最新可得資料。

貧窮情形時，通常是指一美元能在一九九三年買到的東西。第二道難題是國際貧窮線的設定依據，其實是全球最貧窮的十國中位數貧窮線，不是剛剛好每日一美元的整數，而是一．〇八元（一九九三年的PPP美元）。因此我們在判斷每一個家庭究竟是超過或低於「每日一美元」這條線時，實際上需要拿他們經過通膨調整的PPP收入與一．〇八元做比較。同理，「一日兩美元」這條線，實際上是二．一五元。

如何將財務日記中的家庭收入，換算成「每日一美元」的等值標準，具體例子可參考哈米德（Hamid）與卡迪佳（Khadeja）這對夫婦的家戶情形（後文會再介紹他們）。他們一家三口一個月賺七十美元，此一數字來自利用市場匯率換算塔卡：二〇〇〇年時，五十塔卡＝一美元。七十元除以三十天，等於一天二．三三元，或每人每日〇．七八元，乘上表一．一左上角那一格的數字（二．六七），得出利用一九九三年的PPP美元來換算時，〇．七八元等於二．〇八元。以國際認定的「一天兩美元」貧窮線來看，哈米德與卡迪佳因此剛好落在實際的貧窮線之下。

雖然本書各章利用市場匯率，將地方貨幣換算成美元，但我們在「附錄一」提供進一步的例子，說明財務日記中提到的收入，如何能對照「千禧年發展目標」採用的基準線。

若要初步了解財務日記揭曉的事，可以參考哈米德與卡迪佳的例子。這對夫妻在孟加拉沿海的貧窮村莊結為連理，丈夫哈米德教育程度不高，屬於無技能的年輕人，在地方上不太有工作機會。兩人在第一個孩子出生不久後，和成千上萬的前人一樣，放棄鄉下生活，移居首都達卡，落腳在貧民窟。哈米德當過一陣子的腳踏車人力車車夫，也當過建築工人，很多時候則是無業。他的身體不太好，後來終於當上機動車的備用車夫。我們在一九九九年的尾聲，首度見到這對夫妻，當時哈米德已經在當備用車夫，卡迪佳留在家照顧孩子，另外還靠縫縫補補賺錢貼補家用。一家人住在一棟長型屋子，水泥牆、鐵皮屋頂。房東違法占地蓋了那間建築物，隔成許多小房間租人，一共住著八個家庭，大家共用廁所與廚房空間。

哈米德與卡迪佳夫妻平均每個月靠七十美元過活，家中收入幾乎全靠哈米德，但他每天能賺到多少錢不一定，要看當天有沒有辦法上工（哈米德僅為備用司機）。如果能出車，還要看招到多少客人、那天能留著車多久，還有就是車子故障的頻率。七十元的收入，五分之一繳房租（不一定能準時繳納），剩下的大都用在最基本的生活所需：食材與烹飪成本。夫妻倆猜想（也符合我們蒐集到的證據），他們的收入屬於孟加拉人的窮人等級，但不是最窮的。依據全球標準來看，他們落在全球收入分布圖底部的五分之二處。

哈米德與卡迪佳是一個平凡的窮人家庭，只接受過一點教育，夫妻倆努力在只有一個房間的空間裡生活、養孩子，還要保住哈米德的健康——每人每天只能依賴不保證能賺到的〇．七八元。你會以為這樣的家庭不太會有財務生活，然而，他們的年終家庭資產負債表

（表一．二）上的多元工具，顯示哈米德與卡迪佳儘管拮据度日，他們仍積極理財。

哈米德與卡迪佳並未一拿到錢，就花個精光，完全稱不上「日光族」。狡兔三窟，他們有六窟，例如：在家裡放兩元，應付日常的小額支出；三十元交給哈米德的父母保管；四十元借給親戚；人壽儲蓄險七十六元。此外，哈米德永遠在口袋裡放個兩塊錢，以免在路上臨時有急用。

哈米德與卡迪佳的資產負債表，在負債這一列，也清楚顯示這對夫妻積極「周轉」金錢。他們向人借錢，欠微型金融機構一百五十三元，私底下也向親友與雇主以無息方式調頭寸，一共借了二十四元；此外，他們也欠地方雜貨店和房東錢。卡迪佳甚至擔任地下銀行，替人保管錢，手中有兩名鄰居的二十

表一．二　哈米德與卡迪佳二〇〇〇年十一月結算後的資產負債表

金融資產	$174.80	金融負債	$223.34
微型金融儲蓄帳戶	16.80	微型金融貸款帳戶	153.34
託人保管錢財	8.00	私人的無息借貸	14.00
家中放錢	2.00	預支薪水	10.00
人壽保險	76.00	替人保管錢財	20.00
寄錢給家鄉[a]	>30.00	向店老闆賒帳	16.00
借錢給他人	40.00	房租拖欠	10.00
身上現金	2.00		
		金融淨值	−$48.54

注：單位為美元，依市場匯率換算，1 美元＝50 孟加拉塔卡。

[a] 孟加拉與印度的日記顯示，寄回家鄉的錢被視為資產，理由是收到錢的人，大多有義務償還，或是替寄錢來的家庭創造資產；在南非，匯錢回家鄉則被視為支出，大多被遠方的家人用於生活支出。

元，以免被鄰居亂花錢的丈夫與兒子拿走。這種情形不代表在錢的事情上，男性一定比女性不負責任。哈米德也請別人保管錢，把八塊放在雇主那裡，打算找機會寄回家鄉。[7]

哈米德與卡迪佳的財務活動，最後並未欠下不可能清償的債務。雖然他們的「淨值」（金融資產與金融負債的結餘）是負的，相較於他們的年收入，負債的金額很小。此外，他們的「償債比率」（debt service ratio，每月收入必須用於還債的比率）屬於可控範圍。以我們的樣本來講，淨值很少是負的：我們研究的一百五十二個南非家庭，僅三％如此。換句話說，我們不該假設貧窮家戶一定都深陷債務的泥沼之中，淨值絕對是負的。後面的章節將再詳細探討這種現象，也會討論哈米德與卡迪佳這樣的資產負債表上的其他許多面向，相關細節可參考附錄二的財務組合。

不過，這樣的資產負債表雖然說出許多事，但沒告訴我們哈米德與卡迪佳平日是如何經手錢。資產負債表無法顯示內情，得看現金流才行，即追蹤現金是如何流進與流出存款、借貸與

7 愈來愈多文獻指出，把收入交給女性，比交給男性更可能被用於投資教育、孩子的營養與住房（例如可參見：Thomas〔1990, 1994〕；Hoddinott and Haddad〔1995〕；Khandker〔1998〕；Duflo〔2003〕）。Hossain（1988）、Hulme（1991）、Gibbons and Kasim（1991）、Khandker, Khalily, and Kahn（1995）也發現，女性償還微型貸款的可能性高過男性。大致情形請見：Armendáriz de Aghion and Morduch（2005）。Nava Ashraf（2008）指出，相關偏好作法的部分差異，背後的原因不單純是性別，要看掌控著家戶財務管理的結構。

保險工具。在記錄資產負債表的那一年，哈米德與卡迪佳將收入中的四百五十一元「放進」存款、保險或還債，自儲蓄、貸款或答應替他人保管的錢財中「提出」五百一十四元，總金額是九百六十五元，超過他們該年約八百四十元的總收入（平均每個月七十元）。也就是說，每賺得一元的收入，周轉金額為一・一五元，這筆錢將放進某種類型的金融工具或被提出。本書檢視兩百五十個日記家戶的行為與訪談內容，介紹他們進行周轉的方法與原因，探討為什麼更理想、更可靠的工具將能助他們一臂之力。

*****

哈米德與卡迪佳除了靠現金，也靠實物來存錢、借貸、還債，這點幾乎是所有的貧窮家庭都一樣。部分家境寬裕一點的家庭也會這麼做。卡迪佳與別家的七位太太，共用一間簡陋廚房，她們通常會交換少量的米、扁豆、鹽巴。卡迪佳會把數量記在腦中，跟她交換的人也一樣，確保長期而言，大家的你借我一點、我借你一點是公平的。幾乎所有的孟加拉鄉下家庭，全都遵守歷史悠久的「一把米」（musti chaul）傳統：每次煮飯省下一把米，確保手頭緊的時候有東西吃，或是施捨上門的乞丐，捐贈給清真寺或寺廟等等。對印度與孟加拉的鄉村受訪者而言，靠商品與服務來周轉，而不是金錢，這種情形相當常見。他們會在收成後償還先前借的穀物，也或者是靠勞力抵債，用勞力換取肥料等農業用品。我們記錄下許多此類活動，但由於我們探討的現象集中在貧窮家庭如何管理金錢，因此只在現金也登場時提及相關交易。

此外，我們也追蹤實體資產的變化情形，例如：家畜與土地，最後發現對窮人的財務組合來講，實體資產有其重要性，但也在一年的研究期間留意到，財富變化以金融資產為主，而不是實體財富。我們得以追蹤樣本中多數家庭的「淨值概況」（net worth profile），其中同時包括一段時間內的有形與金融資產。我們在研究的開頭（二〇〇四年二月）與尾聲（二〇〇四年十一月），計算出南非家戶財務日記的中位數淨值，計算時特別區分「金融淨值」與「實體資產」。由於房子與家畜是多數家庭大部分的財富，實體資產明顯占淨值較高的比例。[8]

然而，我們發現實體資產在一年間少有變化。家畜有可能被添購或產下後代，但也會死亡、出售或被食用。此外，房屋量也少有變化，整體的有形財富價值基本上沒有變動，出現變化的是金融資產。[9]如果只擷取家庭資產組合某個時刻的情形，將錯過家戶的金融資產的劇烈

8 值得留意的是，已開發國家也是類似的模式。二〇〇四年的「消費者財務狀況調查」（US Survey of Consumer Finances, SCF）顯示，相較於收入為前五分之一的家戶，末段班五分之一的家戶非金融資產占總資產的比例高出許多。

9 中位數家戶的金融淨值，在研究的十個月期間成長一四%，原因不像富人的股票投資組合，資產價值並未出現變動。家戶的淨值每個月快速成長一·四%的原因，出在家戶增加了金融財富的量。追蹤一段時間後，我們發現南非家庭靠著平均省下大約兩成的月收入，達成快速的金融成長率。本書第四章會再談協助這些家庭辦到這件事的工具。

變化，誤以為實體資產是淨值中更重要的部分。資料顯示雖然家戶有能力、也的確儲存實體資產，但金融資產管理是了解家戶如何建立淨值的入門磚。

我們每兩星期追蹤一次哈米德與卡迪佳的財務活動，因此得以找出在大型的全國代表性調查中，看不見的其他類型行為、侷限與機會，部分原因在於，日記在特別難以測量的量化資料上，提供了質性資訊。我們挖掘出如果只進行單次訪談，哈米德與卡迪佳或許不會想到要向團隊提起的事，例如：向店家賒帳、跟鄰居借錢、借小錢給別人、在家中替自己或他人藏錢。由於這些是「地下」活動，沒有書面記錄，很容易被忽視或掩蓋，但哈米德與卡迪佳的日記資料顯示，這一類的事占據他們很大一部分的財務生活。

我們得到當頭棒喝，要是每家每戶只進行一次性訪談，將錯過人們所做大部分的事。我們利用南非資料做「資金流量分析」（flow of funds analysis），比對各家庭一段時間內全部的金錢流入與流出，發現在最早期的訪談，我們通常無法得知各家每星期一半以上的活動；大約要訪談與拜訪過六次後，才有自信能聽到接近完整的實情。[10]受訪者要經過一段時間才會信任我們，我們也才能完全理解訪談中聽見的零碎資訊。受訪者在回答時所說的話，帶有我們起初不了解的假設。

不過，一片片的拼圖資訊，最終組成拍攝期為一年的電影膠卷，改變了我們的理解。一格格的影像所呈現的財務活動，遠超出大型調查通常能揭曉的事，投射出遠遠更為活躍的理財活動。要是少了那些拼圖，很容易以為哈米德與卡迪佳不擅長理財，理由是他們識字程度不高，又太窮無法遵守存錢紀律。我們會不加思索接受各種說法，例如他們一定特別想借錢做小生意，或是如果貸款給他們，他們很快就會墜入債務的深淵。我們也可能以為，因為手頭緊，他們一定永遠只接受最低價格。

以上所有的假設確實偶爾如此，但多數時候卻不是那樣。要是沒讓大家知道實情，企業在替哈米德與卡迪佳這樣的家庭規劃策略時，有可能受到誤導；政策制定者努力讓家庭盡速脫貧時，也可能走錯方向。

財務組合

哈米德與卡迪佳過著活躍程度出乎意料的財務生活，這該如何解釋？這個問題最好的答案來自他們本人，以及和我們合作記錄日記的其他許多貧窮家戶。卡迪佳告訴我們：「我真的

---

10 該分析的進一步細節請見附錄。

很不喜歡在和人來往時扯上錢，但如果你是窮人，沒別條路可走，為了活下去，我們必須這麼做。」如果你靠不固定、無法預測的小額收入過活，光是要靠當期收入讓桌上有食物，已經很不容易，還要想辦法應付生活中的其他所有開銷，更是接近不可能的任務。每當需要花錢的時候，例如：修理或改建一家人住的地方、看醫生、炎熱季節買風扇，為了參加節慶或婚禮添購新衣等等，此時通常有三條路可走：

- 最糟的情況是束手無策，這種時刻太常出現，有可能損害健康與錯失機會。
- 靠變賣東西籌錢，前提是你有資產可賣，也有買家願意支付合理價格。
- 最好的情形是你可以把過去或未來的收入，用於今日的支出。

要是走第三條路，就得做出周轉的決定——決定要儲蓄（存下過去的收入，以供日後使用）或借貸（今日事先預支未來的收入）。更簡單來講，就是決定挪出目前的部分收入，用於儲蓄或償還債務。窮人收入少，也因此比其他人更常處於需要周轉的情境。雪上加霜的是，不確定、不規律的收入，又會讓人更需要手上留點錢，或是錢沒按時下來時得調頭寸。為了以上幾點原因，我們會說窮人比其他族群更需要金融服務。貧窮家戶若是急需周轉，他們得處理各式關係，與他人交易，即家人、鄰居、放貸者與儲蓄社，形成一群正式、半正式與非正式的金融服務供應者，稱得上是財務組合（portfolio）。[11]

經濟學家與人類學家已經替此類財務組合的各種元素，累積出豐富的獨立文獻，我們今日相當清楚放貸者如何制訂價格，也曉得地方上的儲蓄社如何運作。[12]經濟學家進一步讓我們理解，一切是如何結合，協助家戶應付家庭消費的高低起伏。[13]然而，一直沒人近距離研究這樣的財務組合如何運作，包括東拼西湊的成效如何，以及每一件事是如何配合。專注於研究「如何」，將讓人對於日常的貧窮本質有不一樣的認識、創造更具體的點子，並知道什麼才是更理想的解決方案。

目前為止，我們已經簡短看過一個這樣的財務組合，即前文提過哈米德與卡迪佳的例子。我們與超過二百五十個貧窮與極度貧窮的家庭合作，範圍遍及三國的城市與鄉村地方。研究對象住在孟加拉首都達卡的三個貧民窟，以及三座孟加拉村莊；印度首都德里三個以上的貧民窟、印度北部貧窮邦的兩座村莊；以及兩個南非小鎮，一個在約翰尼斯堡郊區，另一個在開普

11 此處的「半正式提供者」，指的是微型金融組織與其他的非銀行提供者，例如提供服務給貧窮客戶的非政府組織（NGO），有時簡稱為「MFI」，也就是英文的「微型金融組織」（microfinance institution）。

12 放貸者請見：Aleem（1990），儲蓄社請見：Ardener（1964）。Armendáriz de Aghion and Morduch（2005，第二章與第三章）與 Rutherford（2000）進一步探討這兩方面的文獻與範例。

13 此處的「應付消費」是指收入模式出現波動時，努力減少消費的起伏，例如靠借貸與儲蓄，以及透過正式或非正式的管道取得保險。非正式保險的文獻可參見：Townsend（1994）；Deaton（1992）；Morduch（1995, 1999, 2006）。

敦（Cape Town），此外還有南非東開普（Eastern Cape）的一個偏遠村莊。孟加拉的初始研究完成於一九九九至二〇〇〇年間，樣本數為四十二個家戶。不久後在二〇〇〇至二〇〇一年間，有稍微大一點的四十八個印度家戶樣本，接著在二〇〇三至二〇〇四年間，又有樣本數高出許多的南非一百五十二個家戶。[14]此外，我們在二〇〇三至二〇〇五年間回到孟加拉，取得四十三份日記，這次的格式稍有不同，以求研究微型金融客戶的財務生活。

附錄一的南亞與南非鄉村地區的財務日記，部分屬於「千禧年發展目標」定義的「一天一元」的窮人，其他許多則符合「每天兩元」的定義，不過我們也收錄數個超過此一標準線的家戶，他們雖然超過標準，但生活方式和文化與身旁的窮鄰居相近，沒什麼兩樣。南非樣本呈現低收入社群中家境較好的財務生活，尤其是市區的樣本。在南非的市區樣本中，部分家戶的生計靠「每天兩元」以下的收入，但大約四成的人一天超過十元。然而，這些市區家庭依舊處於城市經濟的邊緣，按照地方標準來看屬於貧窮或赤貧。[15]本書的附錄一提供了財務日記的設計與執行方式、研究地點的資料，以及受訪家戶的職業、收入與人口分布。附錄二的財務組合，進一步介紹我們研究哪些類型的人士、環境與謀生方式。[16]

少、不固定又無從預測

我們無法聲稱哈米德與卡迪佳代表著「典型的」窮人財務組合，原因除了我們從兩大洲三大國的十四個地點選擇家戶之外，也是因為我們碰上範圍很廣的行為，許多相關的金融工具與服務，並未出現在哈米德與卡迪佳的例子中。金融工具被用於五花八門的各種組合，使用的程度不一，還以各式各樣的金額與價格服務無窮的需求與目標，也因此我們無法號稱自己研究的兩百五十個家戶，代表著全球各地的典型貧窮家庭。然而，儘管我們研究的家庭生活在不一樣

14 我們在南非從大型的一百八十一個家戶樣本起步。一年間，部分家庭搬家或退出研究，後來剩下一百五十二份完整的一年期日記。本書引用的南非資料，大部分來自此一百五十二個家庭的樣本。

15 南非的消費者行銷調查大幅利用「生活水準評量指標」（Living Standard Measures，簡稱ＬＳＭ），依據財富來區分市場。ＬＳＭ的計算完全仰賴可觀察商品（observable goods）而來。以地方情形來講，ＬＳＭ 1至ＬＳＭ 5屬於「不足」（underserved）。我們替財務日記樣本中的每一個南非家戶計算ＬＳＭ，發現九成屬於ＬＳＭ 5以下。

16 本書的附錄二，每一國提供五個家戶的財務組合例子。更多的三國樣本家庭背景與財務組合，以及依據財務日記資料而來的各式主題研究，請見：www.financialdiaries.com。

的環境，共通之處多到出乎意料。

在我們的兩百五十個家戶樣本中，即便是最窮困的家庭，也同時有儲蓄與某種形式的債務。一年之中，沒有任何家戶運用的工具少於四種：在孟加拉，平均使用的工具數量近十種，印度八點多種，南非十種，而且這裡指的只是工具種類的數量，一年之中的使用次數更是高。舉例來說，在孟加拉，四十二個家戶光是使用「免利息的借貸」這項工具，一年便使用近三百次。三個國家中，相較於總淨收入，金融工具的總周轉金額相對高：在孟加拉與印度是年收入的七五%至三三〇%，南非的部分家戶更是高達五〇〇%。有的工具似乎是共通的：幾乎每一個家庭都會私底下向親友借貸，而許多除了自己借錢，也會借錢給其他人，就連最窮困的家庭也一樣。三國的所有研究地區，全都有某種類型的儲蓄社與儲貸社，只不過各地的詳細情形不一。我們請受訪的家庭談自己做的事，一再聽見相同主題：許多財務日記受訪者告訴我們，他們不喜歡非正式的金錢往來，但也別無他法；許多人提到的事和卡迪佳一樣：他們希望能有更理想的存錢方法。

所有的共通處之中，最基本的一點是各家不僅得靠很少的收入過活，何時能賺到錢也很不固定、無從預測。此外，金融工具很少能協助他們運用不平均的收入流。貧窮的家庭碰上「三重打擊」（triple whammy）：一、收入低；二、收入不固定又無從預測；三、缺乏理財工具。村裡的農人甚至只會在收穫的月份，一次有大量的進帳，一年有兩、三次的收入高峰，在收入的低谷則完全沒有進帳。農場工人有工作可接時，可以領到日薪；農閒時只能呆坐、到鎮上討生活，或想其他法子餬口。在城市或市鎮，哈米德等自雇者每天的運氣時好時壞，女性在鎮上的女傭等受薪工作，經常也是兼職、時有時無的臨時工。除非是非常幸運，要不然窮人就算全職受雇、工作固定，依舊得煩惱老闆沒按時發薪水。南非有大量的樣本家戶領取補助，補助遲遲發不下來也很麻煩——某一小鎮在某年之中由於發生暴動，二度領不到補助。此外，一個月發放一次，也是不方便的時間間隔：我們發現領補助的家庭會利用方法，把兩個月的津貼合成一筆錢，或是倒過來把一個月份的補助，分成更小筆、次數更密集的分期還款。我們在本書的開頭提過，一日靠兩美元過活的現實狀況，就是不會真的每天都拿到兩塊錢；你的收入起伏不定。如果每天每人能穩定賺到兩元，你將有辦法規劃金錢，也能和金融夥伴建立較為有效的關係，例如要是有固定的收入流，貸方通常比較願意借錢給你。

這樣的事實，讓我們了解到貧窮的政策觀點是如何妨礙理解。看待全球的貧窮現象時，「一天一元」的觀點，讓大眾高度關注全球有龐大人口靠這麼微薄的收入過活，但「一元」這件事，只強調出窮人生活的一個面向，即彰顯了收入極少，但忽略了另一個同樣重要的現實情形：窮人的收入通常高度不穩定與無法預測。不穩定是傷腦筋又很實際的挑戰，需要有高超的管理手腕，才可能保障幸福與未來。

哈米德與卡迪佳和其他許多日記受訪者一樣，教育程度不高或不識字，每天的金錢往來全靠腦子記，但弄得一清二楚。我們請教他們有這麼多筆錢，怎麼有辦法全都記住，卡迪佳回答：「我們永遠都在討論每一筆錢，自然印象深刻。」這對夫妻的鄰居表示：「錢的事很重要，會占據你的腦子，讓你晚上睡不著覺。」

我們因為財務日記研究而認識的家庭全都一樣，要能一天靠不到兩美元就活下去，將需要隨時隨地留意現金流管理，這是收入不規律的對策。短期的現金流管理十分重要，以確保全家人不會挨餓。本書第二章會再進一步帶大家觀察，日記中的家戶是如何執行此一基本任務。

管理風險與籌一大筆錢

我們發現窮人家庭的長期金錢管理，與其他兩件要煩惱的事特別有關。第一件事是如何處理風險。相較於家境好的民眾，我們研究的家庭過著朝不保夕的生活。財務日記記錄了一群健康較差的人，他們住在不安全的街區，而且不論是受雇、自雇或小型事業主，地方上的供需起伏，導致他們收入不穩定。除了這一類帶來不確定性的源頭，還有其他無法預期的天災人禍：孟加拉市區的貧民窟通常未獲通知就被掃蕩；印度要是雨季遲來或太短，作物就會歉收；南非愛滋病猖獗，即便是年輕人與身強力壯者，死亡率亦高。我們發現有的人似乎能一笑置之，但貧窮家戶的成人在面對相關風險時，大多偶爾或長期感到焦慮，盡一切所能降低風險，方法包括理財。本書第三章會再探討這方面的行為。

貧窮家戶在長期管理金錢時關切的第二件事，就是為了實際的需求，有必要累積或借貸一大筆錢，這是第四章要談的主題。哈米德與卡迪佳必須一次繳清固定金額的房租；哈米德需要吃藥時，就會欠藥師錢；卡迪佳需要做前期投資買下針線與布料，才能維持縫紉生意。此外，這對夫婦也希望替房間購置好一點的家具，大目標是有一天能擁有自己的房子。他們目前有一個孩子，想再多生幾個，還想讓孩子接受良好教育，希望下一代健健康康，以後找到好工作和結婚。林林總總的每一件事，全都需要一次拿出一筆大數目。

以上我們歸納出財務日記中，三大需求帶動著貧窮家戶主要的財務活動：

- **基本生活費**：藉由現金流管理，將不固定的收入金流轉換成得以應付日常需求的可靠資源。
- **風險管理**：處理緊急事件。儲備不足的家庭臨時遇到事情，很容易小事變大事。
- **準備一大筆錢**：累積一筆實用的大錢，有能力抓住機會與應付大型支出。

相關需求十分基本，本書接下來的三章將一一介紹。

財務組合觀點

借貸、保險、儲蓄等三種主要的個人財務行為，主要是看它們滿足哪一項典型需求。借貸和「應付當下的機會與需求」有關，例如成立或拓展事業，或是購買消費者耐久財。保險與「預防風險」有關；儲蓄則是在「替未來累積一筆大錢」。我們很容易以為，前一節最後提到的這三件事，以借貸為主，其次為保險，儲蓄排在最後。

在現實生活中，各種金融工具不一定能發揮理想中的用途。我們全都聽過這樣的故事：某個人為了應付出乎意料的需求，不得不提早領出保單或退休金。財務日記中的貧窮家戶為了應付需求，特別有可能同時動用多種工具，而這也是他們的財務組合出乎意料複雜的主因。

舉例來說，天有不測風雲，緊急事件太多，不太可能期待貧窮家戶靠單一的保險策略，就能應付所有的風險。緊急事件不處理不行，而即使保險能派上用場，貧窮家戶通常還得拿出存款，外加想辦法借錢，才有辦法應付所有的損失。管理日常的現金流，籌措能派上用場的大筆款項時，通常也一樣，必須同時動用存款與借貸。

不過，在「儲蓄」與「借貸」兩大類別之下，子項目之間有著重要差異，儲蓄與借貸有可能與特定需求連在一起。舉例來說，用來應付基本日常所需的儲蓄，不同於用來準備大筆款項的儲蓄。貧窮家戶在應付日常所需時，通常會把錢擺在能隨時自由拿取的地方，這麼做是為了增加能存下的錢，以及確保隨時都能拿出存下的錢。安全很重要，但方便也很重要，至於報酬（以「應收利息」〔interest receivable〕的形式出現）則沒那麼重要。窮人因此會把存下的錢藏在家中，或是把現金交給隔壁鄰居保管。

家庭試圖籌措大筆款項時，他們看重的事會產生變化，此時安全性變得極度重要，因為累積金錢的過程將耗上一段時間，而報酬被看重的程度也會提高；另外，「制度」（structure）這個新元素也會起作用。窮人和我們所有人一樣，希望魚與熊掌可以兼得，可以存也能花，但如果你處於比一般人更容易挨餓的情境，花掉的誘惑會變大。窮人通常明白制度能協助自律——這裡的制度是指制止你提出存款的限制，以及設定存款的時間長度、時間點與金額的規定。哈米德與卡迪佳以五花八門的方法，守著兩人的迷你總儲蓄，例如每個月繳交保費固定的儲蓄險，而他們並不是特例。

同樣的，三大需求也會造成窮人去找不同類型的借貸者。不同的借貸者，提供不同的借款金額、期限、價格、還款方式與借錢資格。地方上非正式的借貸通常不收取利息，有時最適合日常需求；但另一方面，向較為正式的放貸者借較為大筆的款項，也是合適的作法，例如食物若是能安全存放家中，借錢儲糧是好法子。舉個例子來講，財務日記顯示，孟加拉的大型借款通常來自微型金融機構，但研究對象有時會刻意選擇向較為昂貴的借貸人求助，因為他們的寬鬆還款方式比較符合需求。其他的可能性則是發生了緊急事件，或是冒出不容錯過的機會，有必要立刻拿到錢。

以上的意思不是貧窮家庭很自由，有五花八門的選擇，可以自行決定錢要存在哪裡，或是要向誰借錢：很不幸，真實狀況往往不是如此，[17]但窮人家庭有選擇時，他們把握機會。

令人困惑的價格選擇

本節的觀察源自將貧窮家戶的財務活動，視為包含各種工具的財務組合，追蹤一段時間，找出組合如何被運用。我們當初如果只看家戶如何運用個別的工具，或是僅看著任一時間點的混合用法，不會得出那些心得，沒發現一筆錢是如何以各種方法「拼湊」而成，也無從理解隨之而來的期許與壓力，不明白家戶內的關係是如何開展。舉例來說，我們不會發現卡迪佳替其他人保管錢，她先生則選擇藏私房錢，寄放在雇主那。哈米德向我們坦承，妻子不贊成他寄那麼多錢給老家的父母，有可能阻擋那個金錢流向。財務日記研究法讓我們不得不質疑自己的假設，從全新角度看待窮人的財務生活。

了解價格時尤其得放下假設。價格同時反映出金融服務的供給與需求，經濟學家試圖透過同時觀察供需來理解價格。[18]我們則利用財務組合，仔細研究交易在一段期間的發生情形，以及交易發生在什麼樣的社會環境，最後發現價格的故事很複雜，發生在比理解供需還基本許多的層面。

有的窮人家庭會付費給理想的儲蓄方式。這種事對我們來講，聽起來不可思議，我們習慣存錢時銀行會付我們利息，怎麼會花錢取得儲蓄服務？如果從存款利率的角度來看待存款服務費，以年化方式表示，更是令人感到匪夷所思，因為看上去代價非常大。民眾如果利用工作人員巡迴各地收取存款的服務（例如西非的「susu」服務是最有名的例子），一般會天天存錢，存一個月，接著在一個月的尾聲拿回所有的儲蓄，另外扣掉一天的錢當服務費。存一個月少

17 貧窮家戶碰上的主要問題是缺乏選擇，但某些地方市場則反過來，微型金融業者碰上白熱化的競爭，包括秘魯、尼加拉瓜、菲律賓與孟加拉的市場。競爭激烈的情形大概會增加，但依舊很難稱得上是常態。

18 請見 Aleem（1990）的放貸者調查，該研究從供應端解釋成本。另一派文獻則試圖從需求端理解價格，計算資本報酬（請見：Banerjee and Duflo〔2004〕；Udry and Anagol〔2006〕；de Mel, McKenzie, and Woodruff〔2008〕；Morduch〔2008〕）。

三・三%的錢，算起來年化利率是負四〇%。存錢一年，錢會減少四成？怎麼可能有人接受這種事？然而，貧窮家戶的母親如果為了女兒下個月開學時，一定會有錢購買三元的教科書，一天存十分錢，最後給存款人員十分錢的存錢費用，聽起來負擔得起。這位母親還能把錢放在哪裡，才不會一時糊塗花掉，還享受每天有人上門提醒，確保維持紀律、日日存錢？

存款是這樣，借貸也一樣。家庭付大錢給金融公司與放貸者，以求取得借錢的機會。如果以年化方式計算，利息可達二〇〇%以上，這相較於英美銀行的收費是天文數字。不過，照財務日記來看，借這種「高成本」貸款的人，很少會真的整整借上一年。以南非為例，多數的人不到一個月就會還錢；有的只借一星期。換算成年化利率的計算方式，讓我們有辦法比較不同時間長度的貸款利息費用，以「年」為單位是方便的標準。然而，日記顯示靠年化計算來了解情況，有可能扭曲成本與選擇的本質。

舉例來說，借十塊錢一星期，付二十五分錢的費用，聽起來相當合理，即便是對一天只賺二・三三元的電動車夫哈米德來講也一樣。如果能借到十元，就能替兒子買開齋節的新衣，不必穿去年的舊衣上清真寺。然而，如果換算成年化利率（利息以複利計算），借一次錢的成本一年是二六一%，聽起來一點都不合理。財務日記讓我們發現，非常短期的借貸所付出的利息，其實應該當成費用看待，不要從年化利率的角度出發。研究人員如果年化所有的利率，或許是標準的會計作法，卻會扭曲實際的情形。

同樣的道理反過來看也一樣，例如只要年化利率低於放貸者，政策制定者有時就會表示，微型貸款業者提供了划算的價格。但這樣的看法有失公允，財務日記顯示，借錢的人很少會預期為了長期的大額貸款，付出那麼高的利息。比較「一年期的大額微型貸款」與「向放貸者借的短期小額款項」時，年化利率不是最合適的指標。窮人家戶如果有時選擇向放貸人借錢，沒選微型貸款業者，稱不上不理性的行為。

本書的第五章還會帶大家看其他的定價謎題。窮人家庭有可能選擇會讓富國的理財顧問感到奇怪的財務組合，例如窮人明明可以拿出儲蓄就好，卻很願意借錢，而且付很高的利息。如果有保障的存款服務滿街都是，那種行為的確十分奇怪，但如果很難找到安全的地方放錢，存款的主觀價值會高出許多。窮人為了獲得保障，甚至會借錢讓自己有東西存，卡迪佳就是這麼做。她向微型貸款者借錢（一年期的利息大約是三六％）購買黃金。微型貸款提供她罕見的機會，她能一次拿到一大筆錢，購買大型的終身資產，保障自己。像她那樣的女性，很容易一旦家庭生活發生變故，就會掉進痛苦的深淵，包括離婚、被拋棄、丈夫過世等等。卡迪佳不常有機會以這樣的方式借錢，她認為最好還是一有機會就抓住。卡迪佳借錢的對象允許她每星期還一點點錢，因此還算過得去：卡迪佳等於得以利用一年期的每週小額存款，一次取得一大筆錢。價格只是貸款的一個面向，重要性低於能配合家庭現金流的分期還款方式。

重新打造微型金融的形象

這個世界正在以前所未有的程度，關注貧窮與金融之間的關聯。貧窮家戶「也能是銀行客戶」（bankable）的概念，在過去十年成為顯學。這樣的觀念轉變，替我們接觸到的日記家戶帶來無窮的希望，其中部分的功勞要歸給孟加拉的經濟學教授穆罕默德・尤努斯（Muhammad Yunus）。他在二〇〇六年十二月獲頒諾貝爾和平獎，表揚他和孟加拉鄉村銀行（Grameen Bank）在過去三十年間的努力。孟加拉鄉村銀行提供儲蓄與貸款機會，對象是與我們的日記家戶類似的家庭，即借錢的人會迅速還款並支付利息。二〇〇六年時，鄉村銀行服務過孟加拉各地超過六百萬的貧窮村落客戶。競爭對手ＡＳＡ（社會進步協會〔Association for Social Advancement〕的縮寫）與ＢＲＡＣ（此一名稱非縮寫）有著類似的規模，有辦法靠收取利息與費用完全回收成本。早期的拉丁美洲與亞洲其他地方的先驅，也各自帶領這場運動。

也難怪孟加拉的財務日記中，許多家庭是微型金融的顧客，本書第六章提到的日記會專門談這群人；相較之下，印度與南非的窮人大多未能取得微型金融的服務。儘管如此，這兩個國家正在努力服務低收入戶，同樣提供他們微型金融與其他金融服務。印度版的鄉村銀行「孿生兄弟們」，客戶數在二〇〇七年達一千萬，較前一年增加三百一十萬。自一九九〇年代起，印度的社會銀行部門也加入這場運動，放貸給女性團體。女性組成替彼此擔保的「自助團體」，印度銀行因此得以在二〇〇五年，額外接觸到一千一百萬家庭。印度政府在更近期時執行「普惠金融」（financial inclusion）政策，要求銀行提供「基本」帳戶（no frills account，譯注：提供基本功能、無手續費的簡易型帳戶），減少開戶所需的文書作業，不設定先前讓窮人不得其門而入的最低餘額要求。南非的惠貧（pro-poor）微型金融部門依舊很小，但部分團體穩定成長。[19]更重要的是，銀行界與政府達成「金融部門憲章」（Financial Sector Charter）協議，提供服務給最貧困的民眾，成果包括「Mzansi」帳戶，也就是由正式銀行提供的低成本存款帳戶，推出時間正好是我們的南非財務日記進入尾聲的時刻。

提供金融管道給窮人引發眾多討論。我們執行財務日記研究，目的是重探相關討論的部分主要議題。貸款真的是貧窮家戶主要的金融服務需求嗎？只該放款給小事業嗎？是否能找出其他辦法來打擊貧窮，解決窮人缺乏機會的問題？貸款該主要借給有義務替彼此擔保的女性團體嗎？讓人人都能有銀行戶頭，就足以達成更全面的目標嗎？

---

[19] 南非位於林波波省（Limpopo Province）的「小型企業基金會」（Small Enterprise Foundation，簡稱SEF）制定了宏大的拓展計畫，其他的微型金融團體也一樣。

尤努斯創辦孟加拉鄉村銀行時，專注於微型貸款（microcredit），而不是微型金融（microfinance）。從目標較為有限的微型貸款前進到微型金融，始於認知到貧窮家戶除了借錢，也想要存錢與保險。本書第六章將談到，近年來，鄉村銀行也開始以創新的方式大力推廣儲蓄。財務日記的日常細節顯示，為什麼從只專做微型貸款前進到範圍更廣的微型金融，相當受到歡迎，即便日記也顯示出還有進步的空間。

微型貸款的概念，長久以來與推廣創業有關：目標是讓民眾得以購買生產性資產與營運庫存，有辦法做生意。微型貸款也因此與客戶的「微型企業」（microenterprise，這個名字暗示著規模迷你，此類企業的受雇者通常只有企業主本人，沒有其他員工）產生緊密的連結。走向微型金融開啟了可能性，但微型貸款的用途並未重新獲得評估。財務日記點出一件基本但容易被忽略的事：人們對於微型貸款的需求，遠遠不只是借錢來創辦微型企業而已。我們研究的貧窮家戶除了商業方面的投資，還為了其他大量用途想辦法借錢，像是應付突發狀況、購置家庭資產、付學費與看病。整體而言，借錢是為了處理生活中的複雜事務。本書第六章會介紹，微型貸款通常沒用在原本設想的用途（做生意），而是挪去做家戶心中更重要的事。推廣微型貸款與微型金融的人士，尚未充分意識到這點。

把要借錢的人組織成小組，替彼此負起連帶責任（亦稱為「社會擔保」〔social collateral〕），向來是確保無擔保品的窮人貸款會還錢的主要機制，但微型金融機構與銀行正在擴大實驗，增加個人的小額放貸，擔保品是小塊土地、存款或流動資產，甚至是先前的良好信用紀錄。在這方面，眾家機構可以自借款人的現金流與非正式部門的個人借貸方式取經，相關資料詳細記載在財務日記裡。

朝人人都有銀行帳戶的目標努力，或許是打造「包容性金融服業」（inclusive financial services sector）的第一步。推廣銀行帳戶即便無法協助窮人借貸，也一定能讓窮人有安全的地方存錢，以更簡便、更便宜的方式移轉金錢。然而，印度經驗顯示，除非金融產品的定價能帶給銀行理想的報酬，設計方式也符合窮人的生活方式、收入層級與現金流，要不然開發實體的銀行基礎建設（分行），甚至是向窮人推廣銀行帳戶與補貼貸款，皆無法解決窮人缺乏金融管道的問題。

以全球規模提供窮人可靠性

不論微型金融運動強調微型企業貸款的作法是否正確，也或者太慢才接受儲蓄與其他服務，微型金融運動最大的貢獻毫無爭議。微型金融運動代表著很重大的一步：替窮人家戶的財務生活帶來可靠性。對許多窮人來講，大環境不穩定，每天都得面對不可靠的金融夥伴。在生活中的其他面向，他們平日打交道的機構同樣不可靠，例如：警察與法院、健康與教育服務等等。[20]

窮人家戶的財務行為顯示，他們等不及要獲得品質更佳的服務，配合自己需要的用途，自行發揮創意，挪用相關服務。他們願意替服務付費，渴望有更可靠的金融夥伴。隨著民眾的消息愈來愈靈通，微型金融業者已經下定決心回應相關需求，今日許多後起之秀也紛紛加入。

相關發展的重要性不言而喻，我們透過孟加拉財務日記受訪者的眼睛看著微型金融時，清楚看見那點。不論借款人以什麼方式利用微型貸款，他們感謝相較於幾乎是其他所有的金融夥伴，微型金融業者是可靠的，意思是不論天氣狀況如何，貸款人員每星期都會準時出現，在答應的時間、以承諾好的價格發放款項，金額和說好的一樣。承辦人員不會索賄，還盡量更新與精確記載存摺；此外，他們讓客戶感到他們認真看待雙方的交易。

我們觀察到孟加拉的微型金融客戶知恩圖報，在所有類型的借款中，他們通常優先償還微型貸款。這點理所當然。剛才提過窮人家庭的財務生活通常充滿著不確定性，讓他們得以參與金融交易的收入，金額小又通常不穩定，無法預期何時能有錢。此外，窮人的金融夥伴的可靠程度，大多不如預期。你需要用錢時，放貸者可能當下沒錢借你；替你保管錢的人，有可能無力歸還你的存款；儲蓄社有可能因為管理不佳、發生誤解或成員發生意外而解散；錢如果放在家裡，有可能遺失、遭竊，或是浪費在不必要的支出之上。窮人理應得到更理想的財務工具。

這樣說來，對全球各地的貧民來講，金融服務會不會是第一個全球性的可靠服務？我們希望本書提出的心得，將能協助達成這一目標。

[20] 許多的新型研究，以新觀點看待基本服務品質低下、不可靠與貪污的問題，部分研究也指出新型的解決辦法。Bertrand et al.（2007）記錄印度駕駛執照制度的腐敗現象，Das, Hammer, and Leonard（2008）提到基本的健康照護品質低落與不可靠的問題，Banerjee and Duflo（2006）探討有可能解決教育與健康機構的曠職情形。

第二章

日常生活中的頭疼事

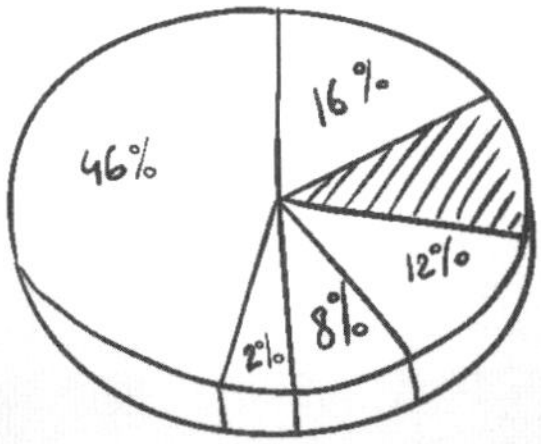

我們在蘇畢爾（Subir）三十七歲那年訪問他，他太太馬塔絲（Mumtaz）才二十九歲，但兩人的長子伊巴爾（Iqbal）少說也有十四歲。夫妻倆在伊巴爾的襁褓時期，來到孟加拉達卡。他們原本在孟加拉中部有一小塊田，但被氾濫的巨大恆河淹沒。他們後來又生了三個孩子，全是兒子，接著馬塔絲再度懷孕，在我們進行研究的那一年，她產下第五個兒子（馬塔絲告訴我們：「我不要再生了！」）。日復一日，蘇畢爾和馬塔絲努力靠每人每日一元活下去，有時甚至不到一元。他們一家與其他的日記家戶採取的策略，將是本章的主題。我們將帶大家看他們如何理財，以應付不穩定的低收入帶來的生活挑戰，捉襟見肘的情形，又是如何主宰著他們絕大部分的財務生活。

蘇畢爾與馬塔絲來到達卡時，幾乎身無分文。他們和處於相同情境的許多人一樣，在政府的土地上搭建房子，住進綽號是「火災貧民窟」（fire slum/pora bosti）的地區。那一帶太常失火，也因此被取了這樣的名字。蘇畢爾與馬塔絲用粗陋的木材搭起小屋，外頭包覆竹藤，屋頂是幾片鐵皮。至少他們不必付房租，水電費也很低：他們的浴室是地方上的抽水幫浦，上廁所靠NGO蓋的公廁。他們每個月繳幾分錢的電費，供電給屋內的一個燈泡。

本書在開頭的章節便指出，理財對窮人家戶來講十分重要的原因，不只是收入金額低，也是因為收入不穩定的緣故，蘇畢爾與馬塔絲也一樣。聯合國與世界銀行等機構通常把心力放在解釋為什麼收入會那麼低、如何才能提升收入，然而，無法預期、起起伏伏的收入，也是窮人生活的重要面向。我們在研究過程中認識的家庭所面臨的特殊挑戰，起因正是收入不穩定。

低薪再加上無法確定是否有工作機會，導致蘇畢爾那樣的家庭，必須東拼西湊才能勉強維生，每一筆錢都得來不易、無法預測。蘇畢爾通常得費力踩租來的人力車，不過有一陣子幸運能開電動人力車，生意好的時候一天可以賺二塊五，但他多數時候只能踩腳踏型的人力車。那是一份極度耗費體能的工作，只有最身強力壯的人，才有辦法天天上工。蘇畢爾和多數同齡人一樣，感到當車夫太耗力，一星期頂多能做四天。即便能上工，收入起起伏伏，要看天氣，還可能受政治抗爭影響、被警察騷擾，或是單純要看當天運氣好不好。

一年快結束時，蘇畢爾家十幾歲的兒子伊巴爾在成衣廠找到工作，月薪二十七元。伊巴爾原本就不曾固定上學，找到工廠工作後，放棄原本替貧民窟業者撿回收物的工作。十歲的弟弟沙勞丁（Salauddin）繼續撿破爛，運氣好的時候一個月賺六塊。老五出生後，媽媽馬塔絲再度當起女傭，一個月大約賺十元。先前寄宿在他們家的人，一個月付七塊，但嬰兒出生後就搬到別處。這個七口之家，全家人加起來的收入高峰，每天平均可達三．一五元；運氣不好時，一天則可能只有一．九元，屬於孟加拉樣本中較窮的一群人。

蘇畢爾和馬塔絲成天煩惱要如何靠不確定的收入流，過著穩定的家庭生活。他們大部分的時候成功了，永遠不曾乞討，但的確會跳過幾餐不吃，伙食的好壞也不一定。他們有時一天可吃到三次熱騰騰的飯菜，主要是吃米飯和扁豆，有時能吃到一點魚，甚至罕見的大餐會有牛肉，但通常一家人一天只吃兩餐，收入很拮据時只吃一餐。不管怎樣，他們至少每天都能吃到一點東西，這點要歸功給他們用聰明頭腦理財。

蘇畢爾與馬塔絲一家人能勉強支撐，部分原因是運用了財務工具，但他們最常用的辦法，並非窮人微型金融支持者所讚許的方法。舉例來說，我們追蹤蘇畢爾與馬塔絲的一年期間，他們不曾利用「微型貸款」來擴張小事業。沒錯，蘇畢爾要是能有自己的車，不再用租的，當司機的收入會增加，要是貸款，就能快點買車；然而，後文會再解釋，蘇畢爾有非常合理的選擇不買車的原因。外人看著他們夫婦的狀況時，有可能強調協助他們這種狀況的人儲蓄，累積大型資產，將是重要的作法。後面的章節會再提到，對貧窮家戶來講，長期的借貸與儲蓄確實重要。然而，對於我們研究的多數家庭來講，長期的財務目標不是他們最關心的問題。蘇畢爾與馬塔絲這樣的家庭，他們的儲貸主要是為了應付近在眼前的短期需求：他們的主要目標是管理現金流。如果要能考量長期的大目標，前提是要有辦法處理迫在眉睫的需求；但是，政策制定者與主張提供窮人金融管道的人士，很少會去關注窮人如何能做到這件事。

像蘇畢爾與馬塔絲這樣的家庭，最基本的目標是確保天天都有東西吃，而不只是有收入進來的那幾天而已。第一章談過，我們研究的貧窮家戶積極運用財務工具，原因正是因為他們窮，而窮歸窮，他們依舊會運用。蘇畢爾與馬塔絲在管理金錢時，最重視的是財務工具的彈性與方便程度，他們拆東牆補西牆的方式，提醒了我們金錢具備可交換性：錢能以各種方式分拆與合併。我們在總結的段落會提到，金融業者致力於改善服務貧窮家戶的方式時，若能認真考量用錢彈性的重要性，將帶來寬闊的視野。

三國財務日記中的家戶，不論住在都市或鄉村地區，全都有策略，他們的財務組合細節各異，卻又在重要的面向上雷同，最重要的特徵是頻繁的小額交易。家戶會同時存錢又借錢，通常交易夥伴有好幾人，一次利用各種工具，也因此財務組合出現大額的現金流：這裡的「大額」，指的是相較於任一時刻的未償債務或手中存款而言。貧窮家戶的主要目標是管理現金流，不得不把富人世界的財務目標擺在次要地位，例如：資產報酬最大化或縮減債務成本。即便政策方案的目標是協助窮人家戶累積重大資產，打造出更強健的資產負債表，例如提供「個人發展帳戶」（Individual Development Account，簡稱ＩＤＡ，美國政府補助低收入戶的長期儲蓄機制），但家戶首先要能應付現金流，計畫才會有最好的成效。累積資產是窮人財務組合的重要目標，第四章會再詳談資產的累積過程，不過本章建議若要理解窮人家庭的財務生活，首先要專注於現金流，而不是資產負債表。

本章的下一節，將解釋用於基本理財的頻繁小額交易的重要性；再下一節介紹為什麼同樣的模式不斷重演：四處兼差，以致於收入低。通常是不穩定的零工湊在一起，最後陷入收入的「三重打擊」：收入不僅低，還通常不固定，必須想辦法運用不一定能吻合家戶現金流模式的財務工具。本章其餘的段落描述家戶如何應付「三重打擊」，以及背後隱藏的成本；最後一節則統整如何協助窮人家戶處理最基本的日常挑戰。

餘額小，現金流大

我們研究的家戶，雖然有幾家屬於赤貧等級，但沒有一家真的是「日光族」，立刻用掉所有的收入。此一研究發現值得關注，每人每日只能靠不到一美元活下去的社群，實際情形有可能不同於人們的想像。儘管如此，如果只看資產累積情形，將依舊觀察不到這種現象。財務日記中的家庭一如所料，僅擁有極少量的金融資產，年末的資產金額通常很小：孟加拉的中位數是六十八元，印度一百一十五元，南非四百七十二元。[1]即便調整過不同國家的購買力差異，[2]這樣的資產並不多，有可能讓人誤以為窮人家戶沒有太多的財務活動，但我們發現餘額數據沒說出太多一年之中所發生的事。財務日記經過特別設計，揭開窮人家戶的面紗，讓人看到每天、每星期發生的財務活動。

當我們觀察現金流，而不是盯著資產負債表，可以更清楚地觀察到實際的情形。一年之中，財務日記中的家戶透過財務工具「進進出出」的金額，總金額遠高於年終的淨值。[3]這裡的「出」是指存錢、借別人錢或還款；「進」是指提款、向人借錢或替人保管；而我們所說的「交易額」（turnover）是指金錢進出於理財工具的總額。從表二．一可以看出，家戶的財務工具交易額很高。後文會提到，相關活動大都以私下的方式進行，監管單位與銀行看不見。

和收入做比較時，大量的財務現金流尤其令人訝異。我們或許

1 儲蓄計畫也出現類似的低餘額。二〇〇三年的年中，孟加拉微型金融機構SafeSave的平均儲蓄餘額是二十二元，印度人民銀行（Bank Rakyat Indonesia, BRI）的平均儲蓄餘額為七十五元。詳情請見：Armendáriz de Aghion and Morduch（2005）第六章。

2 此處的金額依據官方匯率轉換後，數字可能低到感覺不出相關資產的有效值。運用「購買力」平價（PPP）率來換算後，孟加拉的資產價值中位數上升至二百九十三元，印度六百三十七元，南非一千一百二十八元。換句話說，南非日記家戶的金融資產中位數能在地方上購買的商品與服務，如果是在美國購買，將得花一千一百二十八元。

3 此一模式的證據同樣可參見其他研究。孟加拉坦蓋爾（Tangail）的窮人非政府組織BURO顯示，在二〇〇〇年年尾，客戶的儲蓄帳戶金額僅不到兩千七百萬塔卡，較前一年增加不到兩百萬塔卡。然而，該年的餘額雖未成長多少，帳戶擁有者在一年之間存入超過六千兩百萬塔卡，提出超過六千萬塔卡。請見：Armendáriz de Aghion and Morduch（2005），以及Rutherford, Sinha, and Aktar（2001）。

表二．一　中位數家戶財務工具的年終金融資產金額與年度現金流

	孟加拉		印度		南非	
	年終資產金額	年度財務交易額	年終資產金額	年度財務交易額	年終資產金額	年度財務交易額
鄉村	57	568	18	590	220	3,447
都市	74	547	169	810	792	6,264

注：按照市場匯率將地方貨幣轉換為美元。

能稱這樣的比例為「收入的現金流強度比」（cash flow intensity of income ratio）：借貸、支付、收回、存提款的資金總額，除以各種收入的總額。印度家戶平均周轉金額為收入的〇・七五至一・七五倍，而且是快速周轉，例如鄉間小販平均每月周轉金額超過營收的三倍。南非的每月現金流周轉更加頻繁，大約是月收入的一・八五倍。

整體而言，我們發現即便是低收入戶與餘額小的家庭，相較於收入而言，貧窮家戶出現龐大的財務工具金錢流動。孟加拉的鄉村收入比都市低，但鄉間的交易額中位數高過城鎮。儘管許多家境較好的家戶屬於受薪雇員，薪資會匯入銀行帳戶，他們又會從銀行提錢，從而拉高周轉金額，南非貧窮家戶的收入交易額倍數，依舊高過較富裕的家戶。在所有的財務日記樣本中，最低的年度交易額是一百三十三元，該印度鄉間家庭的收入，來自一小塊田地與雇傭勞動。儘管如此，這個小額的周轉金額，依舊超過這家人少量收入的四分之三。多數家庭的交易額在一年間超過一千元，很多家戶更是遠遠高過一千，替我們的整體觀察提供了證據：收入低，反而更有積極管理財務的需求，而不是沒錢就不需要理財。

*****

一九九九至二〇〇〇年間的孟加拉研究中，蘇畢爾與馬塔絲的財務組合細項請見表二・二。如同第一章哈米德與卡迪佳的範例，蘇畢爾與馬塔絲使用的每一類工具，我們附上了最後的餘額，也放上一年期的總交易額（在每一種金融工具間流進與流出的金額加總）。我們並列餘額與金錢流，凸顯前文的重點：與金錢流對比，餘額相對小。

餘額有時會小到令人感覺根本稱不上「財務組合」，不是現代理專講的那種概念。即便如此，有鑒於用上了許多工具，金錢流又相對大，蘇畢爾與馬塔絲等家庭確實過著活躍的財務生活。若要理解窮人財務組合真正的重要性，我們必須暫停一下，調整自身觀點。

表二．二　蘇畢爾與馬塔絲在一年研究期間的財務組合摘要

	期終餘額	交易額
金融資產		
半正式／非正式		
微型金融存款	10.20	49.40
私人放款	30.00	117.00
家庭儲蓄	5.00	18.00
小計	$45.20	$184.40
金融負債		
半正式／非正式		
微型金融貸款	30.00	47.00
無息貸款	14.00	84.00
私人借貸	15.00	105.00
當鋪典當	0	10.00
管錢	2.00	66.00
商店賒帳	4.00	50.00
小計	$65.00	$362.00
淨資產	−$19.80	
總交易額		$546.40

注：依據市場匯率將孟加拉塔卡轉換為美元。

同時做著幾份時有時無的工作……

理解高度周轉背後的原因，將是了解相關家戶財務生活的起點。接下來將說明我們研究的財務日記家戶，儘管職業各有不同，他們的收入特徵，導致他們陷入我們所說的「三重打擊」困境。

我們研究的日記家戶中，的確有幾家的戶長長期從事有穩定工資或薪水的工作，但他們屬於特例。以孟加拉的財務日記組為例，四十二個家庭中，僅兩家的大部分收入來自單一的長期工作，而這兩例都是擔任私人司機的首都居民。日記中還有其他領薪水的工作，好幾個定居都市的家庭，和蘇畢爾與馬塔絲夫婦一樣，家中有一人以上（含一人）在成衣廠工作。然而，他們同樣跟蘇畢爾與馬塔絲夫婦的例子一樣，工資僅占家庭總收入的一部分，其他的收入則來自自雇、臨時工或小生意。理論上的長期工作，依舊隨時可能生變。我們的研究中，正好過半的德里家庭從單一來源領到固定工資，但這個群組有一半在一年的研究期間內失去工作，被迫尋找新工作（有時甚至要找好幾次），其他人則大都是契約工，享受不到固定工作提供的權益或福利。在孟加拉與印度的鄉間，務農家戶最主要的收入來源是收成，但即便是農家，也至少有部分收入來自其他來源。最富裕的農人也會有次要的工作，例如：教書或擁有某種形式的交通工具；最貧窮的農人則必須在別人的田裡幫忙，或是擔任公共工程的工人，也可能在零售、運輸或建築等行業打工，以及擔任臨時的自雇者，例如印度的捲菸工作。

南非的社會福利按月補助老弱婦孺，[4]許多貧窮家戶都受惠：在我們的一百五十二個南非家庭樣本中，二七%以補助為主要的收入來源，政府補助占鄉下地區家戶四八%的平均收入、一〇%的城鎮家戶收入。每月的政府補助確實讓收入變得固定一些，後文也會談到固定的收入的確讓人更容易進行更高階的財務周轉，但這樣的收入金額很小。在鄉村地區，一份補助平均能養四口之家中的一人，很少夠支撐全家的花費，多數家庭另外從事小生意與打零工，仰賴有工作的親人寄錢等等。此外，領取補助的家戶習慣仰賴固定的每月津貼後，錢要是沒按時發放，這些家戶便是高風險群。我們在一年的研究期間，數度觀察到政府補助無法發放，沙貝羅（Sabelo，他的情形摘要請見附錄一的表A一・二）等家戶，有時成為官僚體制效率不彰的受害者。此外，都會區的深溝鎮（Diepsloot）因為發生暴動，在一年的研究期間，二度未能發放補助。

圖二・一是我們在三個國家做研究時遇過的就業類別，三國有所差異，南亞（孟加拉與印

---

[4] 南非的移轉制度（transfer system）與低收入戶補助，請見：Case and Deaton（1998）。

度）和南非尤其不同。圖二・一依據三種就業定義繪製，展示日記家戶中成人從事相關工作的比率。從圖中左側可以看到，超過四成的南非研究對象擁有固定工資，比南亞高二至三成。工資穩定在南亞很難稱得上是常態現象。

圖的中間那一塊擴大「賺錢活動」（earning activity）的定義，納入臨時性的工作，例如替人顧店、以不固定的方式從事農務工作。在這樣的定義下，孟加拉與印度的成人受雇百分比激增至四〇％，南非則微幅成長至五五％。第三種定義無所不包，納入成人從事任何類型的收入賺取活動。採用這種廣泛的

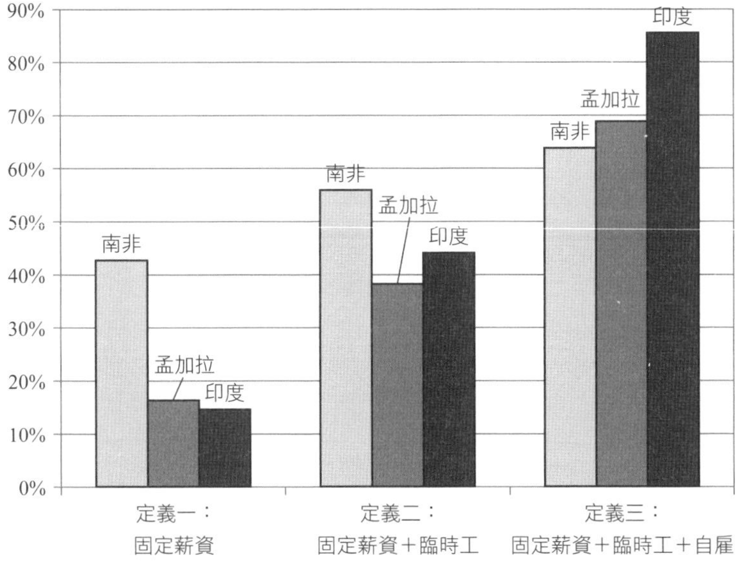

圖二・一　財務日記家戶賺取營收的類別。各類別中財務日記成人所占的份額（百分比）。

定義時，印度的就業率大勝南非。在印度，許多成人是自雇者，至少會兼職從事自給農業、貿易、迷你服務產業（例如：拉車、當幫傭），或從事家庭生產（例如：捲菸、縫紉、飼養家禽與販售禽蛋）。

值得留意的是，有辦法以某種方式賺取收入的成人，南非不到七成；印度則有超過八成五的成人，自某種類型的工作獲得收入。此處的收入數字並未納入前文提到的南非社會福利津貼，或許相關津貼能解釋南非與南亞之間的賺錢模式差異。

南亞與南非的另一個不同點是童工數量。如果我們按照財務日記家戶的證據來研判，南非大致來講已經不再雇用童工，但在孟加拉，蘇畢爾與馬塔絲的兩個兒子大約八歲起就在工作。在一年的研究期間，十五歲以下孩童兼職工作的情形，在孟加拉的整體樣本中，四十二個家戶中有八個；印度的四十八個家戶樣本中有十個（皆為一九%）。

……再加上收入低

當工作時有時無，偶爾兼一點差，或是同時做好幾份工作，就連孩子也得做工，很難去計算整體的家戶收入。以孟加拉為例，我們把目光集中在財務交易，並未系統性蒐集收入流與支出流，我們估算收入的方式是依據定期的訪談。我們在印度與南非的研究人員，則記錄樣本家戶所有的收入流與支出流，表二・三依據相關數據，呈現三國樣本中都市與鄉村家戶的收入中位數，以及收入範圍。

為了讓統計數字有意義，我們在附錄一附上補充表格，放進每日的每人平均收入資料。我們選擇那些家戶的原因，為的是呈現各種家戶規模、地點、職業模式的現象，還加上附註，指出日記所記錄的家戶財務行為，涉及各家收入的金額與本質。

不可預測性

貧窮家戶面對的「三重打擊」，第一重難關是收入低；此外，日記研究法明確顯示，第二個困難是

表二・三　日記家戶的年收入中位數

	家戶年收入（美元〔市場匯率〕）	
	中位數	範圍[a]
孟加拉市區[b]	720	420–1,700
孟加拉鄉間[b]	740	380–2,100
印度市區	637	241–2,611
印度鄉間	497	171–2,404
南非市區	3,919	504–23,337
南非鄉間	2,090	238–49,982

注：單位為美元，依據研究年度的市場匯率換算地方貨幣。

[a] 範圍未納入部分的極端離群值。

[b] 孟加拉的數值依據定期訪談估算；印度與南非取自規律記錄的日記資料。

現金流出現的時間點不一。

收入的季節性變動影響著眾多家戶。圖二·二是北印度鄉村樣本的日記資料，其中有兩種中階收入群組：一、平均擁有三·五英畝土地的農夫，他們直接受季節影響；二、商人，他們間接受農夫的支出模式影響。

這兩群人在十一月碰上小高峰（主要的收穫月份，再加上印度教最盛大的慶典排燈節〔Dewali〕。在我們進行研究的那一年，[5] 十一月還恰巧碰上穆斯

5 由於穆斯林曆與格里曆的差異，齋戒月每年會提早兩星期。在我們進行研究的那一年，恰巧落在十一月，與排燈節同時。

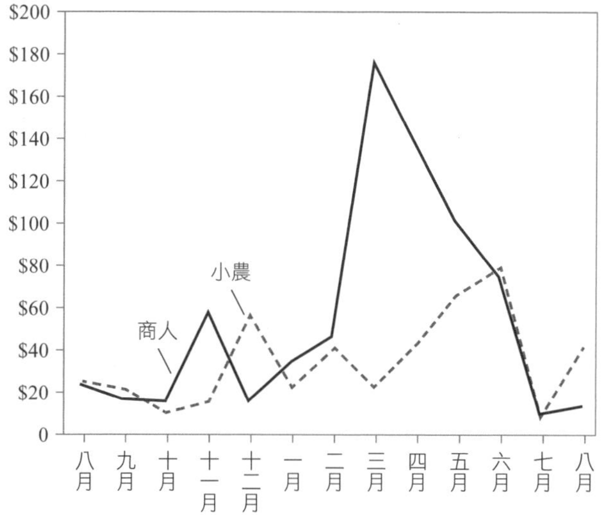

圖二·二　兩大印度職業群組的收入，每月合計一次。單位為美元，依市場匯率換算，1 美元 = 47 盧比。

林的齋戒月）；高峰落在二月至五月，也就是地方上的結婚旺季。所有行有餘力的農夫都會存下十一月的收穫，留待二月再出售。商人則大都沒有田地，年收入有很大一部分來自兩大節慶季，也因此商人的淡旺季與農人不同。即便悉多（Sita，詳情見第四章）等小農的收入大多來自農業勞動，他們的收入劇烈起伏，因為工作機會集中在八月、十一月與十二月。悉多的三口之家，年收入為三百五十三美元，遠高過樣本中金額最低的家庭，但這樣的收入極度不平均，六成來自六月至九月間的四個農耕月。在很長的收入低谷期間，每月收入最低為九．五元，連續三個月平均只有十三．五元。

相較於大農，小農的收入高度不可靠。鄉間的印度受訪者表示，在我們進行研究的那一年，整體而言農作物收成不佳，大農大致達成預期的收穫量，小農與邊際農（marginal farmer，譯注：指持有土地面積小、僅勉強餬口的農夫。後文的定義為土地在四英畝以下者）的收成，僅達預期的二五％至三〇％。原因是他們的農地位置不佳，分布在灌溉溝渠末端，但同樣重要的問題是他們無力在氣候狀況難以預測時，依據需求即時購入農耕用品。

小額的固定月收入與中等的季節性收入，因此帶來了周轉的需求。這點解釋了為什麼此種收入模式的窮人家戶，財務組合一般由「交易」與「關係」交織而成。

然而，不固定的收入，尤其是無法預測的收入，無疑帶來更重大的現金流管理挑戰，人們因此費盡心思，試著發揮創意解決這樣的問題。圖二．三取南非民眾潘薩（Pumza）的例子解釋這樣的效應。潘薩是賣羊腸的小販，住在開普敦擁擠的市區旅社，靠做生意養活自己和四個孩子。她每天購入羊腸，在旅社之間的空地生火烹煮，賣給路過的人，平均一天的收入大約是六元至十五元。她的營收除了拿來養家，還得用於購買備料與應付各種支出。

潘薩盡量不讓顧客賒帳，她知道那會害自己的現金流出問題，不過她在一年之中替特定

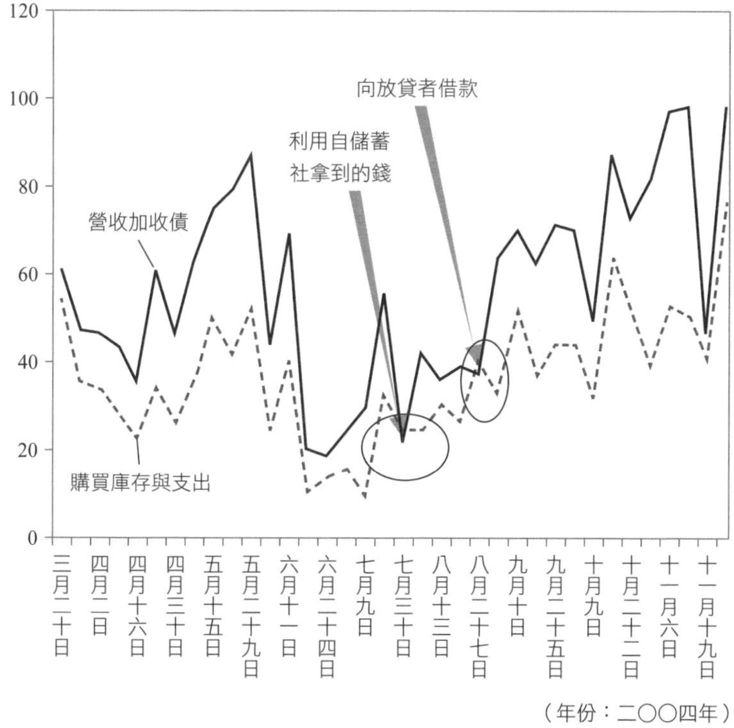

圖二·三　某南非女性小事業主的營收與庫存支出，兩星期計算一次每日現金流。單位為美元，依市場匯率換算，1 美元 = 6.5 南非幣。

的客人破例五次。潘薩每日大約需要花五元購買生羊腸；此外，她大約一個月需要添購一次柴火，金額視購買量在一元至五元之間不等。整體而言，擺攤利潤頗豐，潘薩每個月的利潤通常可達九十五元，再加上政府提供的二十五元育兒補助，潘薩的五口之家每個月大約有一百二十元的生活費。

相關數字顯示潘薩不屬於最貧窮的家戶，但無法看出潘薩做生意碰上的現金流起伏。有時生意不好、進帳不夠替隔天備料，潘薩還是可以賣放了一兩天的肉，但顧客喜歡吃新鮮的，他們會改向同一區的其他小販購買。要是幸運，生意不好的日子恰巧也是育兒津貼發放日，潘薩就有辦法撐過去，否則就得向放貸者借錢。在我們研究的一年期間，潘薩數度借錢，即便她也知道，利率一個月達三〇％，不是解決現金流問題的理想方法。五月時，潘薩和其他三名羊腸攤商合作，組成儲蓄社（第四章會再詳細介紹這種金融工具）。星期一到星期四，每個人每天拿出七．五元，一共三十元，四人輪流保管那筆錢。如此一來，在生意不好的日子，就能靠儲蓄社的錢，平衡現金流。潘薩負責保管星期一的錢。然而，儘管大家說好了，但只要有一個人拿不出錢，潘薩又得去借高利貸。大夥試圖讓儲蓄社運作四星期後宣告失敗，潘薩在那年稍晚的時候，接下了一份政府補助的工作，當了四星期的大街清潔人員，羊腸攤交給女兒顧。潘薩後來又和三位同行再次組成儲蓄社，一星期拿出三十元，也因此潘薩每個月能拿到一百二十元。七月時，位於南半球的南非又冷又常下雨，大家待在家裡，不會想上街買羊腸，此時潘薩靠儲蓄社的錢，支撐做生意所需的現金流。

當然，即便有固定收入，金額要是很小，依舊很難理財。以孟加拉達卡的轎車司機西朗茲（Siraz）為例，他一個月大約賺七十七元。雖然每個月都能準時領到錢，但薪水太低，只要在一個月之中碰上任何額外的支出，例如：孩子生病、招待突然上門的客人，西朗茲就得動用存款或借錢。儘管如此，以西朗茲的例子來講，人們知道他有固定收入，比較願意借錢給他。在南非的樣本中，許多家戶主要靠前文提過的政府補助過活。補助每個月發放一次，中間不會有錢下來。津貼是固定的，也相對好預測，但對有的民眾來講，發放時間的間隔太長，有的人則感到太短。覺得一個月發一次太久的人，可以和另一個也領取補助的人搭檔，或是加入互助小組，在補助下來時共用。如果相反，感到發放的間隔太短，可以集資，每段期間只交給一個人保管，後面的章節會再提供例子。

正式部門的工作能否帶來財務安全？

目前為止，我們談到農場與非正式的收入不可靠，但正式的勞動同樣也有類似的風險。以下以德里的例子說明。

索曼斯（Somnath）與詹納斯（Jainath）是一對兄弟。他們把妻兒留在村裡，到大城市德里討生活，一起住在英迪拉貧民窟（Indira Camp）的一間小屋裡。那裡是半官方的違章建築區，平日提供勞動力給歐克拉工業區（Okhla Industrial Area）的工廠，屬於德里最重要的工業地帶。兩兄弟在出口成衣廠的加工區工作，按日或案件計酬。他們是仲介雇用的邊陲勞工（peripheral worker，譯注：與後文的「核心勞工」〔core worker〕相對，負責較為次要的工作，待遇較低，工作機會也較不穩定），有時工作量過大，有時完全沒工作可接，平日負責「急單」，工作性質不同於工廠裡的核心勞工。工作量的變化反映在他們的收入流上，在我們進行研究的一年期間，兩兄弟每月薪資加起來介於五十三元至八十五元之間，中間有四個月完全沒收入。沒收入的月份中，有兩個月是因為返鄉，但回到英迪拉貧民窟後，又花了兩個月才找到工作。詹納斯回到成衣廠，但被告知如果要賺到先前的薪資，他必須一星期工作七天、一天十二小時。

兩兄弟離開德里前，有辦法寄錢回家，兩人相加平均每個月寄二十六元，但再度回到德里後，一毛錢都寄不了，兩人感到極度焦慮。此外，他們還向人借了錢，起初是為了回家，接下來是應付在家鄉的支出，最後則是為了回到德里。借款金額超過一百元，大部分都要支付利息。他們兄弟完全是靠好心的房東與雜貨店經理，念在他們過去支付紀錄良好，網開一面，才得以撐到終於有新工作的第五個月，當時債務已經累積到一百二十元。索曼斯花了四元行賄才拿回工作，但才三個月又丟了工作。索曼斯拿到最後一筆薪水時，想辦法擠出十一元寄給妻兒，那是他從家鄉回德里後第一次匯錢，時隔七個月。

雪上加霜的是，兄弟倆住的小屋在隔月遭竊，損失六十四元。索曼斯找到工廠工作，預支到一小筆薪水，先還錢給雜貨店，因為他們賒的帳愈來愈多。然而，也不過才兩星期，新工作又沒了，被告知工廠沒訂單。冗長的乾燥夏季即將到來，索曼斯擔心又要失業幾個月，而他的恐懼成真。我們在二〇〇一年七月完成研究，離開英迪拉貧民窟，當時詹納斯再度返鄉，他同樣也被雇主打發走，不過雇主承諾九月會再找他回去。索曼斯前途茫茫、債台高築，但堅持繼續待在德里：他不願意向親戚借錢，也不肯承認失敗回家，因為他感到太丟臉。索曼斯必須先還錢給雜貨店與房東，付清近九十元的債務，才有辦法離開。他深深仰賴他們的善心，不能一走了之。

所以說，就算在南亞找到一份正式部門的工作，也不一定就會有更可靠的收入；南非則較為嚴格執行勞工法令，家戶若能找到有薪工作，一般會有相當可靠的收入來源，即便是必須領取補助的家庭，每個月也能倚賴定期發放的補助收入。在我們的研究中，這樣的家戶有辦法「槓桿操作」較為固定的收入來源，從事大型的財務周轉。因為有固定收入，他們比較敢借金額較高的款項，貸方也比較願意借錢給他們。表二．四顯示，相較於收入不固定的人（收入來自小事業按件計酬的工作或親人寄錢），南非領取固定薪資的人，通常絕對收入與人均收入都較高。然而，領取補助的民眾，雖然比收入不固定的人還窮，他們的償債比（debt service ratio）與負債權益比（debt-to-equity ratio），幾乎與薪資固定者差不多。

貧窮家戶和小型新創事業一樣，一定程度的負債，反而代表著健康的財務狀況。新創事業為了投資與成長，必須背負債務；同理，貧窮家戶需要借貸，才有辦法承受威脅到長期投資的旦夕禍福。借錢能讓家庭不必在碰上緊急狀況時吃得不營養，或是要孩子輟學。

南非的政策制定者擔心債務水準攀升過高。在我們的樣本中，部分家戶的債務，的確高過收入能應付的程度，或是借了不透明的信貸。二〇〇七年出爐的《南非國家信用法》（South African National Credit Act），目標是改善透明度，遏止過度的商業消費借貸。[6]然而，南非財務日記中許多債台高築的情形，源自債主不是正規的金融業者，不在監管政策的管轄範圍。許多領取補助的民眾，他們借錢的對象並非要求看薪資單的正規放貸者，而是向地方商店或地方商人私底

表二・四　南非收入固定 vs. 不固定的家戶

	賺取薪資的家戶	領取補助的家戶	收入不固定的家戶
占樣本比率	49%	27%	21%
財務統計數據			
平均月收入	$635	$188	$235
每人每月平均收入	$219	$61	$87
償債比	13%	17%	7%
負債權益比	22%	23%	19%

注：幣值為美元，匯率以市價計算，1 美元 = 6.5 南非幣。

下周轉。[7]此外，許多欠債的例子不是因為胡亂花錢，而是家裡有太多張嘴要餵，且收入過少，只是為了在下次有錢進來之前，滿足基本需求。補助帶來的固定收入，消除了「三重打擊」的其中之一，家戶有管道取得更多財務機會，得以管理自己的少量收入。

金錢管理的夥伴

我們的日記家戶財務組合呈現出共通的模式，一是多數的交易對象，並非銀行與保險公司等正規機構，而是「地下的」。交易夥伴通常是鄰居，而鄰居很少會留下書面協議，更別提上法院能站得住腳的證據。

不過，這不代表貧窮家戶必須任由貪婪的放貸者宰割。實情不是那麼一回事，最常見的夥伴是借錢不收利息的親友。回到蘇畢爾與馬塔絲的例子來講，表二．二列出兩人的各種借貸。

6《南非國家信用法》的進一步資訊，請見國家信貸監管局（National Credit Regulator）網站：http://www.ncr.org.za/。

7 參見：Collins（2008）。

蘇畢爾和藹可親、魅力過人，經常能借到錢，不必付利息。一九九九年十一月與十二月，僅兩個月間，他就借了五次錢，全是向鄰居和同事借；馬塔絲也向姊姊借過一次錢。夫婦借的金額很小，沒有任何一筆超過四元，當人力車夫的收入一下子就能還清。然而，金額小歸小，這樣的無息借款（我們的研究日記中，許多家戶呈現這樣的特色），卻能達成借錢的目的，即確保家人每天都能有東西吃。每天為了活下去而為錢操心時，這樣的借貸是理財的兩個核心元素之一，也因此我們在思考如何改善窮人的金融服務時，值得在這方面多費一點心力。

另一個核心元素是小規模的存款，我們遇到的每個家戶都想辦法存錢。以蘇畢爾與馬塔絲一家為例，年紀大一點的家庭成員都以某種辦法，把錢存放在家中：馬塔絲放在廚櫃抽屜裡上鎖的盒子；蘇畢爾收在布袋裡，掛在屋頂橫梁上；兒子伊巴爾定下遠大的志向，他要靠市場買來的撲滿存下二十元（最後沒成功：他打破撲滿時，還以為差不多有五元，結果只有兩塊錢）。他們就連在借錢的同時，家中依舊存放著小額金錢，這種作法讓我們發現另一件事：貧窮家戶比較不常在不同的工具之間做選擇（例如：要借錢，還是要存錢），他們通常會想辦法雙管齊下，因為外頭的世界並未提供完全符合需求的工具，他們的管道又經常受限。貧窮家戶東拼西湊，他們掏出的錢，一點來自儲蓄、一點來自債主的錢、一點來自不收利息的借款等等。

非正式的儲貸工具一般隨手可得（把儲蓄藏在屋內、向附近的鄰居借錢），又具備彈性

（沒有一定得遵守的固定期限或還款日期），這是理想的現金管理工具的兩大特徵。孟加拉地區的微型金融業者，已經謹記便利性的重要。我們初次見到蘇畢爾與馬塔絲時，夫妻倆告訴我們，他們已經決定不加入某個微型金融機構（在他們心中，那是NGO），因為他們的主要需求是存錢，而不是借錢。要是借錢，他們可能無法固定每星期還款。但後來聽說另一間NGO不強迫借錢，於是加入，起初只為了存錢。夫妻倆的存款帳戶主要用於填補現金流的缺口，有辦法時就存入一小筆錢，需要食物、旅費、看病再提領。這個帳戶在他們有需求時，提供有用的流動性，他們曾經領出十元、五元與四．六元。

過了一陣子後，他們夫妻對馬塔絲加入的NGO打消疑慮，開始向這個機構借錢。他們可以向NGO貸款，幫蘇畢爾買人力車，就不必再付租車費。這一類支持微型創業或自雇的微型借款，其實是微型貸款運動的主要初衷，但後來這對夫婦判斷買車的風險太大，因為晚上沒有安全的地方停車。[8]

蘇畢爾與馬塔絲沒買車，用借來的錢囤米，還買了一個木頭櫃（除了一個老舊的床架，櫃

[8] David Hulme（2006）的報告，訪問五名孟加拉人力車車夫，五人的車都是用租的。其中兩人一度買車，但被偷走，第三個人曾經貸了一大筆錢，購買電動人力車，結果車壞了，還不出錢，車子被收回。

子是他們唯一的家具），另外又借了二十塊給另一名車夫，名目利率是一個月一七．五％，三個月後收回本金，外加拿到一半的利息，還有一半的利息則要對方不用還了。簡言之，蘇畢爾與馬塔絲借來的錢，主要用在自己與他人的基本消費需求。有一派說法認為，除非窮人把錢用在營運資產，否則借錢給窮人沒什麼價值，甚至是危險的誘惑，害他們陷入債務的深淵。在我們驟下這樣的結論之前，蘇畢爾與馬塔絲使用NGO貸款的方式，值得我們三思。不論蘇畢爾與馬塔絲的想法是對是錯，夫妻倆認為除了缺乏資本，還有其他限制造成他們無法購買生產性資產，以這個例子來講，資產有遺失的風險。蘇畢爾與馬塔絲或許太膽小，但他們也把貸款用在其他理想的用途上，包括儲糧、買家具，還趁機和同行強化財務關係，小賺一筆。

這對夫婦除了小型的DIY存錢，以及經常以不需要利息的方式借錢，還以其他各種交易彌補收入與支出的漏洞。他們向兩家雜貨店、一間餐廳賒帳，甚至在一年的研究期間，一度在特別難熬的時刻，典當馬塔絲唯一的項鍊（幸好幾週後，蘇畢爾靠當車夫的收入贖了回來）。

蘇畢爾與馬塔絲能幹又謹慎，有辦法餵飽全家。他們千辛萬苦，用上有彈性又便於取得的工具，目前為止，非正式的部門是那類工具的最佳提供者。正式部門的挑戰是做得更好，同樣提供既彈性又方便的服務，又得更可靠、流動性更高。地方上的放貸者是很好的觀察對象，我們可以試著向他們學習「交易之道」，不過下一節會解釋，最重要的借貸提供人不是放貸人，而是朋友與鄰居。

小型借貸

財務日記中的家戶為了撐過每一天，天天都得把儲蓄與借款的一塊錢當十塊錢用，挖東牆補西牆。每當碰上雇主沒準時發薪、一陣子沒工作做，或是突然有訪客上門等五花八門的狀況臨頭時，這招隨時得派上用場。或許是因為存錢這件事，完全可以由個人或家庭獨自辦到，不必牽涉他人，幾乎每一個日記家戶都會存錢。以孟加拉的四十二個研究家戶為例，即便是最赤貧的家庭，每一家都有某種ＤＩＹ存錢法。然而，對這些家庭來講，光是在家中存放現金還不夠：他們全都得另外向社群裡的其他人求援，才有辦法管理金錢。也因此儲蓄雖然是最普遍的工具，但更多的現金流來自於借貸。我們檢視孟加拉家庭自存款與借款中提領的所有金額，就連各類儲貸工具最小筆的交易也納入，最後算出借款和存款的提領金額是四比一，借款比較多。

借款絕大多數來自地方上「非正式的市場」。在孟加拉，所有借貸中八八％屬於非正式，樣本中最貧窮的家戶更是達九二％；在印度，所有的借貸中九四％是非正式的，樣本中的赤貧家戶同樣更高，達九七％。印度所有研究對象中最窮的群組，除了一家之外，其他全部只向非正式的來源借過錢，唯一例外的家戶是向微型金融機構借錢。不過，這裡講的非正式「市場」

會帶來誤導，因為三個國家中，大部分的借款是無息的。民眾的確可能跑去找放貸者借錢，但費用是一大負擔，也因此那是走投無路時的下策。非正式部門的借貸則通常不必付利息。整體而言，借的金額愈小，情況更可能如此。

三個國家最常用的財務工具，「把錢存放在家中」排名第一，第二名是無息借款。借不需要利息的錢，與盡量放錢在家中相輔相成，而不是互斥，因為無息的借入與借出，基本上是靠鄰居或家族的儲蓄力量，支撐個別成員的現金流問題。以財務日記家戶來看，若要利用這種人際網絡的力量，你得是其中成員：窮人的財務組合，因此其實是交易與關係的組合。財力較好的民眾，有可能靠信用卡應付每日的開支。對我們研究的貧窮家戶來講，主要策略則是彼此求助，在朋友、家人、鄰居之間進行一對一的借貸。

表二・五是財務日記研究期間免利息的借入與借出。表中的「每家戶平均借貸次數」，是將各國樣本借入或借出的總次數，除以樣本中的總戶數，城市與鄉村地區同時納入。各家戶隨時都在借入與借出，金額相當小；大部分的借貸是短期的，短短幾天或幾星

表二・五　一對一不收取利息的借貸

	借入		借出	
	每家戶平均借貸次數	平均金額	每家戶平均借貸次數	平均金額
孟加拉	6.9	$14	2.8	$14
印度	4.9	$28	1.4	$54
南非	2.8	$190	3.0	$132

注：幣值為美元，換算自地方貨幣，匯率以市價計算。

期，而不是以年來計算。以南非為例，大約會在兩個月後還錢；在孟加拉，金額極度迷你的借款，大部分會在一個月內歸還。

在三國的樣本中，無利息的借入與借出隨處可見。以孟加拉為例，在一年期的研究中，四十二個日記家戶有四十一個以這樣的方式借錢一次以上，二十四戶則借錢給別人。印度的四十八個家戶中，四十四戶在一年中無息借錢一次以上，有二十二戶借錢給別人。

值得留意的是，不收利息的借入與借出彼此相關。雙方通常會有默契，他日換對方手頭緊，你也得投桃報李，我們稱之為「互惠式」（reciprocal）的借出與借入。在其餘的例子裡，借錢則是單向的，這次的債主，不太可能下次變借方，或許這種情形能稱為「義務式」（obligatory）的借貸，因為這種借貸靠的是債主感到有義務拿錢出來幫忙。義務式的借貸似乎盛行於孟加拉與印度，日記家戶無息借錢給別人的次數，遠低於無息借錢。這點顯示許多人會去找比較有錢的人（這些人不在我們的研究範圍內）借錢，例如手頭更寬裕的家族成員或雇主，這些人則感到有義務幫忙。

窮人為了應付消費，經常倚靠身邊資源只比他們多一點點的人，而且不只是純粹的現金交易如此，他們還在雜貨店賒帳、遲交房租、預支薪水。這一類交易的共通點，在於事先支領（不論是先拿貨、享受服務或勞動報酬），靠的是借方與貸方已經存在關係，以降低雙方的風險。

在非正式的網絡中，家戶之間的免息交易，不限於借入與借出。我們研究的三個國家都有悠久的「放錢」傳統，也就是替他人保管錢。人們希望找安全的地方存錢，或是需要先把錢收著，晚一點用。本章以蘇畢爾與馬塔絲的故事起頭，這對夫妻就是這樣。有時幫鄰居保管錢：曾有一群年輕工人打算在幾星期後返鄉，先把十八元寄放在他們那裡。銀行可能不會把蘇畢爾與馬塔絲當成潛在的客戶，但從這對夫妻的家鄉來到達卡的同鄉年輕人，把他們視為臨時的個人銀行。[9]

有的作法則無法歸類究竟算儲蓄還是借貸。舉例來說，如果每個人的錢會在不同時間下來，大家有可能說好共用工資或薪水。在南非，領取政府每月補助的女性會組成團體，錢大家一起用。諾桑琪（Nomthunzi）和鄰居諾庚茲（Noquezi）每個月都領到一百一十五元的老人津貼，但兩個人每個月領到錢的時間不一樣，諾庚茲會在三號拿到，諾桑琪會在二十一號拿到。一百一十五元的津貼，兩個人永遠交換三十一元，這樣領到下次的津貼前，就不會有青黃不接的時刻。她們現金快用完時，可以用對方的三十一元撐下去，直到下次的補助入帳。諾薇利索（Nomveliso）和妹妹則用另一種方法，諾薇利索利用政府發放的老人與育兒津貼，撫養三個孫子，一個月總共領一百四十一元。她曾經開銀行帳戶存錢，但現在變靜止戶，因為上銀行所耗費的時間與成本根本不值得。諾薇利索改成和妹妹共用二十六元的育兒津貼，兩人輪流每兩個月拿到五十二元，這樣的金額較大，在她們眼中是更為實用的數字。

這兩個例子的差別，在於諾薇利索和妹妹每隔一個月會拿到雙倍的錢，有辦法累積較高的金額。諾庚茲和諾桑琪這對鄰居組合則在每個月的月中彼此扶持，分享現金流，兩個人都能撐久一點。這樣的「補助時間法」（grant timing）是精彩的非正式工具，交易時間由領取補助的人自行決定，增加可靠度，減少非正式部門的高度不可預期性。這種方法同時結合了借出與互助保險（mutual insurance），但不會造成互賴，也因此具備某種類型的儲蓄社優點，尤其是後文第四章會再討論的互助會（RoSCA）。兩種方式都能對設計商業貸款產品帶來啟發。

完整的三重打擊

我們已經看完「三重打擊」的頭兩個部分，即收入低、現金流不規律；第三部分是現有的財務工具，不是很適合用來解決相關問題。先前的章節提過，日記家戶每天需要靠周轉應付少

9 在窮人的財務世界裡，「關係」銀行的概念確實是靠關係，富人也一樣。微型金融機構的無擔保貸款還款率極高，顯示物質貧窮並未讓履約的重要程度下降，甚至還更高。

又不固定的現金流，此時他們幾乎完全仰賴非正式部門。日記紀錄中，有不少統計數據顯示出非正式部門的主導地位。我們研究的國家中，孟加拉與南非有著發達的正式或半正式金融部門，但服務範圍並未往下擴及到我們的日記研究貧窮家戶。在孟加拉，我們研究的四十二個日記家戶中，微型金融機構（我們視為半正式）僅觸及三十個（在研究的一年期間，二十一個家庭曾貸款與存錢，另外九個家庭僅存錢）。儘管扮演著相關功能，在孟加拉的財務組合中，微型金融機構所占的交易額與餘額很小：僅占一五％的整體交易金額、一三％的家戶金融資產總額、二一％的債務。由於這些數字，已經包含我們的研究家戶與微型金融機構來往的所有交易（包括第四章會再談的小型事業相對大的貸款與資本購買），微型金融機構占日常金錢管理的交易比率更是小。

南非較富裕的日記家戶財務組合中，出現好幾種正式的提供者，包含正式的放貸者、公積金提供者、保險業者等等。儘管如此，若不計算南非比南亞更常見的每月直接存入銀行的錢（南非透過銀行領取薪水或補助的民眾較多），正式交易額所占的日記財務組合比率，依舊和孟加拉一樣小。

非正式的交易有許多優點，第一項優點是方便，隨手可得。把自家當成儲蓄銀行最方便的一點，就是不需要和其他人打交道。此外，鄰居、朋友、親戚之間的周轉，很少需要書面往來，這點在孟加拉與印度等地尤其重要，因為許多戶長並不識字。你的財務夥伴與你文化相同，才有辦法預測他們的行為。第二項優點是剛才提過，非正式的交易通常不必替金融服務付費，甚至就算必須付（請見第五章），期限也很彈性，有時還能商量打折，很少會有強人所難的最後期限。

然而，日記家戶的生活中，雖然由非正式的部門占主導地位，不代表窮人家戶滿意他們能夠取得的工具，完全不需要任何其他的協助，實情正好相反。下一段將簡介非正式金融的限制，協助我們設想該如何改善窮人的金融服務。

不可靠

非正式金融的諸多缺點，問題出在整體而言不可靠，其中缺乏規模或許是最重要的一點，也就是所謂的「金融不成熟」（financial shallowness）。不論你的夥伴是互惠式借貸者、收取利息的放貸者，或是替你保管少量儲蓄的人，當你需要用錢時，他們可能手邊沒現金，也或者他們靠不住，像是答應會在某個時間給你某個金額，但卻沒做到。這點是窮人的財務生活中壓力最大的一件事：鄰居與家人等最能幫上忙的人，通常也很窮，也過著拮据的生活，不一定有能力幫助他人。日記家戶通常會抱怨，即便是為了很小的一筆錢，也得向好幾個人東拼西湊。此外，「不可靠」的另一個問題是「不安全」：把錢放在家中有可能遺失、遭竊、在暴風雨中被沖走、被親人拿走，或是為了零碎的支出不知不覺花掉；錢放在別人那，或是交給儲蓄社團，有可能口說無憑，沒被妥善保管，甚至被侵占。

缺乏隱私

前文已經提過，非正式的金融世界靠的是親戚、社群與工作地點組成的網絡，那種管道不一定是好事。舉例來說，互惠除了有好處，也有成本，某位日記主人翁告訴我們：「我不喜歡借不用利息的錢，因為這樣我就有義務也借錢給對方。」非正式的交易很少能獨善其身，親友與鄰居「眾目睽睽」，帶來社交上的尷尬彆扭，那是非正式交易中的非金錢成本。但即便付利息，向非正式的放貸者借錢也依舊令人不舒服。德里的木匠蘇丹（Sultan）告訴我們，他借錢的時候，比較喜歡在他居住的違章建築區，找收利息的不固定放貸者，但討厭那些人利用債務來威脅他。此外，要找好幾個人碰運氣，最後才終於能借到錢，這不僅是非正式部門金融不成熟帶來的不便，也充滿著壓力與恥辱。

對於從窮鄉僻壤到城市碰運氣的人來講，他們感受到的窩囊氣更是深。本章先前提過德里的索曼斯，就算走投無路，也不願意向親戚求助，原因是感到丟臉，也焦慮要是無法按時還錢，雙方會交惡。我們的德里研究對象高達一半提到這樣的感受：他們會先向數個非正式管道求助（同事、鄰居、雜貨店、雇主），實在沒辦法了才找親戚。木匠蘇丹解釋不願意求援的理由，他表示雖然許多親戚都住在附近，那些親戚家境都勝過他，他拉不下那個臉拿他們的錢。蘇丹表示，親戚基於親情和義務，願意伸出援手，那是某種社會安全機制。萬一向親戚借錢，又無法還錢，有可能失去自己十分重視的社會關係。

非正式借貸所必須耗費的時間、精神與情緒耗損，似乎是全球現象。孟加拉的瑞卡（Rekha）表示：「我借錢給別人時感到自豪，我向別人借錢時感到羞愧。儘管如此，我偶爾還是會向人伸手，實在沒別條路可走了。」南非盧甘基尼（Lugangeni）的盧吉娃（Lungiswa）告訴我們：「我會在鎮上某間雜貨店賒帳，那個老闆會二話不說就答應，但也會讓你沒面子，在所有人面前問你什麼時候要還錢，所以我打算換地方賒帳，就算要收利息也沒關係。」德里歐克拉工業區的蘭珠（Ranju）解釋，她盡量不和住最近的鄰居相互借來借去，因為左鄰右舍會嚼舌根。蘭珠會去找同村的其他兩個家庭求助，雖然他們住在同一個貧民窟，隔了好幾條巷子。

不透明

有的人認為向親友坦承自己的財務窘境，就比較不會被坑，只可惜不一定如此。非正式的交易缺乏透明度，以德里的受訪者為例，他們提到因為數度被騙，非正式的交易變成惡夢。有人把兩個月的收入放在別人那，結果保管錢的人跑了；還有人的「朋友」拿假黃金當擔保品借錢；兩名受訪者把儲蓄社的錢，交給有急用的朋友，結果朋友說什麼都不肯還錢；此外，好幾個人提到，存放在雇主那的薪水，永遠無法全數拿回來。

南非的「柑仔店」（spaza shop）是鄉鎮的地方商店，專門服務沒時間或沒錢前往商業中心大型商店的居民。由於柑仔店的成本，包含把商品運過路況不佳的長程距離，也因為少有競爭者，價格通常高過大型商店。你可能會以為，鄉下的貧窮家戶會避免上這種店，寧可忍受出門的不便，到其他地方買東西。然而，在我們的鄉村樣本中，人們經常使用柑仔店，因為可以賒帳，同一個月晚一點再付錢。南非財務日記中近八成的鄉村樣本，靠著在柑仔店賒帳，撐過每個月缺乏現金流的時刻。然而，這種交易不透明，一般不會明講利息是怎麼算的，人們自認已經付清後，經常被告知還欠老闆錢。

以馬瑪溫蘇（Mamawethu）為例，她是住在南非盧甘基尼的鄉村中年女性，與兩個女兒、兩個孫子同住。馬瑪溫蘇因為關節炎與氣喘，行動不良，一個月領有一百一十五元的政府補助。馬瑪溫蘇還有兩個住開普敦的兒子，有時會寄錢回家。然而，曾有幾個月的時間，兒子無法寄錢，馬瑪溫蘇在那段期間，在地方上的某間柑仔店賒帳十五元，幾個月後把錢還了回去。然而，柑仔店老闆告訴她，因為累積的利息，她還欠五十四元。馬瑪溫蘇吃了悶虧，利用儲蓄社的六十二元，拿出五十四元還清柑仔店的帳，下個月她沒錢買菜時，便改向放貸者借十五元。馬瑪溫蘇表示，即便每個月得付二〇%的利息，至少能確定利率是固定的。

三國家戶絕大多數的儲貸，全靠自己或非正式的夥伴。非正式的方法的優點與缺點，同樣都能提供替窮人設計金融服務時的參考。我們注意到非正式的安排帶來彈性與便利，但缺乏可靠度、隱私與透明度，又過份仰賴心腸好、善心與雙向的人情義務。可靠度的重要元素，包括依照規定訂出協議、交易雙方都有明確的期待，以及專業的關係，這幾點對正式交易來講都是基本元素，但地下交易大都付之闕如。

正式機構登場？

正式部門若要能符合窮人的財務需求，將需要進一步留意貧窮家戶的現金流。本章指出照顧到現金流的金融服務有兩大特徵：一、有辦法從平日的家戶現金流中，擠出一小點錢還款；二、彈性的還款時間表。幸好，希望推廣窮人業務的正式提供者，分別照顧到了這兩大特色，我們在南亞的日記研究中找到相關的例子。

首先，「半正式」的微型貸款業者，已經照顧到頻繁小額還款這項特點。尤努斯與他創辦的孟加拉鄉村銀行提供的貸款，可以每星期或每月分期小額清償，拉丁美洲、非洲、亞洲也有響應此一概念的機構。相關機構主要靠掌握這項特色，成功證明有可能提供銀行服務給窮人，理解與尊重貧窮家戶的小額現金流。

孟加拉是我們研究的三個國家中，唯一微型金融興盛的地區。該國的微型貸款明顯限制只能用於事業用途，但蘇畢爾與馬塔絲的例子顯示，貸款有可能被用於其他一至多種用途，包括短期的消費需求。貸款撥下後的那個星期，就要開始每週分期還款，也因此日記家戶所申請的微型貸款，幾乎每筆借貸的資金都被挪出部分放在家中，確保頭幾個星期有辦法還款。後文將在第六章回頭談民眾如何使用微型金融服務。

前文提過，蘇畢爾與馬塔絲向地方微型金融NGO貸款後，又把部分的錢借給別人。夫妻倆借錢給寄住在他們家的哈尼夫（Hanif），這名年輕人睡在他們小房子的角落。雙方配合得很好，哈尼夫一次得到想要的本金總額，接著每星期從工資抽出十美分，還錢給馬塔絲。馬塔絲接著在每星期的NGO會面中，把那十美分存進自己的儲蓄帳戶。馬塔絲與NGO的交易，以及馬塔絲與寄宿者的交易，兩筆都順利進行，原因是金額迷你但頻繁還款的時間表，配合了他們的現金流。

非正式的工具通常具備小額頻繁還款的特色（第四章會再詳細分析），不過通常還能彈性還款，也就是我們提出的第二項關鍵特色。鄰居、親戚、同事之間的借貸，一般會有要如何還錢、何時該還的默契，但很少會定下一個日期或時間表。雖然找到人私下借錢給你可能不容易，但還款方式則有一定的商量餘地，因為借方與貸方之間的關係，通常是親戚、同鄉或同事。現代的信用卡與透支功能，也具備這樣的彈性。印度的商業銀行在過去八年，也嘗試以相同的概念，重新設計季節性的作物貸款，推出「農民信用卡」（Kishan Credit Card）。[10]

前文提過，農場收入具備季節性與不可預測性，小農與邊際農因此亟需管理現金流的產品。在印度，有辦法提出土地文件的人士，長期以來都有管道取得銀行融資，但銀行提供的貸款產品條件嚴格，只在一年中的特定期間發放兩次，時間是兩次農作季節的前夕，而且六個月後就得全額還清。農民信用卡則有一個講好的信用上限，但任何時候都能拿到錢，看要一次領還是分批都可以。還款時間由客戶決定，唯一的條件是一年必須全額結清一次（結清後可以再

10 Kishan 是「農夫」的意思，「農民信用卡」由印度國家銀行（State Bank of India）推出，是同類產品的先驅。日後其他印度銀行提供的類似產品，各有各的名字，但統稱為「農民信用卡」。

次借款）。印度樣本中，有三個家戶利用這項創新。接下來杜羅悉陀（Tulsidas）的例子顯示，這項產品的彈性獲得高度讚賞，不過農夫依舊需要進一步動用創意與非正式的人脈，才有辦法克服季節性的低收入。

杜羅悉陀平日耕種十英畝的良田兼養羊，年收入約達七百元，一年之中還有幾個月在孟買當警衛，月薪三十七元。杜羅悉陀碰上的主要挑戰是留住收成，以免因為量少被低價收購。杜羅悉陀一共收成六千三百公斤的穀物，收成過後不久，他在二〇〇〇年十一月，以一百六十四元的價格售出兩千公斤，取得冬季作物的資金，添購溫暖衣物。接下來，自十二月一直到二〇〇一年八月，杜羅悉陀省吃儉用，靠每月售出兩百公斤至四百公斤的農作物過活。那年八月，他賣掉羊，替下一次的耕種取得資金。六千三百公斤的收成，杜羅悉陀留下三千公斤，等價格在生長季上揚時再出售。

二〇〇〇年十二月至二〇〇一年七月這段期間，杜羅悉陀因此是「策略性」過著青黃不接的時期，把支出降到最低（一家十二口平均一個月只花三十七元），等著迎接八月後的穀物高價。雖然他的農民信用卡額度很高，他在前一年還債與整修房子，額度剩五百七十五元。不論金融產品多有彈性，此時都不能隨便動用銀行服務。

杜羅悉陀在青黃不接的那幾個月，靠著在村裡開雜貨店的朋友，不必賣出更多穀物。先是雜貨店老闆讓他賒帳七十二元，彌補不高的穀物收入；再來是二〇〇一年三月，信用卡的一年期限到了，銀行要求杜羅悉陀連本帶利還錢，杜羅悉陀再度向雜貨店朋友求助，說服朋友再多寬限總欠債五百七十五元幾天，讓他有辦法結清信用卡，再度能借錢到最高額度，沒賣掉任何穀物。杜羅悉陀辦完一切手續後，手上有新貸款，還錢給朋友，並繼續留著價值持續攀高的穀物。

馬塔絲與杜羅悉陀在替自己的狀況想辦法時，兩人都展現創意。他們取得標準產品（NGO貸款與改良後的新型「作物貸款」），但加以變通，用於其他用途。這樣的行為在財務日記中，算不上不尋常。人窮，不代表你就無法運用聰明頭腦在財務管理上。

本節提到兩項創新，包括將貸款拆成小額的還款金額，以及提供給小農與邊際農的彈性型信用卡，協助家戶得以在收入起伏不定的情況下，依舊能管理貸款的分期付款，這兩項創新是產品設計符合實際現金流的好例子。

小結

已開發國家的個人理財目標，一般是累積財富與建立資產、購買房產、退休計畫、投資孩子的未來等等。大部分的美國家庭認為，窮人也該要有辦法達成此類目標，這樣的概念根深蒂固。美國因此發起運動，要求提供貧窮家戶公共補助儲蓄計畫，也就是前文提過的「個人發展帳戶」。此一被稱為「美國夢示範」（American Dream Demonstration）的政策，已經獲得研究驗證。[11]

擁有更多資產，的確能幫到我們研究的家戶，讓他們在困難時刻有緩衝的工具，還能替大型投資創造出資源。第四章將討論，我們的日記家戶試圖累積一大筆錢，購買實體資產（例如：房產）與無形資產（例如：年金保障）時，他們碰上的困難。然而，我們也得留意，計畫改善窮人的金融服務時，不能只透過打造資產的角度看事情：財務日記顯示從許多方面來看，貧窮家戶所面臨的挑戰與優先事項，偏向更為基本的事務。

窮人即便較去年同期的財務成長偏低或零成長，光是能取得基本的金融服務，就能產生重大影響，重要性與建立資產不相上下。原因在於收入低的話，財務策略不得不集中在解決收入不穩定與無從預測上，以求桌上有食物與應付其他基本需求。如果不把重點放在基本的溫飽，很快就會挨餓與遭受其他類型的剝奪，家庭有可能一下子陷入赤貧狀態，連基本的食物與醫療都沒有。財務日記揭曉了一次性調查一般看不出來的事：貧窮家戶的收入不僅少，又經常緩不濟急，用來解決收入不定的金融服務又不完美。本章解釋了這種「三重打擊」所造成的結果。

貧窮家戶一如預期，極大的心力都放在「現金流管理」上，即確保手上的錢足以應付基本支出。富裕世界的家戶財務工具組合，通常是依據風險與報酬來管理；窮人家戶的組合則是確保在希望的時間，取得想要的金額。金錢不足，供應的時間點又不固定，也因此處理現金流的緊急性，通常高過計算最佳的報酬與風險組合。打個比方來說，富裕家戶就像體質健全的公司，有餘裕以慢慢來的穩定風格管理財務；窮人家戶通常比較像新創公司，除了必須明智分配手中的現金外，還得不斷尋求新資金。理解窮人財務生活的第一步是現金流分析，而不是資產負債表分析。如果我們只看這一年到下一年的家戶資產累積情形，窮人所做的努力將被隱藏起來。年初與年終的結餘數字，有可能差不了多少，但在中間的月份密集動用各式財務工具。

富人以各式各樣的可靠工具，管理基本現金流，例如：信用卡、簽帳金融卡、支票、自動櫃員機等等，但即便是富人，也可能碰上現金流問題，也難怪無法取得此類奢侈服務的窮人家戶，得花更大的力氣管理金錢。理想上，可以利用存錢與動用儲蓄，解決收入與支出的現金流對不上的問題，但由於難以找到合適的工具，窮人家戶更常倚賴的方法，其實是朋友、親戚、鄰居、雇主之間的小額借貸。借錢通常得費一番工夫，還可能代價高昂：不只是經濟成本，還有社會與心理成本。

對窮人家戶來講，擁有可靠、方便、價格合理的替代性金融工具，影響十分巨大。在這樣

---

[11] 請見：Schreiner and Sherraden（2006）。

的情況下，引人注目、甚至是令人訝異的是，微型金融策略在協助貧窮家戶時，僅以有限的程度關注現金流管理。

*****

近年來，商業專家大力主張，全球的窮人是龐大的商品與服務市場，而且大都未經開發，是零售業的下一個新天地。市場人士著眼於價值數十億美元的肥皂、收音機、手機與金融服務，只要零售商能開發出正確的產品與行銷策略，就能販售給像我們的日記家戶那樣的顧客。

學者普哈拉（C. K. Prahalad）指出：「金字塔的底部藏有財富。」如果你採取這樣的觀點，認為窮人是大有可為的市場，產品開發將始於理解家戶的財務狀況會上下波動。寶僑（Procter & Gamble）與聯合利華（Unilever）等跨國企業，眼見窮人負擔不起許多既有的產品，想出解決辦法：販售單次包裝的洗髮精給窮人家戶。單次性的包裝，每包的價格會多幾分錢，卻成為熱門選擇，因為窮人無力靠日常的現金流，輕鬆買下大瓶裝的洗髮精、標準錫罐容量的茶、一罐兩百顆的阿斯匹靈等等。[12]

此類例子的創新之處，不在於產品的本質，洗髮精本身沒什麼特別的。創新其實來自發現新方法，採取配合家戶現金流的支付模式。此一洞見源自理解窮人的財務生活，有效回應他們的需求。

窮人的現金流管理工具若要迎合大眾市場，需要具備哪些特徵？我們的優先清單始於基本的可靠性與彈性：按規定走、透明又好理解的服務；依據標準價格與承諾的日期撥款的貸款；隨時可以提領又方便、不限制存款與提款金額的儲蓄帳戶；理賠迅速、不刁難的保險契約。全球的富人家戶，要求金融工具必須具備這樣的品質（通常還視為理所當然），但世上的窮人同樣需要這樣的工具。

日記顯示地下金融機制一般相當富有彈性，但不一定可靠；另一方面，微型金融服務通常可靠，卻不一定有彈性。微型金融缺乏彈性的地方，在於某些貸方堅持所有的貸款都必須用於投資事業。相關機構會這麼做，部分原因出在認為自己的重要使命是藉由商業成長，促成經濟發展。部分原因則是擔心要是少了事業帶來的營收，窮人將無力還款。然而，財務日記顯示，窮人家戶需要借錢的原因有很多，不只是為了做生意而已，而且他們準備好想辦法從平日的家戶現金流中擠出錢還款。[13]第六章會再談，對於日記中的家戶而言，今日的現實是所謂的商業

12 此一例子取自：Prahalad（2005），頁16–17。

13 下一章會再解釋碰上緊急情況時，所有的家戶都可能無力還款。進一步證據請見：Johnston and Morduch（2008）。此一印尼研究指出，低收入戶將貸款用於多種用途。窮人家戶所借的貸款中，大約一半用於與事業無關的目的，包括消費、教育、健康等等。

貸款，已經被用於許多與創業無關的用途。對微型金融業者來講，願意接受家戶為了一般性目的借錢，將能開啟創新與推廣的可能性。

其他的簡單方式也能讓貸款多些彈性。非正式借貸（有時微型金融借貸也一樣）的常見概念是現金流出問題時，提供沒有罰金的寬限期。孟加拉鄉村銀行過去幾年也提出另一個概念，允許貸款者在還款期間「增貸」（top up，再度借出已還款的部分），以增加流動性。我們會在第六章回頭談這個例子。此外，開發貸款產品的另一條重要途徑是提供各種期限的借貸，包括短期的「急難貸款」（emergency loan）。

另一種的貸款創新，是抵押窮人一般擁有的流動資產，抵押品帶來更具彈性的還款時間。在這方面，印度銀行的經驗再次可作為參考。印度銀行平日履行放貸給「優先部門」（priority sector，即窮人）的義務，主要方式是借錢給由貧窮顧客組成的共同擔保團體（源自孟加拉鄉村銀行開創的概念），不過銀行也接受抵押存款與黃金，放貸給個人，利率微幅高過共同擔保團體，但期限更有彈性。二〇〇三年一篇探討五間鄉村銀行的研究顯示，這樣的貸款雖然撥出的金額很小，卻占所有帳戶的二五％至三五％。該研究指出，較不富裕的顧客會抵押先前的定存或珠寶，當成擔保品，撐過現金流緊縮的時期。結論是儘管這樣的借貸屬於非優先部門，也或許正是因為屬於非優先部門，相關貸款成為低收入個人的主要銀行產品。[14]此外，由於貧窮家戶致力於增加儲蓄與借貸服務的管道，他們通常樂意靠抵押存款來貸款：有的民眾甚至認為這是理想情形，既能享有流動性，又保住寶貴存款。

頻繁的小額還款、彈性的時間表，以及抵押實體資產與金融資產的小型貸款，相關特色與本章探討的「日常的金錢管理」這項特定任務有關。本章尚未替我們找到的「管理風險」與「累積一大筆錢」這兩項關鍵理財任務，詳細討論相關的重要特色，接下來兩章會再分別說明。

改良過後的理財工具，將無法完全解決窮人家戶碰上的問題，但可以助一臂之力。世上的事皆如此，漸進式的改善能替更全面的改變打下基礎。如同財務日記顯示，在金錢管理這一塊，由於貧窮家戶本身早已投入大量時間與精力，有了改良後的工具助陣後，潛在的影響更是指日可待。

[14] 參見：Sinha et al.（2003）。

第三章

風險管理

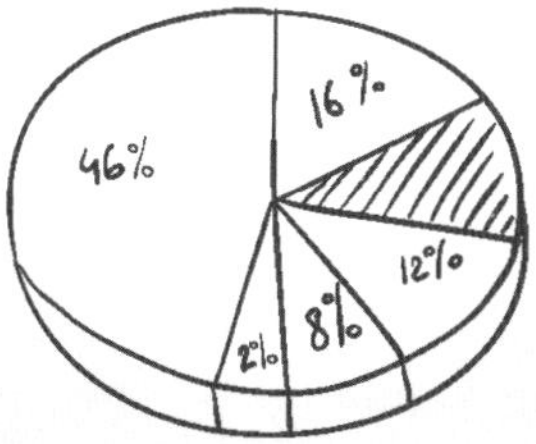

賈麗拉（Jaleela）是我們的孟加拉訪談對象，她曾在一九七四年，和孩子一起罹患嚴重的痢疾。賈麗拉回想那次有多麼九死一生，當時全家人的儲蓄少得可憐，丈夫又臨時籌不到錢替她們母子治病，最後典當她的嫁妝，幸好後來母子都康復，即便首飾贖不回來了。幾年後，擔任人力車夫的先生也病倒，無力工作，全家人挨餓三天，後來是鄰居給他們食物。再來是一九九二年，賈麗拉再度生重病，借了微型金融貸款看醫生，但還是不夠，痊癒時已經耗光所有的積蓄。

對孟加拉、印度、南非的窮人來講，活著不只是要面對每天活下去的困境，就和賈麗拉一家人一樣，窮人還處於風險之中，有可能碰上嚴重影響生活與生計的大事。賈麗拉的經歷顯示，健康問題帶來的生活大亂，通常遠遠不只是需要取得醫療照護而已。賈麗拉和家人雖然最終獲得治療，他們的健康問題卻也轉變成財務問題。如果要完整解決醫療問題，也得有辦法解決財務問題才行。

我們在前一章看過，日記家戶如何想盡各種辦法，管理出現時間很不方便的小額收入，好讓桌上每天都有食物，滿足其他需求。為了達成基本目標，日記家戶不得不經常想辦法小額周轉，他們的財務組合因此出現與收入比起來相對大的周轉金額。他們使用五花八門的財務工具，大部分是非正式的。日記顯示，貧窮家戶積極理財，配合自己的現金流，尋找有彈性又可靠的財務工具。

財務日記也充滿了焦慮的故事，源頭是預期會發生緊急事件，以及實際發生時必須加以處理。儘管我們研究的三個國家，政經情勢整體而言還算穩定，風險依舊無所不在。本章將帶大家看相關風險的財務面影響，解釋窮人家戶是如何處理與描述他們用來自保的財務工具與策略。當然，自立自強無法取代公共安全網與商業保險，而在窮人的社群，即便有那些東西，一般而言質或量都不足。我們也將解釋日記家戶如何把握身邊可得的工具，不過那些工具提供的保護，太常不堪一擊也不完整。我們將介紹如何能加以改善，以更好的管道提供保險，以及更重要的，提供具備彈性的儲貸方法。

要不是因為知道實情，我們很容易假設，財務日記中的賈麗拉與其他人不太懂財務的事，或是無法使用市面上的保險產品。事實上，許多家戶確實使用某種財務工具來避險。有的家庭購買正式的保險契約，他們了解條款，或至少知道大致的情形。在此同時，大部分的「保險」來自非正式的關係，和前一章談到的一樣，窮人在處理日常的金錢管理需求時，靠的是鄰居與親戚組成的非正式關係網。

賈麗拉的故事顯示，不論是正式或非正式，無法取得專門的工具或是工具不足時，人們應急的方法是變賣資產、提領存款與借錢。借貸通常是多管齊下時的關鍵方法，再次提醒著我們，對窮人來講，借錢不只是為了籌措做生意的資金，創業甚至不是多數時候的目的。窮人借錢，為的是處理窮困生活中的眾多緊急事件。

財務組合研究法提供了深入的視野，顯示家庭如何東拼西湊，解決需求。只用一個方法，很少能完整救急。雖然原則上，全方位的解決方案是好事，卻可能複雜又昂貴，增加推不動的風險或無法永續。財務組合法顯示，經過審慎規劃的局部解決方案威力強大。南非家戶如何拼湊資源辦理喪事，就是最好的明證。

生活在風險之中

貧窮社群把生活在風險中當成人生的必然，二〇〇〇年的全國統計數字顯示，以印度與孟加拉為例，大約九％的孩童活不過五歲，南非則是六％。[1]孩童死亡率所反映的生活條件，對成人和老人來講，同樣也是重大的健康風險，薄弱的健康照護基礎設施、衛生不佳、傳染病的散布，危害尤其大。對財務日記家戶來講，健康危機有可能一下子轉變成財務生活中非常關切的事。

在一年的研究期間，我們的日記家戶一共碰上一百六十七次財務緊急狀況。表三．一為三個國家最常發生的緊急事件類型，死亡、重傷與重大疾病為最大宗，其次是收入與房產的重大損失。

南亞與南非形成幾項明顯的對照。在南非，替家人辦喪事是主要的重大事件，在孟加拉或印度則排不進前五、六名。背後的原因本章立刻就會詳加介紹：在南非，治喪相當勞民傷財。當地的社會習俗是在喪禮本身與喪禮的前後，全都要舉行盛大的集會。雪上加霜的是，愛滋病死亡率攀升，原本就昂貴的喪禮，如今舉行的頻率更是頻繁。

另一方面，相較於南非，孟加拉與印度的家戶遠遠更常發生其他類型的意外，例如生病受傷、損失收入、失去住處等等。原因出在我們的日記家戶中，獲得社會服務的孟加拉與印度家庭數量，比南非少很多。南非有

1 數據取自世界銀行的「世界發展指標」（World Development Indicators），擷取日期為二〇〇八年七月。二〇〇〇年五歲以下的孩童死亡率，孟加拉為千分之九十二、印度為千分之八十九、南非為千分之六十三；相較之下，美國二〇〇一年的孩童死亡率為千分之八。

表三・一　三國最常造成財務吃緊的事件，在研究年度期間，各國樣本至少受到一次影響的百分比

孟加拉（42 個家戶）		印度（48 個家戶）		南非（152 個家戶）	
事件	%	事件	%	事件	%
重傷或重病	50	重傷或重病	42	未同住親人的喪禮	81
沒領到預期中的收入	24	損失作物或家畜	38	重傷或重病	10
火災／住家或房產受損	19	失去固定工作	10	家中成員喪事	7
損失作物或家畜	7	遭竊	4	遭竊	7
生意失敗	7	遺棄或離婚	4	暴力犯罪	4
受騙／損失現金	7	官員惡性騷擾	4	火災／住家或房產受損	3

固定的政府補助，比較容易應付緊急狀況。此外，南非有免費的國營健康診所，罹患重大疾病雖然會無法上工，對財務造成的影響，比較不會像其他兩國經常發生的情形，大到足以列為緊急事件。

在孟加拉，許多失去住處的事件，原因是警方清除貧民窟地帶，或是承包商進行基礎建設工作。由於達卡的城市貧民窟居民意識到相關危機，無法確定能住多久，一般會減少花在住家上的錢。家有可能是一間小小的屋子，一下子就能打包好家當，放在手推車上搬到別的地方。我們在二〇〇五年時，再次探訪先前一九九九至二〇〇〇年研究的孟加拉家戶。我們的三個都市研究地點，全數遭到全部或部分破壞。孟加拉家戶曉得潛在的危機，採取謹慎作法，不過度裝飾家裡。[2]也因此雖然五分之一的孟加拉日記家戶經歷過房屋受損，相關損失不一定會是家庭該年度最重大的打擊。

表三．一中，印度高達三八%的家戶碰上損失作物或家畜，部分原因出在我們進行研究的那一年碰上歉收，大量的小農與邊際農蒙受損失。第二章提過，他們缺乏資源，無力抵擋降雨時機不佳造成的影響，他們的田地位於灌溉網中較差的位置。此外，靠家畜儲存財富的風險，造成數字進一步上升。即便是豐年，養家畜也是不完美的策略。一旦運氣不佳，動物生病或遭竊，更是會蒙受重大損失。

表三．一列出在研究的一年期間，我們研究的家戶碰上的事件，不過前文賈麗拉的故事提

醒我們，一生之中可能充滿大量出乎意料的事件，反覆打擊窮人家戶，降低他們脫貧的機率。

自保方式

富裕國家的民眾偏好（有時是法律規定）替有可能失去的東西保險，例如：房子、車子、健康與生命。賈麗拉如果生活在富國，她本人大概會有健康保險，生病有辦法治療；丈夫若是病倒，工作也享有保障或失業補助。財務日記中的家戶，少有與緊急事件或損失資產相關的保險，但相較於住在富國的家庭，他們卻面對著名單更長的潛在危機。收入低與艱困的生活條件，造成貧窮家戶暴露於疾病和犯罪之中，他們的房子不足以遮風擋雨、容易失火，生計也缺乏保障。[3]

2 另一方面，由於生活處處是風險，孟加拉家戶無從投資更理想的謀生方式與生活水準。

3 在各方學者的帶領下，貧窮與脆弱的交會點成為研究貧窮的重要主題；牛津經濟學者史蒂芬·德康（Stefan Dercon）與馬塞爾·法肖（Marcel Fafchamps）是非洲研究的翹楚，可參見 Dercon（2006）中收錄的論文。Morduch（1995, 1999）則著眼於政策介入，提供寬廣的學術研究架構。

窮人缺乏保險保障的現象，我們的日記家戶不是孤例。許多全國調查甚至沒問到保險的事，即便提問，也很少受訪者有保險，例如曾有研究指出，世界各地的赤貧者僅不到六%有健康保險。[4]

缺乏正式的保險安排時，家人與鄰居扮演著重要的角色。經濟學家已經著手量化非正式的機制多少填補了漏洞，有一系列的研究專門談「村莊保險」（village insurance），碰上家戶層級的衝擊時，同村的家庭是彼此的「保險」。[5]我們發現日記中，的確有許多例子是鄰居彼此伸出援手，除了前一章提過的現金流管理，在本章探討的風險管理這件事情上，鄰居同樣是好幫手。然而，那一類的協助，許多是親戚之間互贈東西或彈性借錢，比較少集中整個社群的資源，專門協助有需求的某家人。許多家庭的確會參與非正式的財務團體，例如儲蓄社，但這類團體的基礎很少會是動員全村，一起協助遇上麻煩的成員——相關團體的架構建立在「自行保險」（self-insurance，譯注：指當事人自行籌措基金，用於填補可能的損失）之上。

即便是在南非喪葬社團（burial society）這種非正式保險團體的例子（本章稍後會介紹），不一定是村莊裡的每一個人都自動成為會員。每一家都必須出錢，給付也有規定，要看繳了多少錢，不具備「村莊保險」概念中的「風險分擔」元素。家戶積極尋找方法，個別自我管理自身的風險，動用各式財務工具，包括向親戚求援。這顯示如同村莊保險的文獻所示，發生緊急事件時，光仰賴鄰居還不夠，家庭（與家族網）一定得想辦法試著自保。

部分的財務日記家戶，的確投資特別設計來救急的財務工具。相關工具分屬於一小群特定的類別，像是印度有人壽保險，孟加拉有壽險與信用人壽保險（credit-life insurance），南非有喪葬保險（funeral coverage），每一種都能提供借鏡，協助我們設計出更理想的財務工具。

---

4 Abhijit Banerjee and Esther Duflo（2007）的研究，綜合了世界銀行的全球家戶調查，以求用更為寬廣的角度呈現窮人的經濟生活。該研究詳細引用的調查數據，主要擷取一九八八至二〇〇五年間，世界銀行與美國智庫蘭德公司（Rand Corporation）所做的調查，呈現十三個開發中國家數萬貧窮家戶的支出。

5 一般性問題請見 Morduch（1999）談非正式風險分擔的優缺點。論文作者問：「非正式的保險是否補足了安全網的漏洞？」答案為：「是，但成效不是很理想。」該文還提到非正式的風險分擔通常會帶來財務、經濟與情緒等各方面的隱藏成本。Townsend（1994）的研討會論文，正式測試村莊層級的風險分擔。亦可參考 Deaton（1992, 1997）的類似研究，文中探討象牙海岸、迦納與泰國的情形，Morduch（2005）探討印度情形，Udry（1994）研究奈及利亞，Grimard（1997）研究象牙海岸，Lund and Fafchamps（2003）研究菲律賓，Dubois（2000）研究巴基斯坦。Morduch（2005）提供關鍵的南亞研究概述，Morduch（2006）提供較為全面的好讀研究計畫介紹。Townsend（1994）之後的村莊保險經濟計量學研究，側重於村莊內的收入變動性，並未聚焦於另一個通常更大的問題：全村或整個地區所遭受的收入衝擊。

印度：由國家補助的窮人保險

印度長期以來致力於維護公共安全網。[6]舉例來說，始於馬哈拉施特拉邦（Maharashtra）的就業保障計畫，承諾只要有需要，任何具備勞動能力的勞工，都能獲得低薪工作。這個計畫特別適合在缺乏工作機會的季節與其他困難時刻，協助貧窮勞工獲得收入。此外，政府也以補助團保方案的形式，經營公共社會保險。

印度在二〇〇一年開放私人的保險業者前，該國的保險由國營的「人壽保險公司」（Life Insurance Corporation，簡稱ＬＩＣ）與「通用保險公司」（General Insurance Corporation，簡稱ＧＩＣ）壟斷。將保險部門開放給私人企業的法規，要求提供一定比例的保單給「鄉村部門」。然而，在我們進行研究的期間（二〇〇〇至二〇〇一年），唯一提供服務給受訪者的保險業者，只有ＬＩＣ一家。ＬＩＣ提供各式金額、保期、給付選擇的生死合險保單（endowment policy，譯注：又稱儲蓄險、養老保險）。壽險的保費金額要看客戶的年齡，每季或半年繳交一次，保期結束時可拿回儲蓄與利潤。萬一中途發生意外或死亡，本人或繼承人可以拿到保單期滿的全額價值。

ＬＩＣ的保單透過自由保險代理人推銷，他們深入各地的程度，遠勝過其他任何的保險產品。我們的印度受訪者中，八人（六分之一）在研究期間繳交保費，除了其中一人，其他人都住在鄉村地帶。八人全都不屬於最貧窮的群組，有兩人是中階商人，名下僅有極少或完全沒有農地。

其中一人是布商伊斯梅爾（Ismael）。伊斯梅爾要撫養年邁的雙親、妻子、四個年幼的孩子，家庭人數愈來愈多，嗷嗷待哺。我們第一次見到伊斯梅爾時，他已經加入兩個契約型儲蓄（contractual saving）方案，每個月在郵局帳號裡存入六．五元。接著一個當ＬＩＣ保險員的老友，說服他購買ＬＩＣ的生死合險保單，每六個月要繳三十九元的保費。伊斯梅爾繳了第一期後，發現對他來說一次要擠出那麼多錢，實在太吃力，每年還要繳兩次。他和朋友商量，變更保單，改成每三個月繳交負擔得起的十元，二十年後期滿可以領回一千〇六十四元。[7]

對我們最窮困的受訪者來講，即便是一季才十元的保費，同樣很難生出來。問題比較不出在每年要繳的總額，而在於受訪者必須一季接著一季，每季都拿出這麼一大筆錢。某位受訪者告訴我們，他向ＬＩＣ投保，原因是他的保險員雖然住得很遠，但兩人是親戚，要是他無法

---

[6] 本節大量引自：Sinha and Patole（2002）。該論文報導財務機構與產品的研究，地點是與我們的財務日記相同的印度鄉村。

[7] ＬＩＣ的保險員手冊顯示，當時保費最低的產品，大約一季繳九．四元，也就是伊斯梅爾能選擇的最低保費產品。請見：Sinha and Patole（2002）。

每季按時支付保費，對方會先代墊。其他好幾位受訪者則提到，他們會為了繳交每季的保費找人借錢。

對於伊斯梅爾這樣的家戶來講，如果保費能以每週或每兩週繳交較小的金額，他們比較付得起。[8]這樣的保單確實存在，但保險員不願意提供，因為他們將得多跑好幾趟到客戶那邊，保險員因此無意間排除掉客戶。有的人願意保險，也有能力繳保費，但繳交的時間表必須更加考量到現金流。在印度及其他各地，有愈來愈多的保險業者開始採取的解決辦法，是和定期與客戶碰面的微型金融機構（或類似的機構）合作，請他們見面時趁機收取保費。下一節會再解釋此類結盟的另一項原因。

孟加拉：「惠貧式」的私人壽險與信用壽險

孟加拉以微型金融機構聞名，政府不加干涉的作法，也延伸到保險產業。孟加拉政府比印度還要早開放私人保險公司，國內開始實驗由受監理的正式私人保險公司，提供替窮人設計的人壽保險。四十二份孟加拉財務組合中，有八家放錢在「惠貧式」的保險業者那裡，其中六個是都市樣本，兩個是鄉村樣本。此一相當高的惠貧式保險業者滲透率，恰好顯示出此類保險在一九九〇年代初起步後便快速拓展的情況。

孟加拉和印度一樣，相關方案採取人壽儲蓄險（life endowment policy）的形式，大部分是十年期；客戶每星期或每月繳交小額保費，期滿可以領回儲蓄與利潤；萬一死亡，繼承人可以領取期滿保單的全額價值。保險公司為了壓低成本與簡化，不採取既定的保險原則，最令人訝異的一點是幾乎沒有任何的投保篩選標準，例如：不必做健康檢查，也不調查個人細節；此外，幾乎任何年齡的人都能購買保單。

保險業者刻意努力讓人壽保險，有如微型金融機構的放貸。從幾點可以看出保險業者的企圖心，包括以每週或每月的頻率收取保費（壓低每次繳交的金額）；在貧民窟與村莊，以各地自主的非正式方式營運；決定將保費留在社群裡，不運送至總部；利用微型貸款的方式，把保費回貸給客戶（經常性還款的一年期團體貸款）。十年期的儲蓄方案附帶簡化版的壽險，再加上承諾借款權利，眾多的貧窮與中等收入戶對這樣的組合趨之若鶩。

很可惜的是，相關方案打破另一條既有的保險原則，以至於窒礙難行，那就是未能提供可靠的服務。財務日記顯示，凡是服務窮人的正式業者，首要原則就是至少得比地下市場可靠。孟加拉的惠貧式保險業者面臨數個問題，包括行政過於鬆散，詐騙層出不窮；提供工作機會

8 另一方面，對小農與邊際農來講，久久收一次較高的保費，反而比較可能拿得出來，只是收費時間必須配合季節性的現金流。當然，對LIC的保險業務員來講，這些全都會多出額外的成本，或許得提高佣金，他們才願意接。

時，處處是裙帶關係；未追蹤現金流，承諾眾多客戶可以借款，但說到沒做到；許多保險員無法勝任工作，或是偷懶沒定期拜訪客戶。[9]

很不幸，在我們研究的那一年（一九九九到二〇〇〇年），我們研究的日記家戶恰巧碰上問題的高峰期，已經加保的人焦慮不安，想投保的人裹足不前。這點很能解釋為什麼在孟加拉的財務組合中，惠貧式保險效率不彰。其中有兩個鄉村家戶最富裕，也最留意風聲，雙雙取消保單，試圖拿回積蓄。那兩戶在研究的那一年，不再繳交保費：一戶想辦法全額拿回已經繳交的五．五元，但繳了六十七元的那一戶，已經對拿回錢不抱希望；都市樣本的情況很類似：有三名客戶再也聯絡不上自己的保險員。在本書第一章登場過的卡迪佳，很不幸就是其中一人，一年的研究結束時，她的保險員不再上門，她找不到對方在哪裡，就這樣平白損失七十六元。其餘的三名都市客戶在研究期間有繳費，但僅一人得以繳給每個月都定期上門的保險員。此外，沒有任何人借到保險公司承諾的貸款。

在研究年度過後，提供相關方案的保險公司再接再厲，尤其是率先設計出該方案的知名業者。我們在二〇〇五年重探先前的日記家戶，沒找到改善的證據——前一段提到的家戶，沒有一戶順利拿回錢。不過我們留意到，業者再次推出方案時做了許多修改。第一次的失敗，點出在村莊與貧民窟打下紮實的基礎前，就全面提供此類服務的困難。當然，微型金融機構則具備這樣的基礎：他們每星期與大批客戶見面，進行許多交易，也因此更容易推出新產品。部分觀察家留意到這樣的情形，因此建議合作，例如微型金融機構與正式的保險公司合作，將有望提供窮人品質優良的保險產品。好幾項運用此一方法的測試已經上路。[10]

合作帶來了我們的孟加拉家戶投保的第二種保險。幾乎所有的微型金融業者，全都提供若死亡可以豁免債務，或是把「信用人壽」保險（"credit-life" insurance），當成放貸的特色。相關方案的費用包含在貸款價格（譯注：包含利息、服務費、逾期費、違約費等等）裡，也因此不會單獨出現在財務組合中。儘管如此，在研究的一年期間，大約有二十一個家戶（一半的研究樣本）在某個時間點有微型金融借款，其中大部分都包含相關的保險方案。一般來講，客戶喜歡這樣的方案。部分業者還提供保障更上一層樓的保險，不論客戶的貸款或儲蓄狀態如何，只要死亡就賠償。孟加拉鄉村銀行的日記（詳情見第六章）顯示，好幾家微型金融機構今日提供這樣的產品，對象是機構本身以女性為主的客戶與她們的先生。

---

9 請見 McCord and Churchill（2005）的 Delta Life 案例研究。

10 McCord and Churchill（2005）的研究，支持保險公司與微型金融機構合作開發保險方案，主張保險業務的風險、行政與所需的專業能力，典型的微型金融機構無力完全靠「內部」提供。

南非：喪葬險

目前為止，在窮人家戶的保險與風險因應這方面，最值得留意的國家是南非，我們接下來將進一步詳細檢視。[11]南非擁有富裕世界式的健全保險產業，提供各式各樣的產品。然而，我們的日記家戶不太會用到相關的保險工具，即便加以運用，使用者大都是樣本中家境較好的家戶。

南非貧民很少保險，但喪葬險是明顯的例外。辦理喪事在南非是極度重要的大事，耗費龐大的時間、精力與金錢。而愛滋病帶來的嚴重影響，又導致南非六十歲以下人口的死亡機率激增。[12]雖然生病期間的醫療照護成本，也會造成負擔，[13]我們的財務日記顯示，相較於龐大的葬禮成本，相關成本是小巫見大巫。表三・一顯示，在一年的研究期間裡，死亡影響到超過五分之四的南非日記家戶。目前為止，葬禮是他們最常面對的財務緊急事件。

如表三・二所示，繁瑣的南非喪事流程可以解釋，為什麼治喪是龐大的財務與情緒重擔。多方探討南非喪禮的研究顯示，每月收入介於一百五十五元至三百元間的家戶，喪禮一般大約要耗費一千五百元。[14]南非財務日記顯示，一場喪禮大約需要耗費家戶七個月的收入，現金流不足以支付。如果要能拿得出錢辦喪事，一定得動用至少一種財務工具，或是多管齊下。南非家戶為了因應這樣的狀況，除了得砸下全部的積蓄，想辦法四處借錢外，幾乎所有人都投資了我們統稱為「喪葬保險」的特殊財務工具。

南非的日記樣本家戶在一年的研究期間，約有八成至少參加一個某種形式的喪葬保險方案，大部分的受訪者則不只加入一種。我們將民眾使用的數

表三・二　南非各階段的治喪事宜

死亡後的第一時間	聯絡葬儀社，安排喪禮
後續的一至二星期	舉行禱告會，直到舉辦喪禮為止；提供二十至七十人份的點心
葬禮前兩、三天	住在遠方的親戚趕到，死者家屬必須提供餐點，通常還得招待他們；替葬禮購買食材
葬禮	葬禮開始，先在死者家中舉辦兩百至六百人的禱告會；眾人搭乘租用的計程車或巴士（由死者家屬付費），前往儀式現場；葬禮參加者回到死者家中，參加喪宴（宰殺四至六頭羊或一頭牛，提供蔬菜、米飯、馬鈴薯、沙拉）
除喪（Umkhululo）：脫下喪服的儀式	葬禮結束數個月後，舉行除喪儀式，提供餐點與非洲啤酒

資料來源：Roth（1999）與 Collins（2005）。

11 死亡會對南非家戶造成的財務影響，詳情請見：Collins and Leibbrandt（2007）。

12 Dorrington et al.（2006）描述愛滋病對南非人口造成的影響，估算成人男性在六十歲前死亡的可能性，自一九九〇年的三六%，躍升至二〇〇八年的六一%；女性成人則是自一九九〇年的二一%，預計二〇〇八年將升至五三%。

13 例如可參見 Booysen（2004），該文探討愛滋病、收入與貧窮之間的關係。

14 請見：Jim Roth（1999）。該研究找到證據，指出南非格拉罕鎮（Grahamstown）的喪禮費用，大約是平均家戶月收入的十五倍。

種正式與非正式的喪葬保險分為三大類，第一類是由受監管的金融公司提供正式的「喪禮方案」，[15]每月收取保費，付現或銀行帳戶自動扣款。一旦死亡、取得死亡證明後，公司將賠償，通常是一次撥下大額現金。在我們進行研究的那一年，二六％的日記家戶至少參加一種此類方案。

第二類是由團體主持的非正式保險，通常以村莊或地方鄰里為主體，名稱是「喪葬社團」，在我們研究的一年期間，五七％的日記家戶是此類團體的成員。[16]雖然相關團體全都以社群為基礎，每個社團有各自的作法，常見的版本是成員在每個月的聚會時間，以現金繳交固定保費，累積的基金存放在以社團名義開戶的帳戶內。雖然有例外，但這筆基金通常不外借。每一個人繳交相同的金額，有人過世時，親屬將領到撫卹金，有的發放現金、有的發放實物，有的是兩者皆有。

以上兩種保險工具收取保費的方式，皆以一筆、一筆的小額方式累積。這種作法再次證實前文的印度保險業者所面臨的情形：需求有多少，不只是由價格決定。收取保費的方法與頻率也相當重要。

其他類型的喪葬社團則採取很不一樣的作法，較為缺乏制度。此類社團的成員不會每月繳交保費，也不會定期會面，只在有人過世時出現交易。此類社團靠互惠，即成員承諾其他任何成員面臨喪葬時，將提供一定金額的現金，或是以實物提供食物。

葬儀社提供了另一種保險形式。業者收取費用，通常是每個月以現金支付，參加者前往葬儀社繳錢，或者業者會派人到府。有人過世時，業者將提供固定的套裝商品與服務，有時還會給死者家屬一筆錢。我們在研究的一年期間，二四%的日記家戶購買此類的葬儀社保險。實務上，葬禮的支出得靠結合各種來源的資源，我們接下來會舉例。

我們的南非日記家戶重度投資喪葬保險，八成的人參與某種類型的喪葬險，其中又有許多人同時保好幾個，利用一種以上的方案，或是同一種方案有不只一個帳戶。全部的財務組合中，一共出現十七種財務工具，其中家戶通常至少會使用一種非正式的喪葬工具（喪葬社團），加上一種正式的喪葬工具（公司或葬儀社的方案）。喪葬保險至少占一成的家戶財務組合工具，家戶平均一共花三%的總月收入在所有的葬儀保險工具上。

15 著名的例子包括 Avbob、耆衛（Old Mutual）與標準銀行（Standard Bank）。

16 證據顯示在世界的其他角落，也有相似度驚人的喪葬社團。Dercon et al.（2004）調查衣索比亞與坦尚尼亞的非正式喪葬保險市場，村莊成員一般彼此熟識，通常還有血緣關係。論文作者假設這點降低了資訊風險，不過，喪葬社團的合約依舊相當類似於一般的保險契約，內含章程與施行細則。此外，Dercon et al. 留意到多數團體收取入會費，這點不同於多數的保險模式，顯示此類團體的財務穩定性有問題。另外一點則是如同南非的情形，相關團體招收的成員很廣，而且多數人不只隸屬於一個團體。

後文的章節將仔細檢視實際發生葬禮時，相關方案的實用度，但讓我們先從理論的角度思考一下，接著再從我們對於家戶的深入了解出發，探討家戶花的錢是否物有所值，以及哪些方案提供最佳價值。

各種保險的大略比較法是評估每繳交一元南非幣的保障，也就是被保險人會因為每一位受到保障的成員而領到的補償，除以每月支付的保費。我們統整參加任一類型的喪葬計畫、喪葬社團或葬儀社的一百三十二個財務日記家戶，納入每種方案保障的人數差異後，計算出基本的每一元保費提供的保障。大部分的時候，保障人數介於四人至六人。

每一元保費的保障金額愈高，就愈實惠。我們計算三大類保險每一元保費的保障金額，喪葬社團的價值似乎與正式的喪葬方案不相上下，每繳交一元的保費，喪葬社團平均提供微幅超過一〇五元的保障，正式的喪葬方案則平均稍微低於一〇五元。相較之下，第三名的葬儀社方案相距甚遠，每繳交一元，僅保障八十四元。

令人訝異的是，不算進其他的社交好處，光從財務的角度來看，喪葬社團這種非正式的工具已經提供了相當理想的價值。喪葬社團成員通常會在喪禮期間，獲得大量的實務協助，還得到精神與心理上的支持。成員不只會在哀悼期提供安慰，還在葬禮時協助大量的準備與上菜工作，通常會提供鍋碗瓢盆與餐具。如果算進喪葬社團的社交好處，其吸引力將高過正式的喪葬方案。

喪葬社團的缺點是不一定可靠。此類社團通常靠「低保費、高給付」來吸引民眾，但不一定真的有財力支付。我們從事日記研究的那一年，沒有任何樣本家戶碰上喪葬社團未能給付的情況，但我們從其他的來源得知，許多喪葬社團碰上現金流問題，面臨破產。FinScope 所做的南非財務行為調查顯示，近一成的喪葬社團耗盡資金，未能履行契約。[17] 如果納入此一機構風險，喪葬社團的誘人程度下降。

此外，雖然整體而言，喪葬社團提供的價值似乎勝過正式的喪葬方案，但部分正式喪葬方案的價格非常具有競爭力。我們可以利用日記資料，檢視特定家戶碰上的正式與非正式喪葬保險產品的定價。

四十四歲的女性賽貝卡（Thembeka），帶著兩個十多歲的孩子，住在南非的盧甘基尼。她的先生在約翰尼斯堡的礦場工作，每個月寄錢回家。相較於盧甘基尼的其他家戶，賽貝卡家的收入微幅高過平均。此外，賽貝卡努力管理進帳，以高度投入數個儲蓄社自豪（下一章我們會再討論儲蓄社）。

賽貝卡使用三種喪葬工具：她加入兩個喪葬社團、一個喪葬方案。她參加的喪葬方案，

17 數據取自 FinScope（2003）；詳細的細節請見：www.finmark.org.za。

由該區知名的喪葬保險公司提供，每個月直接透過公司的郵局帳號繳費。[18]另外兩個喪葬社團則沒那麼固定，其中一個每月付款，每當有人過世，還要額外繳交費用；另一個社團則不收月費，但有人過世時，賽貝卡必須繳交實物。三個方案的保險範圍都包含賽貝卡與先生、兩個目前同住的小孩，以及兩個年紀較大、已經離家的孩子。如果他們要能替全家人的喪禮拿出錢，總計將需要七千七百元左右。然而，三個方案一共只會給付不到四千五百元，也因此賽貝卡一家人和多數的財務日記受訪者一樣，投保金額不足。

從財務價值來看，賽貝卡的喪葬組合在她的村莊算是相當典型。表三・三是她的投保範圍，每一元保費得到六十元的保障，村裡的平均家戶組合則是一元保費保障六十八元。乍看之下，第二個喪葬社團提供最理想的價值，然而這個方案要求所有成員每個月都得繳費。此外，如果葬禮比率上升，價值就會快速下

表三・三　賽貝卡的喪葬保險組合

喪葬保險類型	保障範圍	每月保費	預期中的賠償金額	每一元保費的保障
喪葬社團一	兩名成人、四個孩子	有人過世時，繳交實物，一次的成本大約是 $3.08	$2,154	$108
喪葬社團二		每月繳交 $3.1 元保費，有人過世時必須繳交額外費用	$1,538	$38
喪葬方案		$3.28	$769	$35
整體組合的平均				$60

注：單位為美元，依市場匯率換算，1 美元 = 6.5 南非幣

降。我們認識賽貝卡時，她加入這個喪葬社團僅兩年，也因此好不好還有待時間證明。另一方面，賽貝卡自一九八五年就加入喪葬方案，有辦法長期觀察可靠度。

資訊顯示，正式的銀行有能力提供能與喪葬社團競爭的產品，消費者也歡迎這樣的產品。南非的某知名零售銀行每月五・八八元的喪葬計畫，賠償金額為二千三百二十二元，足以支付大部分的喪禮費用。[19]相關方案瞄準我們的財務日記樣本中的低收入戶，有好幾戶已經加入該方案，而其他人也正在考慮加入。然而，相關方案有一個令人關切的問題：理賠時通常得通過層層的行政單位關卡，很難及時拿到錢來購買喪禮會用到的一切物品。對家戶來講，輕鬆就能快速拿到錢極度重要。改善行政系統，將能讓此類方案吸引到更多貧窮家戶，讓更多人受惠。

正式的喪葬方案所扮演的角色，大概比較接近補足傳統喪葬社團的不足之處，不到加以取代的地步。數個參加了正式方案的日記家戶，並未退出原本的喪葬社團，原因是相關社團除了提供財務方面的好處，也有社交好處。成員即便購買了額外的正式喪葬計畫，依舊非常可能重

[18] 南非長期利用遍布各地的郵局網儲蓄帳戶，增加國內使用銀行業務的人數。我們發現許多財務日記受訪者同時擁有郵局與商業銀行的帳戶。

[19] 此一分析進一步的細節，請見：Collins and Leibbrandt（2007）。

視團結力量大的社團功能。

前文提過，依據預期的喪葬成本來看，賽貝卡投保的金額不足，這對我們的南非日記家戶來講是典型現象。三分之二家戶握有的喪葬保險，不足以支付葬禮的總支出，大部分家戶的保額，只夠支付不到一半的費用。因此下一節我們會帶大家看，即便喪葬保險的確幫忙支付了很大一部分的費用，喪葬支出的基金實際上是如何自各種來源東拼西湊而取得的。

東一點，西一點

目前為止，我們已經談了部分日記家戶能取得的專門避險工具：印度運用壽險及其他類型的保險，孟加拉有儲蓄險與信用人壽保險，南非有喪葬險。接下來我們來看緊急事件實際發生時的情形。

在南非，許多日記家戶飽受死亡之苦。日記資料提供可靠的紀錄，說明人們如何籌錢舉辦喪禮。表三．四的數據取自一場鄉村葬禮，在二〇〇四年四月，我們的日記受訪者蕭麗瓦（Xoliswa）的母親布西希薇（Busisiwe）過世。先前布西希薇每個月領取一百一十五元的老年年金，養活全家五口，包括她自己、女兒蕭麗瓦與三個孫子。除了葬禮的支出，一家人還欠地方柑仔店的老闆一百〇八元，因為在布西希薇生病期間，他們借錢治病。如表三・四的「來源與用途」所示，這筆錢一定得結清，在除喪時還錢。

蕭麗瓦為了辦理喪事，花了二千四百多元，葬儀社的喪葬方案提供棺材、葬儀人員費用與收屍費，大約價值四百六十五元。此外，葬儀方案給付四百六十四元現金，用於補貼喪宴費用，喪葬社團也發放現金一百五十五元。蕭麗瓦參加的兩個儲蓄社也發錢，一共一百五十五元。親戚送蕭麗瓦十三頭羊，其中十頭宰殺後用於葬禮，剩下的三隻，一個月後的除喪儀式再殺；此外，親戚包了二百七十九元的奠儀。其餘的食物大約花了四百四十九元，剩下的錢存起來，等除喪儀式再用。如同

表三・四　蕭麗瓦母親的喪事基金來源與用途

	喪葬基金來源		喪葬基金用途	
葬禮	親戚贈送十三頭羊	906	葬禮宰殺十頭羊	697
	親戚奠儀	279	葬禮購買與宰殺一頭牛	310
	喪葬社團現金給付	155	葬禮食物	449
	葬儀社給付	464	由葬儀社提供的棺材與葬禮費	465
	葬儀社提供棺材與葬禮費用	465	留下三頭羊，除喪時用	209
	儲蓄社給付	155	替除喪存錢	279
	總金額	$2,424	總金額	$2,409
除喪	葬禮留下三頭羊	209	還錢給店老闆	108
	親戚額外貼錢	280	宰牛（用五頭羊交換）	348
	自親戚奠儀省下的錢	279	買兩隻羊（為了交換牛）	139
			購買除喪食物	170
	總金額	$768	總金額	$765

注：單位為美元，依市場匯率換算，1 美元 = 6.5 南非幣

我們分析的其他喪禮，很大一部分的錢（此處的例子為六成）用於食物的開銷。此處的表格列舉了葬禮與除喪禮的基金來源與用途。喪事的總成本，喪葬社團支付了六%，葬儀社方案（給付現金，也提供實物〔棺材〕與服務）負擔了三九%，因此保險一共負擔了四五%。儘管如此，親戚贈送的現金與實物，也負擔了成本很大一部分（四九%）。剩下的則靠儲蓄社的錢支付。

除了葬禮，蕭麗瓦的家人還得舉辦除喪儀式，一個月後在五月除喪，再度得處理整套複雜的交易與支出。在這個階段，他們還碰上還錢的壓力，在布西希薇的生病期間，他們曾向店老闆借了一百〇八元。為了支付除喪儀式的費用，他們利用親戚在葬禮時贈送剩餘的三隻羊，又用自親戚奠儀存下的一百三十九元多買兩隻羊，接著一共用五隻羊換一頭牛，請客時宰殺。親戚再度包了二百八十元。除喪儀式大約需要花一百七十元購買食物。以上所有的支出，保險全數不給付。

蕭麗瓦的例子因此顯示她的兩項保險投資（葬儀社方案與喪葬社團），在她的母親過世時，負擔了很大一部分的喪禮費用。雖然剩下的支出，她還得向親戚求援，並動用母親儲蓄社的存款（下章會再詳談此類來源），但她的兩項喪葬方案依舊確實幫上忙，讓她有辦法靠微薄的收入，應付高額的喪葬費用。

*****

蕭麗瓦雖然有先見之明，購買了喪葬險，最終依舊處於典型的三國日記家戶情境：大致來講，他們必須預見緊急事件引發的財務後果，利用多用途的財務工具（以非正式的工具為主）加以處理。由於蕭麗瓦的親戚慷慨大方，蕭麗瓦又能動用各種儲蓄以致不必借錢。然而，如同我們的第二個南非喪禮例子所示，其他人可能就沒那麼幸運。

五十歲的女性桑比（Thembi）定居於低收入城鎮，住在從父母那繼承而來的房子。桑比參加了一個非正式的喪葬社團與一個儲蓄社，不過沒能存下多少錢。桑比有憂鬱症，還罹患其他慢性病，平日的藥費高昂，同住的哥哥在二〇〇四年六月死於肺結核。

由於哥哥生前住在桑比的房子裡，依照地方上的傳統，桑比有義務支付哥哥的喪事費用。桑比知道自己參加的喪葬社團會給付一百五十四元，但不曉得要去哪裡籌剩下的錢。表三．五是桑比哥哥喪事費用的合併計算表。

喪事的資金來源，僅一一％來自喪葬社團，親戚的贊助占最大一部分（七六％）。即便如此，桑比還得另外籌四百九十五元。她平日的生活費來自每個月一百一十四元的失能補助，以及每個月大約五十五元的兼職收入。對她來講，四百九十五元是很大的負擔。她手邊沒有能動用的存款，放在儲蓄社裡的錢，還要好幾個月後才能領出。桑比從自己的津貼收入中，拿出九十二元，接著在哥哥的衣物裡，找到哥哥的四十九元失能補助，但加起來還不夠，還是得借錢。幸好表弟願意無息借她一百○八元，她還向阿姨擔任會計的喪葬社團借了一百五十四元。[20]

最後還缺九十二元，桑比向表哥的儲蓄社借錢，月息三○%。桑比祈禱能快速還完。桑比能借錢的對象十分有限，她沒有固定的工作，因此沒有正式的放貸者會借她錢。此外，多數的正式放貸者不會讓客戶借那麼小的金額。桑比知道這點，加上她已經承受必須替喪事籌到夠多錢的壓力，不想白跑一趟、搭乘昂貴的巴士、戰戰兢兢踏入正式的銀行，接著被告知她不符合放貸資格。桑比知道表哥參加的儲蓄社靠放貸替會

表三・五　桑比哥哥喪葬基金的來源與用途

喪葬基金來源		喪葬基金用途	
喪葬社團給付	154	葬儀人員	538
親戚捐贈	231	帳篷	91
親戚捐贈	154	鍋子	35
親戚捐贈	154	食物	649
親戚租用帳篷	91	羊	100
親戚租用鍋子	35		
親戚購買山羊	100		
向阿姨的喪葬社團借錢（免利息）	154		
向表哥的儲蓄社借錢（每月三○%的利息）	92		
向表弟借錢（免利息）	108		
桑比的補助金	92		
哥哥的補助金	49		
總金額	$1,414	總金額	$1,413

注：單位為美元，依市場匯率換算，1 美元 = 6.5 南非幣

員賺錢（下一章會再詳談相關作法），雖然有可能很貴，但儲蓄社的服務方便又友善。桑比那一年剩下的時間，全用在試圖還錢給不同債主。她在兩個月內就還錢給喪葬社團，但一年結束時，欠表弟和儲蓄社的錢都尚未償還。

健康問題成為財務問題

發生緊急事件時，家戶會盡一切所能求援，他們能應急的方法通常很昂貴。雪上加霜的是，家庭有可能就此一蹶不振，耗光資產、摧毀生計，或是欠下不可能還清的債務，再也站不起來。接下來的故事將帶大家看看，健康狀況不佳如何影響著人們的生活，有時甚至會由於債務沉重，資產耗盡、付出太大的代價，在最初的問題早已解決後，繼續拖累家庭，健康問題一下子化身為財務問題。

[20] 嚴格來講，那個社團其實不允許這樣的借貸。這個例子顯示相關規定有時會被打破，這或許是社團有時會陷入流動性問題的原因。桑比有快速還錢的壓力，她必須在社團的一般成員發現之前，快點把錢補回去。

馬菡努（Mahenoor）的例子是即便變賣珍貴家產，依舊於事無補，她是我們孟加拉樣本中最貧窮的鄉村家庭的戶長。馬菡努娓娓道來家道中落的緣由，十年前，她的先生沙利爾（Salil）原本是自己有車的車夫，一家人感到自己只算中等程度的貧窮，但在一九八九年的一個傍晚，沙利爾回家時抱怨喉嚨痛。他去看地方上的醫生，付了診療費，但還是會痛。沙利爾先是賣掉一台人力車，拿到三十四元，接著為了後續的治療，把剩下兩台也賣掉，但病依舊沒治好。沙利爾的健康持續快速惡化，醫生建議住院。

在這段期間，沙利爾夫婦加三個年幼孩子的五口之家沒了收入。他們向朋友與鄰居借錢，還算活得下去，但無法借到一大筆錢住院開刀。他們家沒人加入微型金融機構，就算加入，也得過一段時間，才能取得第一筆貸款，而且金額八成很小。沙利爾不惜一切要治病，說服妻子賣掉結婚時娘家贈送的土地，靠那筆錢住進首都的醫院，但幾天後就死於喉癌。他的遺孀和家人，這下子失去賺錢養家的支柱，資產也全賣光了，背了一身債。

希卡（Shikha）與迪內（Dinesh）夫婦是我們的印度都市樣本，曾兩度碰上緊急健康事件，兩人的結局比馬菡努幸運，但依舊債務纏身多年。一九九五年時，兩人身無分文從家鄉前往德里。他們以前其實不窮，擁有四英畝的肥沃土地，但在他們離鄉背井的兩年前，迪內病到咳血，一家人不得不賣地支付醫藥費，最後什麼都不剩。迪內的病一直沒好，希卡向某個富裕的放貸家族成員借錢，利息每個月五%，不到一年就欠下二百一十二元。希卡帶著兒子到別人的田裡死命工作，想辦法還清債務，但這下子家裡沒田了。

痊癒後的迪內在德里找到工作，在成衣廠當監工。家人跟著搬到德里，希卡和女兒找到女傭工作。接著在一九九七年，兒子感染結核病，再度為了治病四處借錢：他們向村里借了八十五元，向迪內的公司預支二百一十二元，向希卡的雇主借了二百一十二元，向不住在附近的房東借了免利息的二十一元，向店老闆借了六十四元（月息一〇％），還向住同一條巷子的富鄰居借三十二元，利息同樣是每個月一〇％。等著他們償還的債務一共是一千兩百七十元，三年後我們認識他們時，依舊還欠一百〇六元。雖然這對夫婦能想辦法的程度遠勝過別人，收入高，能向雇主與鄰居借錢的管道也多，他們依舊長期背負著沉重的債務。

前述兩個例子顯示，窮人家戶陷入麻煩時，他們使用的財務工具通常是借貸。如果能有更好的方法，以可靠又價格合理的方法借錢，將能幫助到他們。[21]然而，碰到上述類型的醫療緊急事故時，借貸仍不是最理想的解決方法。借錢有風險問題，保險的目的就是處理風險問題，沒有保險將造成家庭承受雙重負擔。首先，重大健康緊急事件造成急需現金；第二，同一時

21 Lim and Townsend（1998）提出三個印度村莊的資料，證明儲蓄對處理風險來講很重要（儲存穀物的實物是特殊辦法）。在兩人的例子中，自行保險仍是主要的風險因應機制，而不是集合保險。

間，緊急事件又會減少還款能力。比方沙利爾無法工作，他去世後，家人也沒有多少賺錢的能力；迪內的病則導致必須賣地，妻子被迫扛下愈來愈重的擔子。唯有保險規劃（或由稅收贊助的公共安全網）能集中處理此類風險，以不額外累積債務的方式，在正確時間提供迫切需要的資源。

道德風險的正反兩面

經濟學家關切保險的道德風險問題：一個人的健康獲得保險後，有可能改變個人行為。問題出在如果受保人開始不好好照顧自己、有恃無恐，心中知道未來健康要是出問題的話保險會給付，將增加他們需要動用保險的可能性。理論家提出的解決辦法，是不讓人保全險，這也是支撐著富裕世界保險的方法。「最佳化」的保險契約能讓受保的民眾暴露於部分風險，促使他們留意自身安全，讓他們的動機和保險業者能夠一致。典型的作法是採行部分負擔制度（copayment，受保人一定得支付部分的健康帳單）與自付額（deductible，唯有支出超出一定金額後，才是承保範圍）。[22]

然而，財務日記明顯呈現出事情的另一面：如果醫生的看診費、診斷測試與治療費用一定得直接支付，手中又沒有太多現金的話，人們會一直拖到健康嚴重惡化才去看病，有可能為時已晚。窮人經常陷入這種情境，因為他們收入少，需要用錢的事卻太多，如同接下來這個例子。

四十歲的費札爾（Feizal）是我們的印度鄉間樣本，職業是跑遍各地賣鋁鍋。在我們進行研究的頭幾個月，他的妻子、一子七女，一個月平均靠三十六元的收入過活，其中主要靠費札爾賣鍋子，加上兒子在裁縫店當學徒的津貼，以及家中女性捲比迪煙（bidi，製作廉價香菸）的收入。我們的研究進行到一半時，費札爾在十二月從腳踏車上摔下，大腿骨折，家裡頓失主要的收入來源，只能靠賒帳買菜。一月與二月時，一家人靠預支兒子的薪水，以及在大女兒結婚前夕動用存了很久的嫁妝，花三十三元看兩個傳統醫生，替父親療傷。費札爾的腿沒有好轉的跡象，不過全家人裝作若無其事，花三十元慶祝開齋節，還決定在下一季嫁女兒。

22 從健康的角度看典型的道德風險問題，請見：Pauly（1968）。Morduch（2006）將討論延伸至貧窮社群中的「微型保險」情境。

意外發生近三個月後，費札爾的父親看不下去，帶他到安拉阿巴德市（Allahabad）看療法較為現代的醫生。不用說，這趟看病之行為這家人帶來相當不習慣的龐大費用。他們靠銀行存款，以及再度預支兒子的學徒薪水，擠出五十三元的檢驗費，六十四元的醫生費則先欠著。四月初，一家人替女兒的婚禮存下的六十元，只剩下十元，不過一百〇六元的醫院費用，費札爾的父親幫忙付了大半，還答應接手醫生費。

到了七月初，費札爾傷口癒合，終於再度能騎腳踏車。他已經近八個月沒賺到任何錢，其中包括他一年之中的生意旺季。家中這些年來辛苦替七仙女中的長女存的嫁妝，幾乎用完，全家還欠下超過百元的債務。不過，費札爾獲得高品質的醫療照顧，要不是因為他的父親答應買單，這是想都不敢想的事。

要是費札爾當初一受傷，就去看高明的醫生，發生意外的成本根本不會那麼高，成本包括治療的直接成本，外加無法賺錢的間接成本。然而，費札爾一開始先看傳統醫生，原因是那是他負擔得起的醫療服務。他告訴我們，如果知道骨折有多嚴重，或許當初會另外想辦法，但當時最重要的事，就是替即將來臨的婚禮存錢。要是費札爾當初有辦法仰賴保險產品，小額分期繳保費，他就會有動機去看醫術高明的醫師，受傷的成本會低很多。這點再次回到本書開頭就提到的主要前提：財務工具的不可靠性，連帶造成窮人生活的其他領域也岌岌可危。

迎向更理想的工具

窮人需要抵擋風險的保障，「商業保險契約」是專門為了這個目的而設計的金融工具，卻不是日記家戶常用的工具。背後的原因不是貧窮家戶不懂得靠金融工具來消除風險，也不是因為他們整體而言厭惡保險；實際上正好相反，家戶運用許多工具來對抗風險。前文提過，有一種屬於重要傳統的「大眾」保險欣欣向榮：南非的喪葬方案。喪葬保險顯示，窮人家戶面對經常發生的重大風險時，他們發展出一套特別的機制，加以預測與至少避開部分的後果。重大的財務規劃也存在著類似的對策，例如下一章要看的婚禮。然而，南非的喪葬方案是不尋常的特例這點，顯示出「難以取得保險」是非正式部門的主要缺點。非正式的保險方案要能成功的話，將得靠社團把一群使用者綁在一起，但隨著人口的流動性增加，職業日益個人化，這個任務愈來愈難達成。

有的家戶也使用正式方案，尤其是印度與孟加拉的惠貧式保險，以及南非由業者提供的喪葬方案。印度與孟加拉的方案源自扶貧與發展計畫，推廣人是政府或刻意瞄準窮人的社會企業。在南非，社群所需的喪葬保險，長久以來由傳統的喪葬社團提供，不過保險公司與銀行也已經開始提供類似的服務。非正式的喪葬社團今日與正式的喪葬險並存，所有拓展保險服務範圍的方式都能進一步研發。以保險來講，僅提供部分保障的解決方案依舊受到歡迎：沒有任何單一方法能解決全部的問題，也沒有這麼做的必要。

提供保險會面臨提供貸款不會碰上的挑戰。最重要的一點是，保險公司必須贏得客戶的信任；放貸則相反，反倒是想借錢的客戶必須贏得銀行那方的信任。此外，要能靠提供保險服務獲利的話，也得有高品質的精算分析，精心替保單定價，還得聰明投資：出了正式的保險產業後，這些是不普及的複雜能力，非正式與半正式的保險提供者，因此很難與正式的業者競爭，做到像微型貸款那樣的驚人成功。另一方面，如同進入南非殯葬保險市場的保險業者，業者不只得有信心把道德風險與詐欺降到最低。為了成功與非正式的方案競爭，還一定得壓低成本，加快確認理賠與撥款的速度。此外，還得有更好的行銷策略，藉由市場工具以更理想的方式降低風險。

保險業者需要協助，才有辦法將保險推廣至較為貧困與偏遠地區的群組，方法是正式的保險公司（擁有精算分析與投資等複雜領域的專門知識）與微型金融機構（平日接觸大量的貧窮家戶）結盟。這樣的結盟已經在全球各地展開，例如二〇〇六年時，印度有三十五個微型健康保險方案，就是以這樣的「夥伴—保險員模式」（partner-agent model）進行，保戶將近九十萬人。[23]

財務日記讓我們看出，為什麼微型金融機構擅長此種合作關係的零售端。微型金融機構定期聯絡自身業務範圍的貧民窟與村莊，有辦法把每次的分期還款縮小至客戶有能力償還的金額。每次還一點的頻繁分期方式，符合貧窮家戶的現金流狀況（但同一時間又不能讓交易成本變得太高）；收取保險費用時，也適用相同的原則。設計可行的保險方案時，由於還有其他種種該注意的元素，很容易忽略方便的還款方案所扮演的重要角色。本章已經解釋對我們接觸的貧窮家戶來講，還款制度很重要，把此心得放進產品設計中，將是替窮人推出新產品的關鍵。不只是產品一共要繳多少錢很重要，分期付款的時間與金額也至關緊要。

創新的金融業者也可以把減少風險的功能，內建至已經在大規模推廣給窮人的服務：例子包括把信用人壽保險加進貸款、把壽險加進長期儲蓄產品。SEWA 銀行是印度微型金融機構的先鋒，甚至將健康保險加進儲蓄產品，直接從女性會員的定存報酬中扣除保費。[24]

正式的保險努力吸引較貧困的客戶時，某些類型的保險比其他保險更容易出現成長。如同人壽保險與信用人壽保險的例子，承保事件如果易於定義，將能以便宜的方式拓展保障範圍。理由是風險低，需要的文書作業較少，也比較不需要到現場確認。這樣的效率可以同時應用在

---

23 研究證據請見：International Labour Organisation（2006），引用自 Ghate（2006）。

24 SEWA 的保險機制請見：Ghate（2006）。

非正式與正式的保險，協助解釋了為什麼南非很流行社群類型的喪葬險，健康領域卻缺乏同類型的產品。其他類型的風險，原則上可以保險，例如損失作物或家畜，但基於道德風險、重大詐騙，以及難以提出文件等原因，實務上難以執行。眾所皆知，死去的牛隻究竟主人是誰、是否為自然死亡，全都是非常難以判定的事。

種種的限制之下，窮人將持續面臨許多難以保險的風險。舉例來說，表三・一列出的常見緊急事件，包含暴力犯罪與拿不到錢。缺乏能配合的財務工具時，結局有可能是得變賣資產應急；最糟糕的例子是賣掉資產後，家庭無力賺取未來的收入，一環扣著一環，每況愈下。

相關例子證明了基本的公共健康服務、社會保護，以及其他類型的重分配型政策，都有其必要性。舉例來說，前文提過南非的政府津貼十分重要，窮人家戶因而得以過著穩定的生活。印度與孟加拉也一樣，提供各式國家補貼，NGO也伸出援手，但這樣的協助效果有限。[25]

若是無法取得私人保險，再加上安全網有漏洞，用來處理風險的財務工具八成是儲蓄與借貸，而且原因不只是無法加入正式的保險而已。儲貸的一大優點是屬於萬用型工具，金錢具備可替代性，為了A用途撥下的貸款，有必要時可以挪去其他用途應急；保險則不一樣，保險提供者必須確認發生承保事件，才能理賠。理論上，這對貧窮家戶來講應該不成問題：若是的確存在風險，保險提供的保障又很不錯，理應購買保險，但實務上窮人家戶可能感到自己的資源非常少，最好還是使用萬用工具，畢竟保險保障的風險有可能永遠不會發生，繳交保費等於白白把錢丟到水裡（用途只有安心），存下來的錢則可以用於其他地方。因此附加儲貸產品的保險方案，例如信用人壽保險與儲蓄險的存款，對窮人來說，吸引力大過保障範圍無所不包的綜合型保單。[26]

印度的SKS與孟加拉的BURO等眾多微型放貸者，推出可用於任何緊急事件的應急貸款，廣受歡迎。此類保險通常相當標準化：金額固定；期限相對短，例如三個月；可用於任何目的，不是為了特定風險打造。這種保險或許無法恰巧在正確期間提供正確金額，但能幫上部分的忙，因為如同本章帶大家認識的一樣，貧窮家戶習慣拼湊各種資源，而近在身邊、不需辦理麻煩手續就撥款的貸款，極度珍貴。

以上帶來了更為全面的保險心得。商業上可行的綜合健康保險，可以讓馬菡努不必為了救治藥石罔效的先生而賣掉家中土地。然而，這樣的服務幾乎一定會導致就連家境最好的家戶也依舊負擔不起的保費。更便宜的部分健康保險需求依舊很大，即使保障範圍較為有限亦同，例如：處方藥補助、重大醫療費用保險等等。南非的喪葬險同樣通常僅補助部分的總喪事費用，

25 更全面的安全網觀點，請見：Barrientos and Hulme（2008）。

26 此一主張請見：Roth, Garand, and Rutherford（2006）。

但仍在關鍵時刻提供有用的基金。財務組合研究法顯示，改善窮人社群的福祉時，不必做到百分之百解決問題。

第四章

一點一滴籌措大額款項

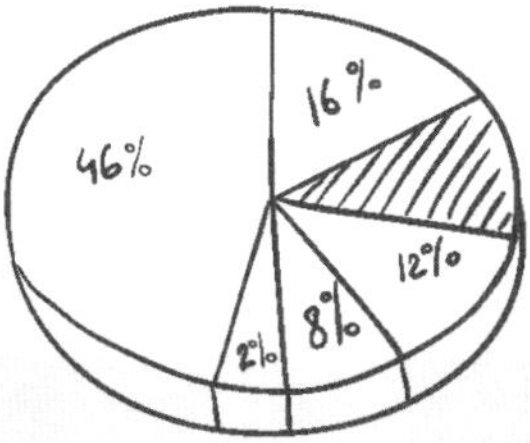

無論是貧是富，人生會帶來大量的財務挑戰與機會：找工作、結婚、蓋房子與裝潢、教育下一代，各種財富階級都有這樣的生命目標。我們每一個人都希望感到有辦法追夢、在機會現身時加以把握。此外，隨著生命一點一滴的流逝，我們全都憂慮該如何替老年做準備。

富裕家庭得以利用貸款、保險與儲蓄方案，在合適的時間有夠多的錢負擔房貸、車貸、教育計畫、養老金。理財規劃師會建議富人留下部分的儲蓄備用，替其他機會準備好基金，例如：買房子出租或購入企業股份，逐步累積長期儲蓄的另一桶金，留待退休時謹慎花用。

窮人家戶的財務生活離這種世界很遠。不過，先前的章節已經介紹過，即便是最窮困的家庭，生活也不僅僅只是日復一日勉強餬口，想辦法應付緊急事件而已。第二章顯示，即便是一天的生活費在一元以下的家庭，沒有任何日記家戶是「日光族」。然而，替人生大事積累一大筆錢，依舊是窮人的重大挑戰，至少和每天要有基本必需品一樣困難。不過難歸難，許多財務日記家戶依舊兩者都做到了。

前一章描繪出一幅黯淡的景象，窮人家鮮少能累積夠多的儲蓄、安排夠多的保險、碰到重大危機時能迅速重新站起來。三個國家的家庭不論有沒有保險，應急時全都得耗光可憐的儲蓄，想法子立刻借到錢，變賣寶貴資產，還得大量仰賴鄰居與親戚，付出很久以後通常依舊還不清的代價。多數的貧窮家戶似乎無力累積出較大筆的款項。

不過，以上其實是過於悲觀的看法。許多日記家戶確實在一年之中，籌措出夠多的一筆錢，用於購買鍋碗瓢盆等家庭用品，或是腳踏車、風扇等資產，以及抓住新的生意機會、購買土地建物等等。許多家戶會為了社交場合需要一筆大款項，在孟加拉與印度，即便是窮人也會舉行盛大的婚禮，在我們進行研究的那一年，四分之一的印度日記家戶必須籌出辦婚禮的錢。

每個家庭都以自己的方式籌到必要的款項，不過所有的家戶都是四處籌錢。幾乎所有的家戶都讓財務組合的每一種工具全數派上用場，除了動用存款與資產，還借貸更多錢，請親友贊助。只把拿出一筆錢和儲蓄畫上等號，將錯過家戶策略的關鍵元素與可能性。

標準的經濟調查試圖了解資產與負債的狀況時，會擷取某個時間點的「資產負債表」。那樣的調查無法告訴我們，大款項是如何湊出來的，通常會低估家戶拿出一大筆錢的能力，因為許多大款項都是一下子湊起來，又一下子就用掉。

我們自己的研究資料也相同。如果只看資產負債表，將無法看出端倪。日記家戶年終的金融資產與負債結餘，相較於收入的確金額很小，例如在孟加拉的四十二個家戶中，僅一家（相對富裕、家中有地的農人）存下的錢超過整體樣本的平均家戶年收入。日記家戶不同於富裕社群的家庭，通常不會有房貸等大筆的長期債務，也不會正式累積退休金（尤其是南非以外的地方）。此外，年輕家戶也不會為了讓孩子能一路念到大學，存下長期的教育計畫基金。[1] 相較於印度或孟加拉，南非家戶的確較常得以累積長期的金融資產，例如運用雇主提供的退休計畫（公積金），不過以整體的樣本來看，那些家戶是特例。

然而，要是不去看資產負債表，改看現金流，財務日記顯示，三國中的許多家戶依然在一年的研究期間，籌得與花掉一大筆錢。我們很少觀察到家戶把這些錢轉換成長期的金融資產上，他們籌那些錢是為了花掉。

本章將介紹家戶籌措一大筆錢的策略。從某些層面來講，那些策略成功了，但也顯示出人們是如何極度無力長期累積財富。少了長期的財富累積，家庭將很難達成大目標，例如讓孩子接受良好教育、移居到他地尋找更好的工作，或是讓自己能安享退休生活。

重大改善不是不可能出現，本書的第六章將告訴大家理由。我們會介紹孟加拉鄉村銀行的驚人成果：經由創新的「退休金」（pension）產品，協助銀行客戶在五到十年間累積存款。雖然名稱是「退休金」，實際上可以應用於多種用途，不只是養老而已。證據顯示鄉村銀行的成功範例，有可能推廣到更多地方：收入迷你，不一定就會導致貧窮家戶只能不停借小額的短期債務而存不了太多錢。家戶已經在使用的工具與使用方式中，顯示窮人有可能在時間拉長的期間，儲存與借貸更大的金額。

窮人的經濟能力不只受限於收入低，他們今日所能取得的財務工具的特點，同樣也帶來障礙。新型的金融服務有望不只解決收入低的問題，還讓窮人也得以利用金融工具，提供份量剛好的紀律、安全性、彈性與誘因。在這一點上，日記家戶採用的古老策略，搶先提供了解決方案，就和行為經濟學這個新興學門探索的領域一樣，同時考量到經濟、心理與社會限制。[2]

窮人也能存錢，而且是一大筆錢

出乎意料的是，仰賴小額收入過活的家庭，依舊有可能挪出高比率的金額，用於存錢與還

1 替窮人開發金融產品出現進步的跡象，南非有六個日記家戶靠著特別計畫貸款買房。此外，更多人存下退休基金，以及第六章會提到，長期的儲蓄計畫（名稱是「退休金」，但其實是更偏向一般性質的儲蓄工具）已經成為鄉村銀行的熱門新產品。鄉村銀行長期提供多年期的房屋貸款，通常用於擴建與整修房屋。第六章會談到部分的孟加拉日記家戶，正在運用那樣的貸款，或至少過去曾經借過。

2 行為經濟學同時結合心理學與經濟學的觀點。行為經濟學指出，二十世紀的經濟學一般假設人會完美依據展望與理性來行事，無視於富人與窮人同樣都會碰上的自律問題。此外，契約與財務機制的呈現方式，有可能影響採用情形。Thaler and Sunstein（2008）以平易近人的筆法，簡介了行為經濟學的新思維。

款。人們很難想像，貧窮家戶仍有辦法維持必要的紀律定期存錢，以確保能準時還錢。

諾莎（Nomsa）的故事解釋了赤貧者的存錢技巧。七十七歲的諾莎，和四個孫子一起住在南非盧甘基尼的鄉下村莊。就在我們展開研究的前夕，諾莎年紀最小的七歲和十四歲孫子，因為母親死於愛滋病，跑來和祖母同住。他們出現前，諾莎的日子還算好過，但現在家中一共有五個人，靠她每個月一百一十五元的老人津貼拮据度日。諾莎不斷向社工申請育兒津貼，有了那筆錢，她的收入將增加不只一倍，但儘管她符合資格，還是被打了回票。諾莎靠販售家中菜園的蔬菜補貼家用，但通常得借錢才有辦法打平收支。儘管如此，諾莎依舊想辦法在非正式的儲蓄社（後面的章節會再詳細討論），每個月存下四十元。表四・一是她每個月的預算。

諾莎的例子看似很不尋常，有辦法存下每個月三分之一的生活費，但她的

表四・一　諾莎每個月的典型預算

金錢來源	$120
賣菜	6
政府老年津貼	114
金錢運用	**$120**
教堂費	4
房子維修	19
食物	22
購物的交通費	2
煤油	9
家中用品（肥皂等等）	14
還錢	10
儲蓄社	$40
銀行淨儲蓄	$0
家中淨儲蓄	$0

注：單位為美元，依市場匯率換算，1 美元 = 6.5 南非幣。

儲蓄模式和大部分的鄰居沒什麼不同。諾莎有一個用來領每月政府津貼的銀行帳戶，但她每個月都全額領出。同樣的，她會把多的錢存放在家中某個地方，但月底時幾乎沒剩多少。諾莎和鄰居一樣，因為參加兩個非正式的儲蓄社，有辦法存下每個月很大一部分的收入。

我們發現三個國家所有的家庭，即便是最窮的幾戶，也試圖在儲蓄與償債之間，逐漸累積出一大筆錢。以蘇丹（Sultan）和嘉農（Kanon）這對孟加拉夫婦的家庭為例，他們租了一塊空地做拾荒工作，藉由資源分類售出他們在達卡貧民窟撿來的東西。然而，五十多歲的蘇丹身體不好，每天的收入很少超過一．五元。在我們展開研究的前夕，兩人的十五歲女兒思維蒂（Sweetie）在成衣廠找到工作，月薪二十八塊，偶爾有加班費。思維蒂把大部分的薪水都存起來，替結婚做準備，此外也會分擔家裡的開銷：在一年期的研究即將進入尾聲時，她嫁人離家。嘉農是微型貸款業者的客戶，先前為了應付各種需求，在研究開始前借了一百一十元：用於替蘇丹的健康問題買藥、償還先前欠鄰居的錢、消費、繳逾期的回收站租金。此外，嘉農的大女兒已經結婚離家，把自己借來的微型貸款交給娘家的爸媽，協助妹妹思維蒂結婚。蘇丹和嘉農咬緊牙關，每星期按時償還這兩筆貸款，每週都要還三．七六元。此外，他們每週在微型貸款NGO存七十五美分。連續好幾個月，努力自每週二十元以下的收入擠出四．五一元來還債，見到微型貸款的人員時還會存錢。

以我們在第二章介紹過的悉多為例。悉多是印度鄉間的寡婦，她在農場裡勞動，收入低又不穩定。悉多有三個兒子，她和長子烏達（Udal）、老三賴拉（Lalla）同住。我們進行研究的那一年，烏達迎來新娘子。他們全家人都不識字，但都是健康的成年人，大部分的收入來自雇傭勞動，地點包括地方上的農場，以及家鄉與區域首府安拉阿巴德市的工地。賴拉擔任地方穀物商的契約工，日薪四十三美分（勉強達到地方市場工資的一半），工資用來償還為了烏達結婚借的六十四元。悉多名下有三．五英畝的地，但只有一畝能種東西，其餘的是缺乏灌溉的岩地。此外，有辦法種東西的那塊地，為了籌措烏達被控在村中搶劫的保釋金，兩年前已經抵押。全家人因此被法庭費用牢牢銬住。農田收入在稻米產季是十元，不到悉多預期的一半。全部加起來後，年收入為三百五十三元，平均每個月還不到三十元。

儘管收入低又不平均，這家人依舊想辦法在每日的需求之中擠出錢來存，替長期的花費與債務預做準備。他們在一年間大約存下與償還六十三元，接近年收入的五分之一。其中大部分是存下工資，放在家中，償還靠抵押土地做擔保的私人貸款；而賴拉欠雇主穀物商的錢，則從他的工資扣，看看最後還剩多少。

從身上背負許多責任的諾莎，一直到身體健康但危機四伏的悉多，再到年老體衰的蘇丹，看來在我們樣本家戶的光譜兩端，家庭預算有空間定期留著一些錢。其他研究也顯示，全球的貧戶可能都是如此。麻省理工學院（MIT）的經濟學家阿比吉特．班納吉（Abhijit Banerjee）與艾絲特．杜芙若（Esther Duflo）二〇〇七年的論文提出，全球各地的調查顯示，窮人不會把每一分錢都花在食物上，他們在預算中預留空間，替較大筆的開支做準備。[3]財務日記資料顯示，大部分南非家戶花在商品與服務的錢，不到收入的七五%；剩下的拿去做財務周轉，例如：保險、儲蓄、還債。下一個關鍵步驟是找出安全的辦法，留住挪出的錢，轉換成能派上用場的大金額。

籌措一大筆錢……

本章的重點是探討諾莎、悉多、蘇丹與他們的鄰居，如何湊出一筆大款項。前文提過，他們的策略是拼湊來自多個源頭的資源，不過有時單一工具就占總額很大一部分。此外，他們辦到的方法也說出許多事。我們在這裡把「較大的一筆錢」，定義為完全靠單一工具帶來的錢，而不是各種工具東拼西揍而成。此外，此處的定義是金額等同或超過一個月的家戶所得。孟加

[3] 請見：Banerjee and Duflo（2007）。他們發現每天每人生活在一美元以下的家戶，平均五六%至七八%的家庭收入用於食物，城市地區稍微低一些。

拉與印度的基準線計算方式是得出國內樣本的平均，大約是五十美元。南非的話，由於我們有較為精確的收入數據，因此設定成每家各自的每月平均收入。在一年的研究期間，[4]我們的家戶一共取得與花掉兩百九十八筆這樣的款項，總金額為八萬零八百五十七元。三國各自的數據請見表四．二，該表亦列出各國「一大筆錢」的平均金額。

印度與孟加拉的典型家戶，利用財務工具擠出一次性的大款項，平均金額大約為三個月的收入。我們比較三個國家住在相同鄰里的富裕家戶與貧窮家戶，三國的貧戶全都有辦法籌到相較於收入的大筆款項，占收入的比例大過富裕家戶。約瑟夫（Joseph）住在南非開普敦附近的蘭加（Langa）市區的違章建築區，他的銀行帳戶設有自動轉帳，每個月會把一定的金額轉到儲蓄帳戶。約瑟夫利用這個方法，一年間存下六百三十元，大約是一．五倍的月收入。約瑟夫的鄰居諾布多（Nobunto）收入是他的一半，靠儲蓄社存下四百零七元，大約是月收入的二．五倍。許多貧戶的確有辦法靠他們的財務工具，挪出一筆大額的款項。

表四．二　在研究年度各國由單一工具得出的大筆款項

	孟加拉（42 個家戶）	印度（48 個家戶）	南非（152 個家戶）
筆數	94	139	65
平均金額	$144	$167	$676
總金額	$13,550	$23,358	$43,949

注：單位為美元，以市價換算自地方貨幣。

表四・三從另一個角度來看積累一筆大款項這件事。儲蓄、借貸、保險三項典型的財務工具，被用於我們主要研究的二百九十八筆大款項。南亞與南非浮現一項明確的差異。孟加拉與印度的儲蓄率相對低，顯示很難在當地存下超過一個月的收入，在這兩個國家中，人們借用他人存款的情形，遠遠多過累積自己的存款。相較之下，南非的大額款項大多來自累積儲蓄，部分放在銀行帳戶，但主要放在儲蓄社。保險工具的重要性也只有在南非地區較為顯著，我們在前一章已經詳細討論過這部分。

4 南非各家戶的平均基準線是每月四百二十五美元，但即便在最窮困的地區，只看平均的話，大幅掩蓋了實際的收入分配情形。南非的三個地區都一樣，三分之二左右的家戶樣本收入，高過印度與孟加拉（通常還是高出許多），但三分之一的家戶收入極低，約在五十元以下。

表四・三　用於得出大額款項的工具類別

工具類型	孟加拉 總筆數（94）		印度 總筆數（139）		南非 總筆數（65）	
	占總筆數的比例	平均金額	占總筆數的比例	平均金額	占總筆數的比例	平均金額
儲蓄	17%	$119	26%	$183	75%	$654
借貸	83%	$149	73%	$162	15%	$522
保險	0%	N/A	1%	$138	9%	$1,039

注：整體百分比與平均金額，單位為美元，以市價換算自地方貨幣。

……加以運用

表四．四列出大筆款項整體而言的三大用途，其中「應急」包括所有威脅到性命、健康、財產的突發狀況；「生命周期」的用途包含家戶消費，也包含出生、結婚、死亡的支出；「機會」是範圍最廣的類別。表四．五是細項，接下來的段落會再討論。我們進行個案研究時，依據大部分的錢用在哪裡，分類大額款項的用途。以下一一討論三種類別。

生命周期

對經濟學家來講，家戶會借貸與儲蓄的原因，最簡單的理論與生命周期有關。這樣的理論主張，家戶在長長的一生中的各種時期，早期是年輕工作者，再來是成家，最後是退休，一輩子努力讓收入與支出模式能相互配合。此一理論假設，家戶在收入足以應付重大需求前（例如買房），在年輕階段會借錢；行有餘力

表四．四　二百九十八筆大額款項的主要用途

	孟加拉		印度		南非	
用途	數量	占總筆數的比例	數量	占總筆數的比例	數量	占總筆數的比例
生命周期	22	23%	42	30%	17	26%
應急	6	7%	6	4%	11	17%
機會	66	70%	91	66%	37	57%
總計	94	100%	139	100%	65	100%

後，就會開始存錢，替退休做準備；最後一旦退休，開始逐漸動用儲蓄。

然而，這樣的生命周期理論，僅符合我們在研究中看到的部分情形，可以套用的程度有限。在我們的研究樣本中，即便是老年人也持續在晚年工作，例如七十七歲的諾莎在女兒死於愛滋病後，賣菜養孫子。不過，生命周期動機的確隨處可見，只不過乍看之下很難察覺。

如果不去看研究年度中花掉的二百九十八筆大款項，改看一年結束時依舊存在於資產負債表中的大型金融資產，就會發現那些錢很少放在用於保障老年的工具。在南非，僅一五%的日記家戶的儲蓄與資產，足夠支撐五年以上的退休生活。[5]有退休存款的富裕家戶，一般是靠雇主提供的工具，例如退休或養老基金，但貧窮家戶通常極少持有長期的金融財富。我們的日記家戶替老年做準備的方式，不是直接透過財務工具。儘管如此，許多日記家戶的對話顯示，他們的財務交易背後，通常隱含保障老年的願望。

第一章提到的達卡人卡迪佳借錢買金子。未來充滿不確定性，她認為金項鍊是寶貴的避險方式：從卡迪佳的生活環境來看，她非常有可能年輕就成為寡婦，或是被拋棄或離婚。卡迪佳利用財務工具（微型貸款）購買金子，她的例子完美說明，貧戶儲存財富時，有可能用自身能

[5] 大部分的貧窮南非人在退休時，依賴政府每個月提供的老人津貼。請見：Collins（2007）。

取得的短期財務工具，代替長期的財務工具，例如他們無法加入的退休方案。

德里貧民窟的日記受訪者薇西卡（Vishaka）看法和卡迪佳一樣，不過她不是利用微型貸款，而是把儲蓄社當成短期的儲蓄工具。薇西卡拿到儲蓄社的錢時，先生歐帕·辛格（Om Pal Singh）建議請身邊的人（薇西卡的母親）幫忙保管，他指出兩人現在已經有四個小孩，家中的開銷愈來愈大，錢最好放在一下子就能拿到的地方。然而，這正是薇西卡擔心的事，如果有需要就花掉，很難達成長期的儲蓄目標。她沒聽先生的建議，把錢放在近在咫尺的地方，而是放在金匠那裡，讓自己不容易碰到錢。薇西卡每存一點錢，就買一點金子，作為替未來準備的儲蓄。

人們有一大筆錢的時候，十分常見的用途是買地。我們把買地歸在「機會」這一項（屬於「機會」的子用途，請見表四．五）。確切的購地動機受文化慣例影響：南非開普敦的蘭加貧民窟裡，某個境況較好的家庭告訴我們，他們把所有的積蓄拿去在東開普蓋房子。這家人這麼做顯然是在替晚年著想，理由不是他們打算立刻搬到新家，而是如果你有自己的家庭，「你不能從父母的房子出殯，棺材一定得從你家抬出來」。不過，在我們研究的三個國家中，土地都被視為可以保障未來的工具。孟加拉與印度的城市家戶，經常靠借錢或儲蓄，寄錢回家鄉，投資土地或房子。

婚喪喜慶等生命周期用途

基本的生命周期儲蓄理論，主要把焦點放在退休，更全面的模型則納入一生中的各種重大事件。在孟加拉與印度，婚禮是最為常見的昂貴生命周週期事件。南非的話，前一章提過多數家戶會利用專門的財務工具籌措一大筆錢，用於喪事這個當地最常見的昂貴生命周期支出。其他重要的南非人生大事，例如支付聘禮（lobola）或男孩上成年禮學校（initiation school），也是日記家戶的關鍵財務事件。學者班納吉與杜芙若發現在許多國家，[6]宗教與社會活動的費用，占貧窮家戶很大一部分的支出，而且通常需要一次拿出一大筆錢。

我們進行研究的一年期間，四分之一的印度日記家戶，必須替家人籌措結婚的錢，四五%的人贊助非自家舉辦的婚禮。也難怪印度用於人生大事的四十二筆大款項中（請見表四・四），幾乎全部用於婚禮，然而，那些錢很少足以應付全部的花費。在研究年度替孩子辦喜事的印度鄉村家戶，婚禮足足占該年五六%的總支出，因此較為常見的情況是想辦法存一大筆錢，應付主要的支出，但依舊得東拼西湊，包括借不收利息的錢、收禮、動用儲蓄，以及透過

6 參見：Banerjee and Duflo（2007）。

各種方式賒帳。

在印度鄉村的財務生活中，結婚是頭等大事，背後是有原因的。大筆嫁妝與奢華儀式本身，不只是為了讓嫁出去的女兒有面子，讓女兒在夫家得到善待，也是一種策略，希望透過「好婚事」來改善女方全家人的社經地位。

孟加拉的情況也很類似。我們在當地的鄉村日記家戶、一家之主阿塔爾（Ataur）在研究的一年期間，嫁出一個女兒，還替一個兒子娶親。阿塔爾為了女兒的婚禮變賣資產（五十元賣掉一頭牛，十元賣掉一頭羊，四十元賣掉一些竹材），家中拼命存錢（婚禮前夕的高峰達兩百四十元），在地方市場上借了少量的錢（先是借了十元，歸還時要另給利息十元；另外又借了四十元，兩個月後歸還，利息十四元），再加上先前向微型貸款業者借兩百元。幾個月後，兒子娶親時變成收嫁妝的那一方，共收到了現金一百元與價值十三元的首飾，遠超過他們替婚禮所出的錢。[7]

應急

生命周期事件提供了儲蓄動機，普林斯頓經濟學家安格斯・迪頓（Angus Deaton）稱之為「低頻率」（low frequency）的儲蓄，相關事件一般來講能事先預測，不需要做重大修正，就能執行儲蓄策略。[8]相較之下，「高頻率」（high frequency）儲蓄的目的則是為了輔助日常消費，以及我們在第二章提過的現金流管理；昂貴的緊急事件是另一回事，需要更大的金額。不過，如表四．四所示，在我們找出的日記家戶的二百九十八筆大款項中，應急只占相當小的比率。

應急占比不高，不代表闔家平安，我們在第三章提過，家戶會碰上各種危機。比率不高的原因，其實是家戶無法特別準備專款來應付緊急事件，市面上沒有系統性的保險工具能協助他們。發生事情時，必須靠各式小額借貸與儲蓄應付，外加變賣資產。在孟加拉，微型貸款很少被用於應急，因為一年才放款一次，而且不能提前還款（可以的話，就能提早再次融資）。如果微型貸款真能幫上緊急事件的忙，也是以間接的方式：舉例來說，微型貸款的客戶靠著提到接下來幾個月能拿到微型貸款，到時候就有錢還，讓債主願意借錢給他們。同樣的，我們研究的三國裡的眾多儲蓄社，只在預先設定好的時間撥款，儲戶臨時碰上緊急事件時，無法領出存款。

---

7 研究顯示，全球窮人的資源主要耗費在慶祝活動上。請見：Banerjee and Duflo（2007）。該研究引用的調查結果指出，在數個開發中國家，超過一半的全部家戶每年替節慶花錢。Fafchamps and Shilpi（2005）發現，尼泊爾的家戶靠著舉辦盛大慶典，在其他經濟上較為成功的家庭面前掙面子。

8 開發中經濟體的儲蓄與風險分擔，近日的經濟學分析概況請見：Deaton（1997）。

機會

事實上，大部分的大筆款項用於抓住各式各樣的機會。表四・五顯示，投資土地建物在各地都是主要用途，不過南非的日記家戶看待土地投資的觀點，不同於印度與孟加拉。在南非，購買低收入戶聚集處的鄉下土地，鮮少被視為財務投資，只不過是為了配合文化上的義務與渴望。即便是在南非的都市城鎮，次級市場也才剛開始運作，擁有者有機會買賣地產、靠土地獲得投資報酬率的希望很渺茫。然而，在印度與孟加拉，土地則是快速增殖的財富儲存方式。在這兩個國家

表四・五　一百九十四筆用於「機會」的大型款項主要用途

	孟加拉		印度		南非		總計	
	數量	占總數的比例	數量	占總數的比例	數量	占總數的 %	數量	占總數的比例
個人資產								
土地 & 建物	14	21%	14	15%	13	35%	41	21%
家畜	3	4%	1	1%	0	0%	4	2%
商業／農業								
資本財	2	3%	4	4%	2	5%	8	4%
存貨／投入	29	44%	48	53%	0	0%	77	40%
其他								
轉借給他人	9	14%	8	9%	1	3%	18	9%
移居	1	2%	0	0%	0	0%	1	1%
儲蓄	0	0%	4	4%	6	16%	10	5%
還債	7	11%	7	8%	5	14%	19	10%
耐久財	1	1%	5	6%	7	19%	13	7%
教育	0	0%	0	0%	3	8%	3	1%
總計	66	100%	91	100%	37	100%	194	100%

裡，投資土地的動機大多與經濟有關。在印度，銀行正在成為土地投資流程的環節。印度用於取得地產的款項，大約四分之一來自銀行，途徑同時包括儲蓄與農地貸款等金融產品。

三國的其他子項目，也存在相當大的差異，尤其是南非與南亞的情形很不同。在「投資」這個類別，從事買賣，購買小型事業的存貨，在孟加拉與印度是最常見的用途，但在南非排不上名次。這不代表我們的南非樣本很少有家戶經營小事業，只是對南非樣本來講，事業收入所占的家戶收入比率低很多。南非用於資助營運資金的大型款項，金額因此未達我們用來當基準線的平均月收入。

孟加拉的微型貸款業者主張，自己從事的業務是提供營運資本給貧窮家戶。業者的努力確實出現在數據裡，但只占一小部分：用於商業的金額，來自非正式的私人來源的金額，大約是來自微型放貸者的三倍。在印度的日記地區，微型放貸者的數量很少，用於「機會」這一大類的大筆款項，比用於商業的比例更高，其中大部分（五八％）來自非正式部門，但正式部門占的比率也不小，僅少部分來自微型貸款。幾乎所有用於商業的「正式」大筆款項，皆來自銀行或提供給農人的信用合作社貸款。這點再次顯示，銀行大力提供服務給（大型）農人，較少將營業範圍延伸至其他的職業群組。

在我們的研究樣本中，南亞人比南非人更可能利用籌到的一筆錢，轉手借給他人。能以比其他方法便宜取得一筆錢時，套利是很自然的舉動：前文提過，借到微型貸款的民眾，立刻把那筆資本借給別人。除了能連本帶利拿回錢，有時還能帶來額外的利息，讓微型貸款帳戶的儲蓄存款能有進帳，如同第二章哈尼夫寄住在馬塔絲家的例子。

我們發現好幾個例子是人們取得一筆大額款項後，拿去償還其他債務。在孟加拉，微型金融貸款比私人放貸者便宜，經常被用於償還後者。在印度，好幾個例子是鄉村受訪者借一筆錢，償還重要債主的錢，例如嚴格規定還款日期的批發商與銀行。

儲蓄與借貸：加速器與聚寶盆

我們著手研究日記家戶運用策略籌措大額款項時，從儲蓄與借貸所占的相對比率，觀察到出乎意料的事。「儲」與「貸」實際上相似度驚人，兩者都需要穩定持續拿出錢，例如一週又一週省下小小的金額，或是一週又一週償還小筆的金額。常見的非正式工具，也是以這樣的方式設計，例如接下來會談到的地方儲貸社。沒錯，許多富人繳交保費或存下退休金的方式，其實也是這麼一回事。微型貸款先驅加以改造後，設計出新型的金融創新。

我們留意日記家戶運用的方法與策略，關注「儲」與「貸」相當雷同這點等特色。接下來，我們先看借貸（「加速器」〔accelerator〕），再來認識各種儲蓄方法（「聚寶盆」

〔accumulator〕）。要籌措一筆大額款項是艱困的任務，你會碰上經濟、心理、社會等各層面的阻力，而日記家戶在借入與借出時都找到應對之道。

加速器

本章的開頭提到，大額款項由拼湊各種資源而來，同時靠著運氣、手腕與資產，湊出需要的金額，過程中則隨時需要借貸。

從許多面向來看，籌措大筆款項的過程中，借貸都是「加速器」，讓家戶得以立即拿到現金，不必走過緩慢的儲蓄過程。不過，借貸通常也具備進一步加速過程的特點，其中一點與價格有關。在印度南部維傑亞瓦達鎮（Vijayawada）的貧民窟，希瑪（Seema）才剛離開地方上的儲蓄合作社，在活存帳戶（liquid savings account）裡放了五十五元，立刻又向放貸人借了二十元，月息一五%。這個利率讓我們感到相當昂貴，或許是不理性的選擇，但問到為什麼這麼做的時候，希瑪回答：「因為利率這麼高，我知道自己一下子就會還錢。如果領出存款，我要花很久的時間，才有辦法存回去。」

就連家境較好的受訪者，也採取這樣的邏輯。德里的薩提斯（Satish）在年尾有一千二百三十二元的現金資產，排名所有印度樣本中第三高，僅次於兩名富裕農人。然而，薩提斯也喜歡借錢，特別是要利息的錢，他在年尾積欠五百七十五元，其中一半以上要利息。薩提斯解釋，利息的壓力會促使他更快還錢，他喜歡那樣。富裕國家也有像希瑪和薩提斯這樣的人：經濟學家研究美國低收入信用卡卡主的數據，發現即便銀行裡有足夠存款，依舊出現以高成本借貸的模式。[9]

希瑪和薩提斯靠價格壓力，確保自己會挪出錢來還。卡迪佳借了年息三六%的貸款，主要拿去購買黃金首飾，她認為那是替自己的未來保存價值的關鍵。卡迪佳利用壓力逼自己有紀律，微型貸款業者每星期會來收錢，不努力不行。卡迪佳和希瑪一樣，她們明白一個聽起來令人一頭霧水的矛盾事實：如果你是窮人，存錢最快的方法就是借錢。卡迪佳知道要是少了外力協助，她能存夠錢買黃金項鍊的希望很渺茫。因此當微型金融NGO提供機會，讓她一次能拿到金額夠大的一年份的錢、每星期再小額償還時，卡迪佳抓住機會。

我們觀察另一名孟加拉人時也發現同樣的事。年輕的蘇鳩（Surjo）受過教育但很窮，要養一大家子人，包括守寡的母親和多名弟弟妹妹。家庭成員愈來愈多，一切的事都需要錢，蘇鳩試著到處想辦法。我們認識蘇鳩時，他宣稱下定決心要存錢，並且已經開好要拿來儲蓄的銀行帳戶。他的確在立定志向的那個月，乖乖把五十五元的工廠月薪抽出十元存進戶頭，但隔月碰上開齋節，那個月他給自己理由不存錢；再下個月，又找了不同藉口，此後再也沒有存錢的紀錄。

不過，蘇鳩的母親加入微型金融團體，找到更為可靠的方式來督促蘇鳩存錢。她在該年借了一百八十元，在家鄉購地租給佃農，不必擔心沒米可吃。蘇鳩發現，與其徒勞無功試圖在銀行存錢，不如把心思花在如何償還這筆貸款。我們看到這家人在一年之中，每星期固定償還近四元。[10]

卡迪佳和蘇鳩如果有安全的儲蓄工具可用，又能運用微型金融貸款所帶來的紀律，對他們來講會更好，因為就不必付利息。然而，按照他們能使用的選項來看，「靠借錢來存錢」的策略有道理。

我們在表四．三提過，在一年的研究期間裡，日記家戶靠借貸而非儲蓄籌到與花掉大筆款項的情形，孟加拉是八三%，印度是七三%。此外，雖然人們也利用非正式的社團與其他工具存錢，對許多南亞日記家戶而言，若要不把收入花掉，取得一筆有用的大款項，借錢是最可行

---

9 例如可參見：Laibson, Repetto, and Tobacman（2003）。

10 Bauer, Chytilova and Morduch（2008）利用蒐集自印度南部卡納塔克邦（Karnataka）的村莊資料，進一步研究這種模式。第一步是利用調查資料，找出特別可能因為紀律問題無法存錢的家戶（用行為經濟學的術語來講，就是找出「雙曲」偏好〔"hyperbolic" preferences〕的證據）。研究作者證明，出現自律問題徵兆的家戶，借錢時比別人更容易選擇微型金融機構，那些機構的特徵是強迫每週固定還款。雖然借錢的成本比存錢高，但借錢讓家戶能以有效的方式累積金錢。

的方式。

孟加拉會如此流行借貸的原因，在於孟加拉鄉村銀行的成功範例，催生了眾多的微型金融業者。前文提過，許多日記家戶都是此類組織的會員。表四．六顯示民眾在籌措派上用途的大筆款項時，三個國家的正式、半正式、非正式部門扮演著不同的角色。

南非的正式部門觸及眾多日記家戶（諾莎有自己的銀行戶頭），但「半正式」（或微型金融）部門發展不太起來，因此五八%的大筆款項來自非正式部門，主要是本章先前所提及的各種社團。孟加拉五花八門的微型金融機構，觸及我們大部分的該國日記家戶，半正式部門與三分之一以上的大款項有關，大部分是透過借貸，而非儲蓄帳戶。印度的非正式部門占的比率最高：目前為止，印度的半正式業者比孟加拉少，銀行與保險公司觸及日記家戶的程度，也不如南非成功。

聚寶盆

本章已經數度提到家戶會利用非正式的儲蓄社，在開發中世

表四．六　籌措大額款項的途徑

	孟加拉		印度		南非	
	數量	占總數的比例	數量	占總數的比例	數量	占總數的比例
正式	8	9%	29	21%	27	42%
半正式	37	39%	10	7%	0	0%
非正式	49	52%	100	72%	38	58%
總計	94	100%	139	100%	65	100%

界，儲蓄社是各地相當常見的聚寶盆。本章開頭提到的諾莎靠著儲蓄社，存下每月收入的一大部分，她是整體南非家戶的典型情形。諾莎雖然透過銀行帳戶，領到政府發放的老年津貼，但讓她能存下錢的財務工具，主要是儲蓄社：這種以社群為基礎的組織，證實能協助窮人每個月都自預算中擠出錢來存。儲蓄社屬於非正式的組織，未註冊立案，也不會簽訂法律契約，靠著信任與對彼此的義務，把左鄰右舍結合在一起。

我們認識諾莎時，她參加了兩種社團，比較簡單的一種是存錢社團，由一群住附近的女性每人每個月存入約九元。社團祕書把錢存放在自己家中，到了年底時，此類社團會歸還累積起來的金額，分配給成員。諾莎預期會在十二月，從儲蓄社拿到九十九元（一個月存九元，一共存十一個月）。

諾莎會參加儲蓄社這件事，令人感到困惑，她明明有用自己名字開設的銀行帳戶，也用那個帳戶進行交易。為什麼不把錢存進自己的銀行，免去加入儲蓄社的麻煩（必須參加社團聚會），還免去明顯存在的風險（萬一祕書家遭竊怎麼辦）？許多南非的日記家戶都參加此類社團，我們提出這個疑問時，最常見的答案是如果你得替某件事存錢，加入儲蓄社是最能確保遵守紀律的方法。「你會有一種不得不繳錢的感覺。如果不拿錢出來，感覺上是在讓朋友失望，因此不論發生什麼事，最好是按時繳錢。」

儲蓄社的功能如同富裕經濟中的「停止單」（stop order），也就是將收入自動轉帳至儲蓄帳戶：把錢轉到「無法碰」的帳戶，可以避免抗拒不了誘惑，把錢花在不重要的地方。從這點來看，儲蓄社扮演著重要的心理與社會功能，背後是近日才被行為經濟學家挖掘出來的常識概念。[11]此一基本概念是指不論貧富，許多人經常左右為難，感到有必要為了未來存下資源，但也急著今天就想用掉（通常是為了正當理由，例如迫在眉睫的健康或營養需求）。如果急切的心戰勝了長遠目光，便不會存下太多錢用於日後的需求。

人們總有定力不足的時刻，也因此工具要是能讓家戶以事先規劃好的模式穩定存錢（或快速償還債務），將能改善經濟情況。工具能帶來定力，協助家戶平衡相互衝突的慾望。基本上，工具讓使用者能在關鍵的早期時刻，控制住自己，即進入為期數個月的安排，不必每天或每當考慮重大的購買決定時，多次對抗相互衝突的慾望（先花再說？替未來存錢？）。舉例來說，菲律賓研究顯示，如果被提供特殊的儲蓄帳戶，不得不在一段期間內，以固定的時間間隔規律存錢，銀行客戶存下的錢會增加很多。[12]前文提過，富裕家戶有許多幫忙這麼做的工具，例如自動將薪水轉存至退休帳戶；貧窮家戶則通常得倚賴非正式的安排，自行想辦法。[13]

窮人家戶碰上的難題，有時不一定單純是忍不住消費，而是無法確定眼前的需求與日後的需求，哪一個比較重要。此外，不一定是你個人的慾望與需求起衝突，有可能是另一半對於該如何分配錢的用途有不同的意見，也或者親戚突然上門求助。這一類的請託有可能變成無底洞。諾莎使用的存錢社團等工具，以及後文會談到其他形式的非正式儲蓄社，讓人有辦法設下公平合理的界線並加以遵守。[14]

存錢社團

圖四・一是諾莎參加的第一種社團的現金流，即存錢社團（saving-up club）。從這張圖看得出此類工具的常見特色：小額的穩定現金流（諾莎一個月繳九元）積少成多。每個月要繳

11 相關議題的絕佳解釋，我們推薦：Mullainathan（2005）。

12 請見：Ashraf, Karlan, and Yin（2006）。研究人員利用隨機對照實驗，評估這種「承諾型」（commitment）儲蓄產品帶來的影響。一千八百名的銀行客戶，有的人隨機收到開設新型帳戶的邀請，有的人沒收到（所有人都已經開設標準帳戶）。受邀開設新型帳戶的客戶，其中有二八％接受。十二個月後，相較於控制組，受邀開設新型帳戶的群組，平均儲蓄餘額增加八〇％，實際開設帳戶的人更是增加三〇〇％，多存了相當數量的錢。

13 更深入的行為經濟學心得，可參見：Laibson, Repetto and Tobacman（1998）；Laibson（1997）；O'Donahue and Rabin（1999a, 1999b）。

14 Anderson and Baland（2002）主張，奈洛比（Nairobi）貧民窟的女性利用非正式儲貸社團的部分原因，在於保住錢不被丈夫拿走。Mary Kay Gugerty（2007）的西肯亞研究強調，非正式的社團被當成讓自己遵守紀律的服務。

的錢不是太多，不是太難辦到，但累積一段時間後，也是一小筆財富。此類儲蓄工具的基礎是「穩定的繳款時間表」這個簡單的概念。存錢社團經常把錢放在銀行或成員家中，過了講好的時間才能動用，結束日期通常訂在需要花很多錢的重大節慶前夕，例如耶誕節、開齋節、排燈節。

這種「穩穩地慢慢存」的時間表，類似於助了卡迪佳與蘇鳩一臂之力的微型金融貸款，顯示出儲蓄與借貸通常有十分相似的流程：持續挪出小額款項，以交換在指定的時間一次領到一大筆錢。從這個角度來看，存錢與借錢的關鍵差異，在於領到那筆大額款項的時間：貸款是在最開頭領，儲蓄則是在尾聲領。

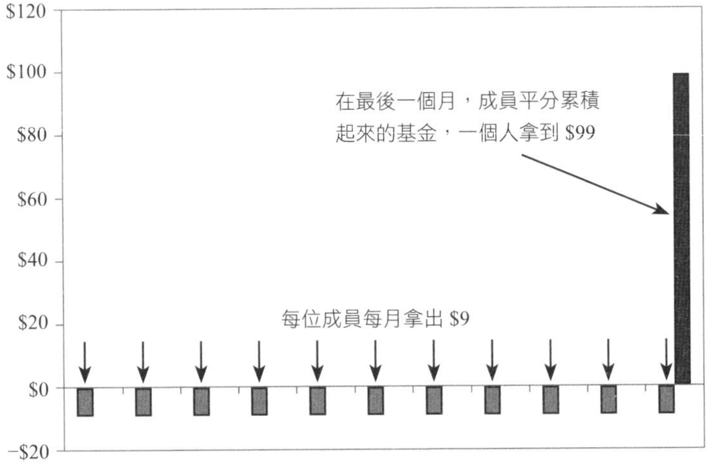

圖四．一　諾莎的存錢社團現金流簡圖。單位為美元，依市場匯率換算，1 美元 = 6.5 南非幣。

互助會

諾莎參加的第二種儲蓄社是「互助會」（rotating savings and credit association，簡稱RoSCA）。互助會的成員在每一期（例如一個月為一期），存下和大家都一樣的金額。每期存下的總金額全數交給其中一位成員，不斷輪流，每個人都領過「會錢」後，互助會自動結束。當然，成員可以選擇立刻重新輪一遍，或是在日後的任何時間，再度展開循環。互助會的優點是不必保管團體持有的基金（沒有基金），也沒有複雜的簿記（只需要列出哪些人已經領過會錢、誰還在排隊）。

諾莎的互助會只有三名成員，大家還是好友，因此事情特別好辦。每個人每月拿出三十一元，每三個月聚會一次時，輪流拿走

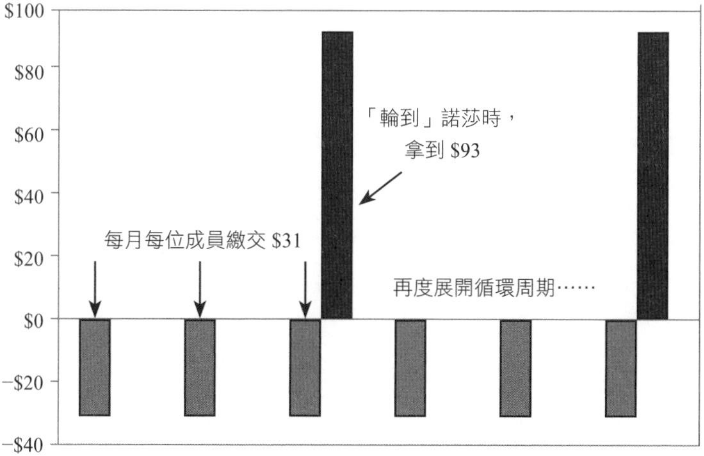

圖四．二　諾莎的互助會現金流概況。單位為美元，依市場匯率換算，1 美元 = 6.5 南非幣。

九十三元。諾莎第一次拿到錢時，部分拿去整修她的圓茅屋（rondavel，屋頂用茅草搭建而成的傳統圓形建築物），還買了一個鍋子、償還一筆債務。她第二次拿到錢時，進一步修理圓茅屋、付費請人用牽引機幫菜園整地，以及償還一筆短期債務。

互助會彈性很大，會員數、支付的時間間隔、每次繳交多少金額，幾乎沒有限制，每一個循環都可以重新設定所有的條件；[15]另一方面，互助會透過定期定額的強大約束力，讓會員維持紀律。

累積儲蓄與信用協會

南非家戶流行的第三種儲蓄社是「累積儲蓄與信用協會」（accumulating savings and credit association，簡稱ASCA）。互助會與ASCA不同於較為簡易的存錢社團，在累積存款的過程中，一邊也同時動用，不僅僅只是儲蓄而已。ASCA比互助會更接近信用社或信用合作社，成員定期存錢；但又和互助會不同，不會每次集會便「提領一空」，把全部的錢交給一名成員。ASCA會將部分基金借給個別的成員（有時還會借給非成員），放貸金額不一，收取利息，還款時間表則會和借錢的人商量。此外，ASCA會累積所有未借出的基金，交給社團會計保管或存入銀行。

諾莎沒加入任何ASCA，但另一個南非日記受訪者西薇亞（Sylvia）有。西薇亞加入的ASCA有三十三名成員，每個人月繳三十元。基金累積起來後，成員有義務按照社團的規定，在一個月之中將部分基金借給非成員。西薇亞從ASCA提領相當大的一筆錢借給鄰居，光是七月到十一月，她就一共借錢給十六人，平均一人六十元，每個月利息是社團章程規定的三〇%。貸款賺到的利息交給社團，進一步增加社團的基金。到了說好的期限尾聲，社團關閉，依據成員的儲貸紀錄，按比例連本帶利還錢給他們。

西薇亞所加入的ASCA，這類型的社團顯然不只是協助成員存錢而已，而是設計成協助成員利用存款來獲利（第五章會再進一步討論）。後續的章節會提到，這個特點有可能造成社團不穩定。儘管如此，ASCA跟存錢社團、互助會一樣，全是受歡迎的聚寶盆。我們的南非家戶利用這類工具，克服存錢不易的問題。一共有六七%的南非日記受訪者，至少參加一個儲蓄社、互助社或ASCA。

15 互助會與相關工具的詳細說明，請見：Rutherford（2000）。非正式工具的經濟學文獻介紹，請見Armendáriz de Aghion and Morduch（2005）的第三章。

非正式社團的變形、改造與演變

前文舉南非的例子解釋儲蓄社，因為如同表四・三所示，當地人偏好以儲蓄社籌出「有用的一大筆錢」，南亞更普遍的方法則是借貸。儘管如此，印度與孟加拉也有豐富的儲蓄社傳統。南亞的日記裡照樣有存錢社團、互助會、ASCA的蹤影。就和南非一樣，兩國的儲蓄社五花八門，畢竟非正式社團的優點，就是工具的制度可以快速依據成員的要求修改。有必要時，成員可以取得共識後就更改規則，不必走過麻煩的程序，先諮詢董事會成員的意見，也不必和正式組織一樣，一定得向監管單位提出申請。最後的結果，就是演化出千變萬化的儲蓄社版本，每一種版本都盡力讓籌措大款項的需求，完美配合成員的現金流。

有的安排與其說是社團活動，不如說是彼此有默契、互相約束。我們在前一章介紹過的南非喪葬社，就是其中一種版本。金錢不會轉手，除非真的有人過世。此時喪家的社會網中，全部的家戶會幫忙分攤喪事費用。這樣的人際連結是家戶的「信用評級」（credit rating），運作方式如同富裕環境中的信用卡帳戶，但大概鮮少動用，只是為了保有選項。人情不會被持續「提領」，但維持著良好信用，有需要時就能求助。如此一來，就像是風險分攤工具，而不只是簡單的儲貸方式。在印度，相同的傳統也用於贊助婚禮，婚禮是南亞最昂貴的慶祝活動。我們的印度日記受訪者拉傑西（Rajesh）告訴我們，他從前事業成功，經營地毯編織事業，家族裡有人結婚時，他都送大禮，一共送出三百八十五元左右。拉傑西後來經濟情況不太好，大部分的收入來自在當地的市集貿易小鎮從事非農的雇傭勞動工作。在我們展開研究的前夕，拉傑西能幫大女兒辦喜事，主要是靠回收以前的紅包，即便當初他送禮時，有的是很多年前的事了。

整體而言，互助會在南亞以及亞洲很常見。互助會有眾多版本，區分方式是看如何決定會員領取「會錢」的順序。有的互助會是共識決，每一輪開始前，大家先講好順序。如果成員希望一輪又一輪開辦下去，這個方法可以運作得很好。經過幾輪後，你在順序裡排第幾位，幾乎就不重要了，反正每隔一段固定時間，就會拿到錢。諾莎的三人互助會就屬於這種類型。納西（Nasir）和哥哥弟弟是德里皮革出口廠的裁縫，他們在當會首的同事勸說下，參加了共識決的互助會。成員有十人，每個月繳二十一元，會期十個月。他們所有人都來自印度比哈爾邦（Bihar）的同一區（其中六人和納西同村，包括他兩個哥哥弟弟、堂弟、小舅子），在同一間公司工作。

由於成員是關係密切的親戚，加上納西兄弟高度信任會首（也是無息借貸的提供人），所以這個互助會的規則很有彈性：沒人收罰金，兄弟固定替彼此和其他成員繳費。在一場工資率的抗議事件過後，納西和弟弟丟掉工作，大哥扛起責任，一個人繳三個人的會錢（每個月六十四元），交換其他人負擔他的生活費。他們的互助會沒垮掉，因為核心成員是彼此扶持的近親。三兄弟以團結的一家人形式，一起替共同的目標存錢。他們的互助會就像南非的部分儲蓄會，原本就存在的互惠關係，轉變成正式的組織。

此類互助會各有不同的繳款金額、成員人數、聚會頻率，繳會錢與領會錢的時間能配合特定的需求。舉例來講，在肯亞奈洛比的貧民窟，[16]瑪麗（Mary）的互助會讓她有辦法做小生意，每天到市場批幾籃菜，接著賣給住在她家附近的鄰居。瑪麗的互助會一星期七天，天天都要繳錢，每星期拿到一次會錢，金額剛好夠她買蔬菜庫存。瑪麗需要替出乎意料的事花錢時（我們訪問她的那一天，她兒子從樹上摔下來，得送去看醫生），不得不動用迷你的事業資本，但她發現如果認真靠互助會存錢，一星期內就能再度擁有完整資本額，而她的確也做到了，瑪麗因此十分重視儲蓄社團。有一次，她居住的貧民窟，突然來了一間微型金融機構。她試著向那間立意良善的機構借錢，但失敗了，再度仰賴儲蓄社團。問題出在微型金融提供的是一年期的貸款，不符合瑪麗的現金流需求。

以我們觀察過的菲律賓、台灣、巴基斯坦與埃及為例，這四國的互助會傳統，以另一種方式配合現金流的需求。我們發現這幾國的互助會，一共只循環一輪，但每次起會的金額是某個特定的人需要的數字，那個人會規劃能配合其他成員的時間表。舉例來說，有一位菲律賓的鄉下學校老師想替新家購買全套家具，如果需要一百元，她會起一個一百元的會。同事為了幫她，加入這個互助會，但前提是她安排的繳費方式要能配合大家，例如在接下來的五個月，月繳二十元，趕在開銷很大的耶誕季節來臨前結束。

還有一種互助會靠抽籤，因此要到大家開會時，才會知道誰能拿到會錢。把合格的名字（尚未領過會錢的成員）放進籤筒，公布抽到誰之後，那位幸運兒的臉上會露出大大的笑容。這種方式方便管理，也能讓決定誰能拿到錢的順序顯得公平。「抽籤式互助會」或許是南亞最常見的互助會形式。在印度的財務日記研究中，我們發現靠抽籤拿到會錢的人，有時會以某個價格，轉讓給當下更需要用錢的成員，甚至是轉手借給外人，以這種方式讓互助會更能配合個人的現金流。用錢需求很大的成員，有可能不只跟一會，在互助會裡登記一個以上的「名字」。

我們的印度日記受訪者中，有兩個人加入「投標式」的互助會。這種互助會採用的方法更複雜，由尚未領過會錢的成員競標，誰出的價最高就給誰。標金由成員平分，因此願意等到後面幾輪才標的人，標金就愈低（因為剩下的投標人數變少），以少於平均標金的錢拿到超過平均會錢的金額；此外還能享受「利息」收入，也就是分到其他人出的標金。投標式的互助會以聰明的方式吸引到想存錢的人（晚一點標，享受高額獎勵），也吸引到想借錢的人（早早標，

16 這個例子與本節提到的其他例子，取自 Stuart Rutherford 的非財務日記研究。

付大量標金）。每一次標金是多少，要標了才知道，看會中成員當下有多需要用錢。存錢者與借錢者之間的複雜配對，以及所有相關的會計，一切在不知不覺中完成，不需要刻意分析，也不需要紙筆。此外，這種直接從存錢者到借錢者的金錢流，不需要準備時間，也沒有中間人從中收取佣金。

從這個角度來看，投標式的互助會是全球最有效率的周轉制度。也難怪印度的投標式互助會，已經發展成立案的金融產業，被稱為「標會」（chit fund）。數萬名領有執照的標會管理者收取費用，代表成員管理標會。

印度的互助會和其他各地一樣，引人入勝的地方性差異，彰顯著它們的活力。舉例來說，我們聽說德里的標案型互助會在無人投標時，靠抽籤決定，但會從會錢中扣掉一筆固定數目，接著把該筆扣掉的錢分給成員。如此一來，就能減少一種情況：有的人今天就想拿到錢，但會觀望一陣子，希望都沒人想標。印度的標案型互助會，有的會獎勵管理人（這個人可能是會首，如同前文菲律賓的例子），方法是讓他們第一輪就拿走全額的會錢（不必扣出價），因此投標實際上是第二輪才開始。

日記家戶認真看待互助會及其他類似的社團，這類社團同時在兩方面具備重要性，即社會層面與財務層面。我們的南非日記受訪者肯尼斯（Kenneth），是蘭加都會區受人崇敬的八十一歲老人家，他還在工作，也有前一份工作的養老金，每個月收入達三百二十元。我們的研究中僅兩人持有單位信託基金（unit trust，共同基金），肯尼斯是其中一人：他在知名的收益基金投資了二千九百元，不過他更看重的是非正式的「協助互助會」（stokvel，南非用語，指各種類型的儲蓄會）。肯尼斯參加協助互助會多年，寧可借錢，也絕不漏繳會錢，我們在一年的研究期間，就看過他這樣做。肯尼斯的協助互助會採輪流的方式，但和互助會不完全一樣。每次聚會時，一名成員會拿到其他所有成員繳交的錢，但金額不固定：要看在先前的幾輪，這次拿到錢的人給其他每一個人多少錢。規則是你給出的錢，要稍微多過你拿到的錢，因此如果輪到別人拿錢的時候，肯尼斯給三百二十五元，肯尼斯會期待輪到自己時，可以拿到三百五十五元（此處的金額是任意舉例）。這種類型的協助互助會，一般比較會邀請鄰里中收入中等至富裕的鄰居，繳交的金額有可能非常高：我們觀察到最近期的一次，拿到錢的成員一共入袋一萬四千九百元！

肯尼斯參加的協助互助會，不是我們這裡定義的單純互助會或ASCA，實際上以相當複雜的方式訂出一個有架構的背景，強化互惠式的一對一借出與借入。肯尼斯和每一個會員之間各自有「合約」，即與不同人有不同金額。不過，這一整套的互惠式雙邊交易，利用儲蓄會的機制公開進行——每隔一段固定的時間在正式聚會上交易。也因此同儕壓力及一次次遵守承諾帶來的信任感，被用來強化這種一對一的交易，以維持紀律。雖然我們沒在孟加拉與印度找到這樣的機制，但在和南非隔著半個世界的地方、菲律賓呂宋島北部的山區村落找到。當地的「ubbu-tungngul」就像肯尼斯的協助互助會。[17]菲律賓的村民指出，這種工具帶來的紀律十分強大，可以代代相傳，孩子自父母繼承會籍。金錢管理工具強化了社會連結，接著這個社會連結又回過頭強化金錢管理，這樣的共生關係是非正式金融最強大的優點。

互助會與類似的組織模糊了儲蓄與借貸的區別。互助會的成員一個接著一個，從淨儲蓄變成淨借貸，原因是互助會的基本機制是一種周轉，從一連串的小額繳款轉換成一次的大額提領，這是儲蓄者與借貸者的共通機制。

美中不足之處

本章提到的故事，證明窮人家戶平日會為了籌措一筆夠大的錢，不屈不撓存錢或借錢。許多人都在用的非正式機制，從旁協助著他們。那些工具力量強大，有時還很巧妙。此外，我們看到新型的半正式業者（鄉村銀行、BRAC、ASA等微型放貸者），利用小額分期規律還款的概念，以同樣強大的工具在南亞崛起，孟加拉一地尤其興盛。

然而，相關工具並不完美，本節將帶大家認識最常見的缺點，包括可靠度低、缺乏彈性、時間長度可能太短。

不可靠

儲蓄社是強大的儲蓄工具，但不一定可靠。儲蓄社的不可靠有可能是小地方，像是有成員未能在你正好需要用錢時，繳交該繳的金額。以諾莎的存錢社團為例，儘管每個人都誠心希望做到，也大聲發誓，但不是每個人都會每個月按時繳錢（包括諾莎自己）。何時能拿到錢、能拿到多少金額，因此變得很難講。

此類社團還可能以更糟的方式出錯，例如西薇亞的例子。本章先前的段落提過西薇亞參加的ＡＳＣＡ，成員把很大一部分基金以高利率轉借給社團以外的人。很不幸，西薇亞並未從中賺到預期的報酬。首先，向她借錢的人，有人沒還，西薇亞得自掏腰包補上，嚴重減損獲利；第二，就在可以拿到錢的前夕，ＡＳＣＡ的會計從銀行出來時，半途被搶匪所殺。那位會計恰巧身上只帶著部分ＡＳＣＡ成員的錢，西薇亞得以從保管另一半錢的成員拿回

[17] 研究情形與報告請見：Rutherford and Wright（1998）、Rutherford（2000）亦引用。

二百四十六元，但她原本預計領到的金額是雙倍。[18]

不只是南非的儲蓄社可能失敗，德里家戶近一半被騙錢的事件也與ＡＳＣＡ有關。孟加拉樣本中的達卡年輕人蘇鳩，曾試圖阻止妹妹加入工廠裡的ＡＳＣＡ，因為他自己剛加入十人互助會，結果被倒會，好幾個成員都沒繳錢，蘇鳩大約損失十四元。他妹妹加入的工人ＡＳＣＡ，在同一個廠房工作，繳交的金額也差不多，卻順利運轉。蘇鳩告訴我們，他從這兩段經驗中「學到很多……我現在知道，哪些人可以讓我加入社團，也知道如何管理社團」。儘管如此，蘇鳩近期不打算再度跟會。[19]

德里的受訪者表示，關鍵議題是缺乏「正確」類型的人加入互助會。本章前文的段落提過的納西，他參加的互助會運轉得很好，但他兩個鄰居則說信不過任何鄰居，甚至在全德里，他們都不認識能放心會繳錢的朋友。另一名貧民窟的受訪者表示，他已經試著加入互助會一段時間，但沒人願意收他當會員。他後來認識了管理某個互助會的人，那個人願意讓他加入，但條件是他必須答應排在最後一個拿錢。他兩個鄰居則是加入了很好的互助會，但每個月必須大老遠跑到德里的另一頭聚會，他們全都感到家裡附近沒有任何合適的互助會。

我們的其他兩位德里日記受訪者，因為未能按時繳錢，承受很大的壓力，甚至瀕臨破產。第一個例子是做小生意的蘇丹，他連續幾個月繳不出錢後，拿回金額打折的會錢。蘇丹判定自己無法再繳下去後，找上還欠他錢的老顧客代打，代替蘇丹每個月繳錢給互助會。蘇丹這麼做很聰明，但也有風險，顧客有可能沒履行義務。另一個例子是穆罕默德・拉格（Mohammed Laiq）沒能付清最後兩期的互助會會錢，一年後，他依舊沒繳清。我們即將完成研究的前夕，他指出雖然自己紀錄不佳，依舊找到另一家願意收留他的互助會。他解釋原因是有朋友是那個會的成員，朋友必須替他擔保，保證他不會中途消失。

無法配合需求

本章先前提到的孟加拉微型貸款，雖偶有例外，但整體而言都能以可靠的方式運轉。先前的章節也提過，用戶相當喜歡微型貸款的「契約性」（contractuality），即工作人員會按時來拜訪，以講好的日期與金額提供貸款，而且不收賄。不過，微型貸款也的確讓我們的日記家戶，碰上第二個普遍的問題：時間表不太能配合現金流。

一定程度上，這個問題是各地的儲蓄與還款方案都會碰上的戰役：彈性與紀律之間存在著

18 相較於存錢社團與互助會，ASCA各方面都較為複雜，也更難妥善經營，因為現金會累積起來，必須透過白紙黑字追蹤。識字者會被選為會計，因為他們有辦法記帳，而通常他們也是家境較好的人。但即便是最有心替大家服務的會計，其他較窮的成員，遠比會計本人重視他們所保管的錢，尤其近年來微型金融崛起後，孟加拉鄉村地區的ASCA開始式微。

19 人們對於互助會的態度，Vander Meer（2009）提供精彩的描述。該作者在二十一年間，研究台灣六十個鄉村互助會。

緊張關係。某個層面上，這是一場用戶腦中的心理戰：我們全都知道應該定期存錢，但也知道做到該做的事有多難。我們尋求外在的協助，例如：自動轉帳、使用過早提領或沒存錢會罰款的帳戶；或是我們想辦法運用心理技巧，把房租藏在特定的地方阻止自己去碰，例如：大茶壺裡。近日許多研究都在探討這樣的「心理帳戶」。[20]

然而，從另一個層面來講，這也與實務運作有關。孟加拉的微型貸款放貸者為求簡化，只提供一種貸款長度（一年期）與一種還款時間表（每星期分期償還相同的金額）。如此緊湊的還款時間表，可以帶來絕佳的紀律，然而現金流極小又不穩定的借貸者很難配合。我們因此發現在孟加拉，赤貧者要不就無法加入微型貸款方案，要不就是加入後隨即便無法準時還款。這些「最赤貧的人」，一般是無土地的農場工人，他們在農閒的月份不會有太多收入。他們在大部分的月份有辦法每星期還款，但無法在一年之中每個月都還。我們的赤貧鄉下日記家戶，有好幾家就是因為發生這種情形，退出微型貸款方案。在一年的研究期間，有的家戶碰上繳不了錢的窘境，其他家戶則是害怕逾期，不願意貸款。

本章先前提到的印度日記受訪者悉多，有過失望的微型貸款經驗。悉多在我們認識她的前一年，存錢存了幾個月後，首度借用微型貸款。四十三元的貸款要在一年間還完，在貸款專員的建議下，悉多用那筆錢投資雜貨店。五個月內，生意就做不下去，悉多賣掉存貨，用剩下的二十二元買了一頭牛。悉多持續靠工資償還貸款（媳婦生病時，曾短暫還不出來），接著在貸款的尾聲，地方上的微型金融業者分部結束營業。悉多動用自己的強制儲蓄，還掉最後兩期。那間微型金融機構離開悉多的村莊，原因是貸款需求不足。雖然悉多和很多人一樣，全額繳完貸款，但她現在深信沒必要借這種錢。[21]

悉多不尋常的地方在於她有銀行存款，那筆錢源自三年錢政府補助她四百二十六元蓋新房。悉多用其中的一百七十元買建材，但大部分拿去幫長子娶媳婦，還有一小部分（四十五元）存進銀行的定存帳戶（五年後到期，可領回五十三元）。然而，在研究的尾聲，悉多遇到兩樁緊急事件：她得替在娘家過世的媳婦辦喪事；加上長子病情惡化，需要治療結核病。悉多無法從鄰居那借到夠多的錢。她跑去銀行，希望提前領出還有六個月才到期的定存，但經理不肯答應。悉多動用放在家中的四十三元存款，她原本要用那筆錢贖回家中唯一種得出東西的土地，這下子希望破滅。她本來還指望在下一個農耕季節，種植那塊抵押的地。悉多最後全額保住銀行定存，但代價高昂。就是這一類的情況，造成靠單一工具籌措出的大筆款項，很少用在

20 研究「心理帳戶」已經成為行為經濟學的熱門主題；請見：Thaler（1990）。利用心理帳戶的人會將特定的儲蓄帳戶或工具，用在特定的用途（例如：寄錢給親人），別的帳戶則用於其他用途（例如：家庭需求、學費）。這麼做會增加成本，但能增加紀律。存放在某些地方的錢不能動，只能用在指定好的用途上。

21 本書第六章會再介紹，微型放貸者日後為產品做的改善。

緊急狀況。

悉多在一年間證明有辦法存錢與償還欠款。她三度向鄰居與親戚借錢後還錢，還持續存錢在家中，小兒子賴拉也透過扣工資的方法，持續清償欠雇主的錢。然而，由於悉多使用的金融產品無法配合她的需求，以致儲蓄總是一波三折。

相較於孟加拉，印度與南非的窮人遠遠更可能像悉多一樣，把錢存在正式部門（銀行與郵局）。印度的契約化定存方案（五年或十年後到期），期限一般比前一章提過的LIC十五年儲蓄險短，但比互助會長（互助會鮮少超過兩年）。我們有十一個印度家戶（二三％）和悉多一樣，有定存或契約儲蓄（contractual saving），其中僅兩家屬於我們三級分組中最富裕的家庭。這種類型的儲蓄產品（以及產品帶來的儲蓄能力），可以成為抵押貸款的設計基礎，比起微型金融機構提供的典型無擔保貸款，有機會帶來更大的彈性。

時間太短

我們的日記家戶能成功籌措到一大筆錢，他們主要的工具還有第三個不足之處，即時間太短，無法達成需要投入多年的儲蓄計畫或貸款（例如：房貸或養老金）。前文提過，窮人主要靠非正式部門籌措大額款項，而非正式部門天生有其時間長度限制。

為了相當實際的理由，大部分的非正式儲蓄工具有時間限制，一般來講時間愈短，成功的機率就愈高。存錢社團瞄準特定日期，例如某個重要節慶，時間長度在一年內。互助會本質上就會有時限：存在時間等於「成員數」乘上「聚會間隔」，大部分成效良好的互助會在一年能結束，通常還不到一年，即便當然結束後，成員可以決定再起一個會。在孟加拉，蘇鳩的妹妹參加的成功互助會持續七個月，即十四名成員乘上十五天的付款聚會間隔；在南非，諾莎的ＡＳＣＡ是三個月；肯亞的瑪麗只有七天。多數運作良好的ＡＳＣＡ，同樣只有一年，頂多兩年。[22]

時間短的好處，在於能夠定期測試工具的體質。到期時，儲蓄與利潤歸還給成員，此時只有兩種可能，成員能收回全部的錢，或是不能。分錢給成員，等於是一種「行動稽查」，如果一切順利，成員可以再次起會；萬一不順利，成員可以離開，例如蘇鳩就離開了，並學到以後不能再跟同一批人的會。長期運作的社團會碰上許多風險：成員可能搬家、吵架，或是情況生變，再也無力跟會。放在會計那裡的錢，也可能被盜用。金額愈變愈大後，成員有可能生出貪念，更糟的是外人起盜心。由於私人社團不受法律保護，出事時很難追討，最好的方法是把錢

[22] 肯尼斯的互助會與菲律賓的 ubbu-tungngul 很不尋常，實際上是把一連串的一對一契約，轉換成社會活動：每一份個別的契約可以中斷，但工具整體而言不受影響，有辦法一次持續數年。

分一分，大家散會或再次起會。由於種種理由，菲律賓的學校老師要是跟會幾個月，協助彼此幫家中購置家具，成功機率遠高於多年參加存養老金的社團。

借大筆款項的時候，多數情形也一樣，甚至更明顯。非正式的貸方，不論是為了人情或獲利，借錢給他人，他們會把放款金額限制在能合理確認一段可預期的時間內就能收回的額度。錢借出去的那段期間，要有辦法盯著借錢的人。孟加拉的微型貸款業者提出一套模型，致力於讓貸款的錢被用於投資小事業。放貸金額看的是事業的短期盈餘能償還多少錢，接著大約經過一年後，透過新貸款注入新資本（金額更大）。然而，即便這樣的模型並未規定一定要是短期貸款，很難講業者是否會願意冒險，把長期的無抵押貸款提供給缺少安全合法身分的貧窮家戶。[23]比較合理的期待是，業者可以探索如何替客戶開發長期的儲蓄計畫，本書第六章會再回頭來談這個概念。

小結

貧窮家戶和富裕家戶一樣，人生大事需要花錢，需要一筆大款項在手，但窮人要籌一大筆錢的難度自然高出許多。他們是怎麼辦到的？

首先，窮人靠東拼西湊，把好幾筆小錢湊成一筆大的。他們借錢、收禮與耗盡儲蓄，金融工具鮮少能真正提供大款項，簡簡單單、一次就拿到需要的數目。

不過，這不是悲觀的故事。答案二是家戶會靠財務工具，留住自每月預算擠出來的小錢。我們追蹤的貧窮家戶，預算確實有餘裕，有辦法挪出錢儲蓄或償還貸款。在一年的研究期間，大部分的家戶都展現這樣的能力。雖然我們研究的家戶資產負債表上，沒有太多金額高的項目，但他們的確每年都湊出幾筆有用的大款項，金額甚至達平均月收入的好幾倍。

協助貧窮家戶發揮儲蓄能力的工具有兩種：「聚寶盆」讓窮人能快速定期存錢，「加速器」促使他們快速償還大額借款。雖然不是全部，但「聚寶盆」主要存在於非正式部門，由數種儲蓄會組成；「加速器」則非正式、半正式（微型金融）都有，還有少量屬於正式部門。

聚寶盆與加速器兩種工具的基本機制是一樣的，也就是用一連串的小額固定付款，交換一筆大錢，協助貧窮家戶把預算放到最大。儲與貸，實務上常常看起來很類似（當然，不同點是借錢會比較快拿到錢）。不論是哪一種，得出的錢可用於任何目的，例如申請微型貸款，不一定是為了賺取微型創業的利潤，也不一定是靠做生意的利潤來還債。

---

23 相較於一年期的一般貸款，孟加拉鄉村銀行的長期房貸償還率較低，呆帳率較高。

聚寶盆與加速器通常只是過程的一部分。貧窮家戶耐心使用聚寶盆與加速器工具後，有時能湊出一筆錢，接著再次轉換那筆錢，購買能保值的資產，例如能提供保障（不一定是老年保障）的貴金屬與不動產。貧窮家戶靠這樣的方式，以手邊的短期工具，代替他們缺乏的長期工具。不過，在短期工具轉換成資產的過程，那筆大錢會暫時回到家戶手中，此時有花掉的風險，例如解決另一個更迫切的需求，沒替長遠的未來存錢。我們太常觀察到累積出一筆錢後，短期內就在研究的一年期間用掉，不會繼續存下去。

所以說，現有的財務工具有許多正面的特點，但不代表該讓窮人只能勉強湊合使用這些工具。窮人不一定能取得聚寶盆與加速器，或是工具不一定可靠；相關工具的時間表也不一定能配合家戶的現金流，或是無法立刻拿來應急；此外，工具的效期通常太短，無法長期累積資產。

業者若是對服務窮人感興趣，可以把貧窮家戶現有的財務習慣當成基礎，開始設計新型的累積與加速工具，提供經過改良的長期版本。第六章與第七章將介紹已經在開發的新型工具。

第五章

利率

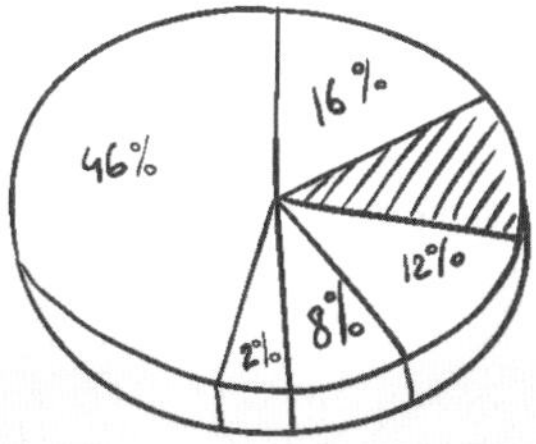

二〇〇七年春天，墨西哥的微型金融銀行「分享銀行」（Banco Compartamos）轟轟烈烈地完成公開募股。這間銀行受孟加拉的鄉村銀行啟發，快速成長，專門服務低收入女性客層，利用利潤刺激擴張，二〇〇八年服務超過百萬客戶。在某些角落，有人讚揚分享銀行的成功故事，因為這證明了貧窮社群的銀行服務具備商業可行性；但也有質疑的聲浪，因為分享銀行向客戶收取高利息。一篇讀者眾多的研究指出，分享銀行每年的平均利率超過一〇〇%，其中顧客支付的十五個百分點是加值稅，二十四個百分點是利潤，其餘則是放貸的基本成本。[1]

鄉村銀行的創辦人尤努斯氣憤不已，他和許多人一樣，感到窮人計畫不該藉著弱勢客戶缺乏選擇，趁機占便宜。尤努斯等批評者主張，放貸者（moneylender）或許會收一〇〇%以上的年息，但微型金融機構不是放貸者。然而，鄉村銀行和競爭者一樣，並未免費提供服務，目標是替可靠的服務收取合理價格。在南亞，年利率一般介於二〇%至四〇%之間，遠低於分享銀行的數字，但也遠超過免費服務的水準。一項針對全球近三百五十家微型金融機構的研究發現，調整過通貨膨脹後，年利率一般介於一〇%至三五%，再度低於分享銀行的利率。

儘管如此，同一份研究也發現，服務最貧窮顧客的機構亦面臨最高的借貸成本。借錢給窮人將得處理大量的小額貸款，如果提供儲蓄服務，也將會有大量的小額存款。對業者來講，小額交易代表著有限的規模經濟，每筆交易的成本都很高。「惠貧式」的微型金融機構出於必要，一般收取最高利率；服務境況較好客戶的微型金融銀行，收費通常最低。分享銀行的策略是在墨西哥的村莊與城鎮提供小規模的借貸，即便不牟利、不繳稅，年利率依舊得達六〇%，才有辦法應付成本。[2]

日記提供的例子證實，窮人金融服務的利率相當高。在南非，大部分的放貸者月利率大約是三〇%。即便是「小型企業基金會」（ＳＥＦ，南非的微型金融機構，長期致力於服務林波波省的鄉村貧民）的貸款，實質利率也約達七五%，但支付完員工薪水與計算資金成本後，幾乎還不夠應付成本。這麼高的利率，或許聽起來像是在放高利貸，然而借錢的民眾指出，地方放貸人的收費高很多，但也唯有他們願意借金額極低的錢。如果我們強迫降低收費，ＳＥＦ將得進一步仰賴捐款，而捐款人是否會願意以無極限的方式支持ＳＥＦ的營運，實在很難講。

---

1 分享銀行的利率研究，請見：Richard Rosenberg（2007）。Cull, Demirgüç-Kunt, and Morduch（2009）提到分享銀行的上市情形與後續引發的反應。

2 Muhammad Yunus（2007）提出最尖銳的批評。Cull, Demirgüç-Kunt, and Morduch（2009）提供三百五十間機構的利率調查數據。Aleem（1990）的結論符合 Cull 等人的發現，巴基斯坦非正式放貸者收取的高利率，反映出相關市場上真正的借貸成本——篩選的成本，再加上催繳欠款的成本尤其高。其他部門亦採取此一普遍的價格模式，例如 Prahalad（2005）比較孟買的貧民窟居民與中產階級所支付的價格，發現窮人為基本需求付出遠遠較高的代價，像是水、電話、治療腹瀉的藥物與米。以微型金融來講，年利率超過四〇%（通膨調整過後）可說是常態，較富裕客戶的借貸利率則在一〇%以下（Cull, Demirgüç-Kunt, and Morduch〔2009〕）。

因此不論是好是壞，放款給窮人時，價格最容易引發高度爭議。價格很重要，但很難定，本章將努力解釋。

財務日記提供了新證據，包括貧窮家戶付出的價格，以及家戶如何做出選擇。貧窮家戶支付的價格高過富裕家戶一般支付的價格，但整體而言，我們發現貧窮家戶願意付這樣的價格。目前已有經濟學家點出微型事業的高資本報酬率，嘗試解釋為什麼窮人肯支付高價；[3]然而，這種說法未能解釋，為什麼家戶似乎也願意與有能力替消費性貸款支付高利息。

部分答案涉及富人與窮人的儲貸方式架構不同，很難精確比較，需要從嶄新觀點來看待價格。因此，我們的一些發現聽起來會令人感到驚訝，例如，儘管富裕家庭通常希望銀行向他們的存款支付利息，但窮人卻花錢來儲蓄，不過這是有充分理由的。我們也發現，放貸者要求高利息，但最終會接受不同的利息，雖然有時還更高，但通常比一開始講好的低。此外，第二章解釋過，家戶借錢時，同樣可能發生的情況是完全不付利息（通常是向親戚與鄰居借的錢），或是支付高利貸業者等同一〇〇%以上的年化利率。此種現象與其他研究並未顯示窮人家戶對價格敏感，但也沒有跡象顯示他們在尋求金融服務時，價格是最重要的考量。[4]

有關於微型金融利率的辯論，其兩極化的立場來自不一定符合我們手中資料的區分與假設。定價不是一件直接了當的事，真正付的價格其實通常不同於定好的價格。整體而言，我們的研究發現，若是立法限制利率，反而會對惠貧業者帶來反效果。SEF等機構彌補空缺，提供機會給金融選項有限的家戶，而價格上限則會妨礙它們的工作。

定價的複雜源流

在富裕世界，該去哪裡貸款、又該去哪裡存錢，最常見的依據是利率。如果另一間銀行的房貸利率是五%，幹嘛挑五・二%的這間？或是在這家存錢的年利率是四%，在另一家是

[3] Udry and Anagol（2006）估算迦納小型農業生產者的資本報酬率，傳統作物是每年五〇%，非傳統作物是每年二五〇%。Banerjee and Duflo（2004）估算，小型公司的資本報酬率是每年七四%至一〇〇%。De Mel, McKenzie, and Woodruff（2008）估算，斯里蘭卡的小公司報酬率至少達六八%，不過女性遠遠較低（統計上平均接近零）。Morduch（2008）整理了微型企業資本報酬率計算方式的證據與相關議題。

[4] Karlan and Zinman（2008）研究利率敏感性。南非的消費放貸者所提供的貸款，收取相當高的分期貸款利率，每個月的利率逼近一二%。利率敏感性的評估法是郵寄超過五萬份貸款機會給顧客。信上提供的利率是隨機選取（在一定範圍內），詢問收信人價格在多少程度上，影響他們接受新貸款的興趣。借貸者對利率有反應，尤其是調高的利率，但程度適中。Dehejia, Montgomery, and Morduch（2007）在達卡貧民窟的研究，微型金融放貸者把年利率自二四%調至三六%，找到短期利率的高敏感性證據，但長期而言，民眾依舊踴躍借貸。

六％，為什麼要存四％的？經濟理論把價格當成財務決策最重要的考量因素。

金融服務的成本對窮人來講也很重要，但比較難懂的是相關服務如何定價。現代的富國業者大力縮減「交易成本」，除了資金的財務成本外，還包括使用工具的成本。然而，窮人的交易成本通常依舊很高，包括花時間排很長的隊伍；被迫面對出納員不願幫忙、擺臭臉給他們看的情緒成本；搭巴士到銀行的成本；或是要說服的對象實在太多，要對著不同的人費很大的唇舌，才有辦法東拼西湊弄出一筆錢。部分的非正式交易除了得連本帶利還錢，還要背負其他的義務，例如：以低薪替債主工作一段時間。唯有其他種種條件都滿足了，才會輪到考慮價格，包括不只得有相互競爭的大量供應者，營運環境還需有基本的基礎建設、公共財，以及讓顧客平等「採購」的市場。

財務日記上記錄的數百筆貸款，許多似乎用途類似，卻有著相當不同的名目利率、到期日、預設／重新安排的利率，儲蓄與保險合約也出現類似的異質性。我們消化完資料後得出幾點心得，進一步了解窮人金融服務的定價。

我們立刻發現最好把利率視為服務的費用，而不是真的在特定期間使用一筆錢要支付的比率。即便只貸幾個月，或是借超過一年，銀行人士通常還是以「年」為單位來表示利率，即每年是特定百分比，「年百分率」（annual percentage rate，以下簡稱APR）協助顧客依據相同的標準來比較價格。[5]這樣確實有幫助，但日記也顯示，若是把借款一星期的固定費用，換算成小額款項的APR，再拿去比較兩年期事業資本貸款的APR，這種比較方式並無法掌握到交易的本質，我們下一節會再詳談。我們的第二點心得是價格受許多因子影響，包括個人關係、借方與貸方先前欠的人情、夥伴之間的相對關係，以及借貸金額、到期日、目的、來源與拖欠的可能性。考量到借款有多常重新協商或豁免，以及償還的速度後，我們更加了解價格在窮人財務生活中代表的意義。

費用vs.利率

富裕世界的金融把時間的價值當成下投資決定時的基本考量，利率代表著失去在特定期間內把錢投資於別處的機會成本。企業的財務管理者會用「淨現值」（net present value，簡稱NPV）等概念來決定是否要投資，相關計算會比較「投資某件事的預期營收」，與「光是把錢放在風險較低的投資能賺的錢，例如：放在貨幣市場帳戶或定存」。成本一千元的新機器，

[5] 此處的計算取每月、每週或每日利率的n次方，n為一年中的月數、週數、日數。

如果預計可以替來年帶來一千一百元的營收，那麼額外的一百元要高過將一千元存放在銀行的報酬，才值得買機器。目前的利率環境，因此強烈影響著投資決定。

運用NPV等概念對第一世界的儲貸來講是重點，因為每一天，你目前的投資不會付你利息，但其他的投資可能帶來進帳。人們因此不只關注每天賺到的利息，也會考量利息帶來的利息，也就是利息收益的複利。舉例來說，銀行存款通常以每日複利計算，因此多等一天才提出存款，將使你賺到你昨天賺到的利息的利息。我們的個人理財也採取有如企業的作法：如果能借五%，接著賺到二〇%的報酬，那是一筆好交易，因為我們淨賺一五%。

然而，在窮人的財務環境，金錢與時間並未緊密相關。利息很少是複利計算，有時會維持固定不變的費用，直到你還錢，即便你已經歸還部分本金。以南非為例，放貸者要求的典型利率是每個月三〇%。在複利計算之下，利息會生利息，因此換算起來實質APR將達完整餘額的二二三〇%。[6]

然而，這樣的計算沒考量到兩個常見的現實狀況特點：第一，南非放貸者很少採取複利，單利會讓利率比較好懂，也比較好算。此外，單利對慢慢還錢的人比較有利。未能償還任何借款的顧客，只會欠下金額為三成本金的利息，而不是本金的三成再加上尚未償還的利息。

第二點則是倒過來，如果提早償還全額或部分的錢，放貸者不會調整利息；也就是說，早早還錢或準時還錢的顧客所付的利率高過遲繳的人。在「富裕世界」的銀行服務，遲交會被處罰，多繳額外的利息。然而，對許多窮困借貸者來講，較為精確的算法，將是把財務報酬與成本當成固定不變的費用，而不是隨時間累積的費用。

把利率視為費用，而不是利率，相當能協助我們理解，為什麼家戶有時樂意支付我們眼中的天價利率。我們在第一章看過幾個例子：窮人可能覺得借十元一天左右度過難關，付〇．五元的代價可以接受，即便按照年化利率計算，利率超過五〇〇%。雖然以百分比來看，付出了天大的代價，但以絕對值來講不是那麼大。本章後面的段落會再介紹另一個例子，討論喬希（Jyothi）的儲蓄收款服務利率。

表定價格 vs. 實際價格

我們運用相關洞見替財務日記中的貸款利率尋求更說得通的解釋，我們檢視南非日記資料中五十七筆向放貸者借貸的例子，每一筆借款，我們知道本金是多少，也清楚用來還款的現金

6 計算方式為((1 + (30 / 100) ^ 12) − 1) × 100 = 2,230%，四捨五入成最接近的百分比。

流。當初借這些錢的時候，有規定的月利率，但不同於正式的貸款，借錢的人不必每個月固定還款。他們靠非常不固定的現金流還錢，有可能這個月的月底前還一點，接著兩個月後多還一點，最後再過兩星期終於還完。一切要看他們何時從其他地方拿到錢，利息也會以同樣不固定的間隔，加以調整或協商。我們因此無法自借款的名目利率，得知借貸者實際支付的價格。為了掌握價格，我們借用前文提到的「淨現值」（NPV）概念，以及「內部報酬率」（internal rate of return，簡稱IRR）這項相關工具。IRR是把NPV設為零所計算出來的利率。財務主管在無從得知適用於NPV計算的報酬率時，他們會利用IRR的概念，依據現金流來估算報酬率。

我們依據手上的現金流數據，計算出樣本中每筆借款的IRR。首先，我們計算每日的IRR，接著乘以三〇，得出每月的IRR。借款的平均表列利率是每個月三〇%，但由於並未複利計算，現金流的每月IRR，相當不同於表列利率。

以南非的三區所有樣本來講，每月的IRR超過平均為三〇%的表列月利率，也因此費用固定不變的制度對借貸者不利。在我們的約翰尼斯堡周邊都會區的某個例子，每月IRR比名目利率高出許多，原因是許多受訪者向放貸者借錢時，一共只借幾天或一星期，卻付了一整個月的利息。住在約翰尼斯堡周邊的家戶樣本，有相對多的家戶擁有固定工作，收入較高，現金流較固定，有能力以更快的速度還錢。

換言之，利率平均來講很高，但如果我們的分析就停在這裡，將會得出不正確的假設，以為所有的借貸利率都是天文數字。這樣的整體性估算，無法看出借貸的時間拉長時，IRR將大幅下降，參考圖五・一可以看得較為清楚。所有的借款其實隱藏的定價依據是當成一個月的借貸，因此如果只借幾天，繳交的利率依舊是本金的三〇%，即便實際上沒借滿一整個月。如圖所示，短期借貸的每月IRR的確奇高無比（每月達近九〇%！），但由於利息並未採複利計算，隨著借款時間延長，IRR穩定下降。借錢的時間一旦超過一個月，IRR就會自三〇%驟降為一七%；如果借了三個月，每月的IRR跌至八・三%。

儘管在此種架構下，延遲付款本質上具備吸引力，本分析使用的五十七筆借款，三十三筆在滿一個月前就還完。為什麼會有人願意早點還錢，等於

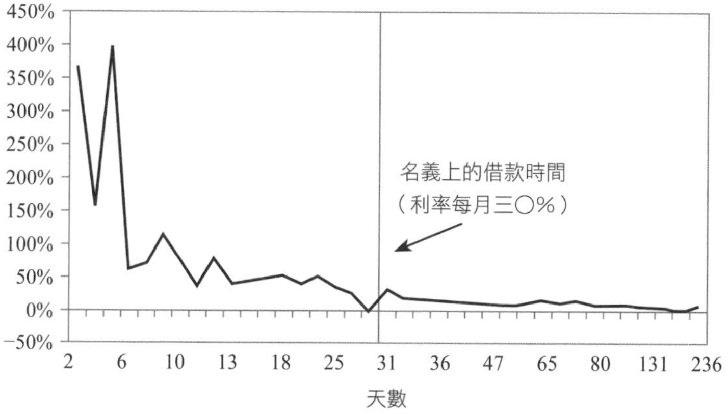

圖五・一　放貸者借出的錢的每月內部報酬率，依到期日（百分比）繪製

讓利率飆高？我們依據對於窮人財務組合管理的理解，從中尋找原因。第二章提過，大部分的家戶在管理財務組合時，最重要的考量是現金流的時機。家戶的借款時機，主要是現在手上沒錢、但預計很快就會拿到錢。一拿到，就能還錢。我們因此認為相關借款的功能，比較接近管理現金流的工具，而不是為了長期融資。第三章還提過窮人財務生活的另一件事：生活中充滿風險，常見的應急方式是向各種來源借錢。不過，要能借到錢的話，你得讓人感到借錢給你很可靠。你會想要快點還錢，以免又再度需要借錢。最後一點是相較於收入，南非樣本的借款金額很小，平均每筆借款是三十五元，不到當地平均月收入的一〇%。這樣的一筆借貸，名目利率是每月三〇%，也就是說借錢的代價是一〇元。對南非家戶來講，那是平均月收入的二%。拖著不還，以求讓隱含利率（implicit rate）變便宜，對借錢的家戶來講沒有實質上的意義。最好是手上一有錢，就快點還掉，無債一身輕，未來萬一又得借錢，可以保住能再度求救的對象。

借貸金額相較於收入變高時，還款時間會延長。在這個過程中，利率會下降，尤其是重新安排還款日期後。我們的印度研究團隊訪談三名西德里的放貸業者，證實人們經常重新商量時間。[7]乍看之下，放貸者要求收取的利息（年化計算後達六一%至七〇〇%）似乎極高，然而考慮實際的還款時間長度後，實質利率便大幅下降。某非正式放貸公司的分行經理，形容客戶的行為：「一半的貧窮客戶會把一個月期的借款，拖到九十至一百天才還。大部分的欠款發生在客戶返鄉時。」他告訴我們，機率是每一百名客戶中有五個人會完全違約。「過了還款的日期後，我們最多追蹤三個月。我們會試圖重新協商分期金額（降低每期的金額），但說到底，我們整個事業靠的是信任，無法以其他方式收回欠款。」

我們的印度日記受訪者中，有一個案例可以說明。拉格在進行研究的一年期間，借了五筆要利息的錢，三月為了修理房子向職業放貸者借了三十二元。拉格的平均月收入僅微微超過四十元，而且收入不固定，因此三十二元是很大筆的借貸。講定的還款方式是一天七十五分錢，一共借五十天，其中十一分是利息，換算起來，年利率極高約一二五％左右。然而，實際的還款情形不是講好的那樣，到了七月初，拉格付了二十七天的錢；到了八月初，再付了八天；九月底時，依舊還剩八．五元沒還清。一直到了二月中旬，也就是他借錢超過三百三十天後，才終於還清。然而，他依舊只付五十天的利息，而不是三百三十天，換算起來，年利率是一九％左右，遠比開價的每個月一二五％的利息低很多。[8]拉格向我們解釋，自己「一次還好

---

7 請見：Patole and Ruthven（2001）。

8 利息計算方式如下：拉格借了三十二元，一共還款三七．五元，也就是支付了五．五元利息。如果他五十天就還清，年利率是 $((5.50 / 32) \times (365 / 50)) \times 100 = 125\%$。相同的利息，三百三十天才還清，年利率是 $((5.50 / 32) \times (365 / 330)) \times 100 = 19\%$。以上利率皆不採複利計算。

幾天」，一次大約還四元至六元，中間則有很長的間隔。據他表示，放貸者不擔心他隔那麼久才還一次錢，他們早就料到會有這種情形，對他們來講不算什麼。換句話說，名目價格已經把延遲還款也算進去，結果就是準時還錢的人付最高的價格。這種倒過來的誘因模式，可被視為非正式的借貸金融較不理想的一點。

以獲利為目標來定價——亦或者是減少曝險？

別忘了，放貸者和他們的客戶一樣，經常被視為社群的一分子，放貸者因此更可能寬恕債務與重新安排還款方式。[9]南非日記中的放貸者，通常單純只是鄰里之中家境較為富裕的人；孟加拉也一樣，很少人是職業的放貸者，專門靠放貸為生。放款人大都是孟加拉語所說的「mahajan」，最常見的翻譯是「放貸者」（moneylender），但他們其實只是「大人物」（big person），也就是富人，他們借錢給他人的動機除了獲利，通常也是基於人情義理，這通常是為什麼他們會願意降息的原因所在。在孟加拉，由於國營的商業銀行很少放貸給窮人，借錢給窮人的職業牟利放貸者中，通常是微型金融機構做得最好，也最多。

印度的職業放貸者最為普遍。他們和拉格的債權人一樣，不得不定期協商有問題的貸款。

不過，更願意寬恕最初講好的月利率的債主，其實是偶爾借錢的人，他們是出於人情或義務而拿錢出來。在孟加拉與印度的日記，所有附帶利息的私人借貸中，全額支付最初講好利息的人，還不到一半。[10]所有的借貸中，三分之一以上後來利息獲得打折、寬恕、豁免，或是乾脆就算了，其餘的例子如何處理利息則不清楚。南非的例子中，除了前文提到的五十七筆放貸人借款之外，我們還追蹤ASCA（「累積儲蓄與信用協會」的縮寫，第四章介紹過的儲蓄社）一共四十五筆借貸。雖然五十七例中，僅五例最後完全不必付利息，但南非放貸者借出去的錢經常重新安排還款方式。然而，以ASCA的借款來講，債主是社群裡家境較好的成員，因此更常寬恕利息，四十五筆借款中有十三筆。

還款出問題的借貸能否成功協商很難講。羅納庫爾（Ronakul）是我們孟加拉樣本中極度貧窮的老人，一家七口靠不固定的收入過活，接臨時的工廠工作與賣菜，每個月大約能賺六十八元。羅納庫爾身體不好，為了治病欠了很多錢。早在一九九七年，當時他有嚴重的黃疸

[9] 也有例外的情形。有時放貸人住在距離遙遠的省份，甚至人在國外，例如南亞人會放貸給菲律賓北部的山間村落。在印度的許多邦，甚至是在孟加拉，巡迴放貸者依舊和英國殖民時期一樣，被稱為「Kabuliwallahs」（意思是來自阿富汗喀布爾〔Kabul〕的人）。本章舉的例子是印度馬哈拉施特拉邦的族群，放貸給德里的貧民窟居民。

[10] 南非的樣本中，借出或借入都一樣，極少出現收取利息的私人借款。借錢的對象是放貸者或ASCA。

問題，向好幾個債主以每個月利息二〇%的高價借了一共四百元。羅納庫爾從頭到尾分文未還，沒還本金也沒還利息。借他錢的是地方上和他一樣住貧民窟的人，不時討債，但羅納庫爾告訴他們：「我病得太重，我很窮，什麼都付不出來。」一九九八和一九九九年，羅納庫爾再度向地方上的三名女傭各自借了四十元、四十元、二十元，每月利息一〇%，同樣什麼都沒還。這三名女性每隔一段時間，就跑去痛罵羅納庫爾長期默默承受的妻子拉齊婭（Razia）。這對夫妻太窮，還不起這些大筆的債務。他們在研究的一年期間，的確想辦法協商，承諾如果免去利息，就支付本金，但過後依舊一毛錢也沒還。

以羅納庫爾的例子來講，協商也沒用，不過我們的研究顯示協商通常會成功。我們的孟加拉城市受訪者薩蘭（Salam），家境比羅納庫爾稍好一些，靠每個月大約九十七元的收入養活一家八口。我們認識薩蘭時，他有一筆三年前借的一百六十元債務，每月利息一〇%。他完全沒還錢，光利息就累積到一百八十元。在進行研究的那一年間，他成功協商，答應償還一百二十元的利息（的確有還），本金部分則晚一點再說，不必再算利息。另一個達卡都市家戶樣本中的沙塔爾（Sattar），因為兒子在一九九七年摔斷腿借了三百元。沙塔爾只還了部分的錢，不過在研究的一年期間，債主告訴他：「沒關係，你把剩下的一百二十元本金還完就好，不必再付任何利息。」

德里的桑迪譜（Sandeep）在我們認識他時，有一筆三年前的債務，當時借錢是為了在村莊裡蓋房子。我們展開研究時，他最初欠的三百四十元還剩八十五元沒還，每個月利率是五％。桑迪譜後來透露，其實他在頭十八個月，已經付了大約四百二十六元，債主說他已經給了夠多利息，剩下的二百七十七元左右不必再給。

我們的研究證據顯示，利息打折或寬恕要看借款人與放貸者的交情。在德里，某社群（位於馬哈拉施特拉邦的南部）的成員經常扮演放貸者，不定期借錢給同社群的人，收取四〇％的標準年利率。我們發現只要每年繳利息，本金的償還通常會拖上好幾年。部分成員借錢給非自己人的窮困鄰居時，收的利息較高，每個月一〇％。

換句話說，金額較大、還款時間較長的借貸，通常的情形是開口要求的費用很高，但日後可以協商還少一點。從放貸者的角度來看，這麼做有兩個好處，第一，這是一種嚇阻：我如果獅子大開口，或許想借錢的人（我知道他們很窮，大概很難還錢）就會放棄，或是借少一點。第二，收高利息可以確保我能拿到一點初步的借款報酬：如果我在頭三個月，一個月拿到一〇％的利息，接著就沒賺到其他獲利，以完整的借貸時間來計算，我的整體報酬率依舊可能是正的。許多的微型金融機構，也因為情有可原的類似原因而預收一筆貸款費用，此舉顯然是為了降低風險。

微型金融借貸

微型貸款機構是如何配合這樣的環境？孟加拉的業者每星期連本帶利收取還款，他們與正式的銀行是唯一定期賺取利息的業者。大部分的微型放貸者以及全球其他的眾多同行，追隨鄉村銀行的例子，收取「固定」(flat) 利率，本金與利息的支付同時被納入每星期的分期付款裡，每次繳交的金額固定不變。這樣的還款方式，性質不同於正式的銀行業務讓客戶每月分期繳納相同金額的房貸，以房貸的還款時間表來講，以本金與利息呈現的分期還款比例，每個月不同。隨著貸款逐步還清，利息占的比率會下降，本金占比則上升。微型放貸者的制度，始於假設借款人會嚴格按照時間表還錢，因此業者「簡化」事情，讓每週分期還款的本金與利息比例維持不變。舉例來說，一千孟加拉塔卡的借款分五十期償還，每次還二十二塔卡，其中二十塔卡是本金，二塔卡是利息。如果借貸者沒按照時間表還錢，鄉村銀行及其他的部分放貸者，將依據貸款尾聲下降的餘額，仔細重新計算利息，鄉村銀行的工作人員靠計算機而不是電腦，在分行熬夜完成這項工作。接著歸還多付的錢給貸款客戶，或是收取少付的部分。其他的微型借貸者較為寬鬆，和南非放貸者一樣，不依據過了多少天才還款來精確計算利息，造成提早還款的人吃虧。不過，孟加拉的借貸者已經開始注意到這樣的差異，再加上競爭日益激烈，微型借貸產業正在走向更公平、更一致的作法。[11]

由於孟加拉的微型放貸者每週收取還款，他們的財報利息收益比相當高。以我們的樣本家戶來講，一年之中，微型放貸者一共獲利約四百三十六元，光是自總交易額的一五％，就賺得三九％的利息。相較於微型放貸者，孟加拉收取利息的私人借貸，僅收到不定期的利息，但由於利率較高，私人放貸者收的錢（四百六十六元），依舊微幅高過微型放貸者，而且僅占總交易金額較小的比率（一〇％）。由於借款的時間長度不同，雖然放貸者的利率明顯高過微型金融業者，但無法輕易用數字準確比較。微型貸款名目上的放貸時間較長，但放貸者借出去的錢有更高的比例逾期未還，也未收取利息，等於是減少收取的利率。整體而言，放貸者實際上的私人利率，或許約達微型業者的兩倍，遠低於廣為流傳的講法：相較於正式的銀行部門，放貸者的利率是暴利。

11 長期熱情支持微型金融的查克·華特菲爾德（Chuck Waterfield），支持更透明的微型金融價格。請參見他的網站：www.mftransparency.org。

從儲蓄者的觀點來看

即便調整過遲繳或未付的情形，相較於已開發金融市場的平均利率，窮人的借貸利率無疑很高。不過，這種現象也點出貧民窟與城鎮帶來的投資機會。報酬要是這麼高，顯然「有人」大發利市。

我們南非研究進行到一半時，似乎找到了那些人是誰。我們發現，部分日記受訪者提到向放貸者借錢，實際上是向第四章介紹的ＡＳＣＡ成員借錢。突然間，我們腦中直覺想像的放貸者，從「邪惡的債主」，變成一群保守的鄰居女士。她們試著集中大家的儲蓄，想辦法賺到最高的利率。我們得知ＡＳＣＡ與放貸者收取類似的利率時，必須從存款人的角度來思考可能性。成員通常會投入相對小的金額，例如每個月繳十五元給ＡＳＣＡ。接下來，在相同的每月聚會上，成員被要求領出一定金額，拿去借給鄰居、朋友或家人，收取每個月三〇％的利息。我們看到的景象是有如對沖基金般的快速增值。

假設你決定每個月把錢存進銀行，在儲蓄帳戶放十五元，年利率是很高的六％，而你持續在同一個帳戶，每個月都存十五元。圖五．二是你的儲蓄累積情形。一年結束時，相較於你目前為止的總存款金額，你的帳戶多出二十二元或一二％。

現在再假設，你把錢放在ASCA。ASCA每個月向借錢的人收取高出許多的三成利息。同樣每個月拿出十五元，假設借錢的人全部準時還款，還支付全額的利息。一年結束時，除了一年之中的淨存款總額，你的錢將增加驚人的七一四%，多出一千三百一十七元！請見圖五・三（垂直軸的刻度非常不同於圖五・二）。

然而，要有這麼高的儲蓄報酬率，每筆借款都得在一個月內歸還，但這種事很少發生。首先，許多借貸者超過一個月才還錢，而且利息不像銀行那樣，不隨時間以複利計算。第二，有的借貸者完全不還錢，

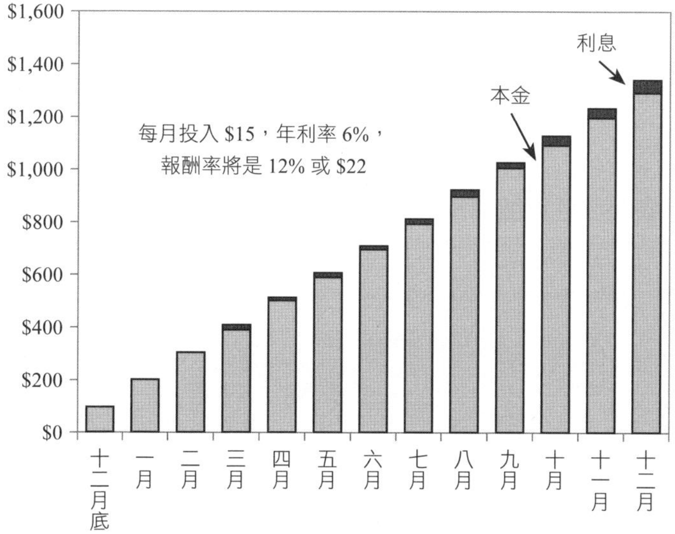

圖五・二　假設每月儲蓄十五元，按照銀行利率累積儲蓄。單位為美元，依市場匯率換算，1 美元 = 6.5 南非幣。

ASCA成員不得不自掏腰包償還本金與利息，淨報酬因此下降。

我們依據南非的財務日記，計算出至少有一個以上成員是我們受訪者的，一共有二十一間ASCA以前述的方式放貸，每個月大都要求收三成利息。然而，不是所有的基金隨時都屬於出借狀態，此外還有收不回來的錢。借出去的錢之中，本金與利息都有很高的損失率或寬恕率。我們計算這幾間ASCA的每月內部報酬率，發現每個月僅一%。高過銀行，但遠低於他們向借錢的人要求的每月三成名目利率。

前一章詳細介紹過ASCA的範例。西薇亞的ASCA靠成員放高

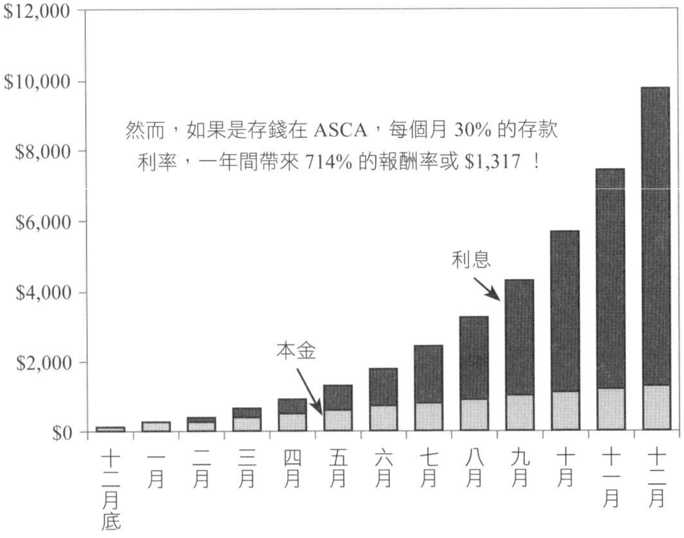

圖五．三　假設每月儲蓄十五元，按照 ASCA 利率累積儲蓄。單位為美元，依市場匯率換算，1 美元 = 6.5 南非幣。

利貸，但我們利用日記訪談追蹤ＡＳＣＡ時，發現借貸者通常拖欠或不還款，造成ＡＳＣＡ放貸的實際報酬率大減，西薇亞和她的ＡＳＣＡ碰上還款風險。此類風險在金融部門十分普遍，就連成熟市場都無法完全避險。

報酬通常不如預期，不會像由報價利率推算出來的那麼高，而且就如我們在西薇亞的故事看到的風險很高，這點或許可以解釋，為什麼家戶願意忍受儲蓄零利率，例如大部分互助會的情形（除了標會式的互助會）。比產生報酬更重要的是可靠、安全，以及制度要能配合每家特定的現金流時間。

印度的例子讓我們看到，相關元素對貧窮儲蓄者來講有多重要。喬希在南方城市維傑亞瓦達工作，本書其中一位作者曾在先前的著作中提過她。[12]喬希是中年女性，住在自己服務的貧民窟。她提供的服務很簡單，就是每天走遍貧民窟，向客戶收取小額存款，客戶以家庭主婦為主。喬希會提供顧客簡陋的存款簿，那只是一張卡片，上頭分成兩百二十格，二十欄、十一排，方便存錢的人追蹤自己的進度。兩百二十格滿了後，喬希歸還兩百二十格中的二百格儲蓄，自己留下二十格的錢，充當服務費。因此如果有人一共放了四十四元在她那裡，一天存

12 請見：Rutherford（2000），13–17。

二十分錢，將拿回四十元。如果我們把二十格的費用當成利息，把持續增加的餘額，當成在兩百二十天，存款兩百二十次，喬希實際上付顧客的儲蓄利息是負數，一年是負三〇％。[13] 如果你告訴儲蓄者這件事，他們會要你忘掉你腦袋中的計算，因為他們需要他們的四〇元，確保付得出學費，讓孩子能多念一年書。先生的收入不固定時，唯一能籌出這筆錢的方法，就是從每日的家用省下幾分錢交給喬希。存四十元的成本只有四元，所有的跑腿工作都是喬希在做，把這點納入考量就會知道，付很合理的價格就能帶來不可或缺的儲蓄。

人們很容易假設，喬希賺的是壟斷事業的利潤：如果有更多競爭者（更優秀的供應商），她將一定得降低利率。那麼誰會是這樣的競爭者？八成是有組織、有品牌的存款收取業者，例如，在印度業務範圍廣闊的撒哈拉（Sahara）與無敵（Peerless）。這樣的服務提供者會替相當類似的服務付利息，而不是收利息（二〇〇一年為四％到六％），只不過存款時間較長。

然而，違反直覺的是，居民能放心把錢交給喬希、控制存款去向的程度，高過受監管的類似品牌。撒哈拉等品牌，甚至是國營的LIC人壽保險公司，大力仰賴業務員，付佣金請他們接觸顧客，全權負責。這種模式有其誘因架構，高度有效率，卻讓品牌與品牌的聲譽都得靠業務的良心來維繫。印度的日記受訪者提到錢不見與被騙的故事，有兩名受訪者被撒哈拉的業務員騙錢，還有至少一人不久前被LIC業務員欺騙。

除了剛才提到錢被業務員拿走的例子，我們的印度鄉村研究地點在我們抵達的兩年前，還碰過一次重大損失。有一間依據新法規立案的公司，透過各式各樣的儲蓄產品，在當地吸收大量存款後，就消失得無影無蹤。我們有四名印度鄉村受訪者，因此而損失金錢。

不只是這樣而已。當顧客把儲蓄投資在他們所知不多的遙遠市場時，他們還承受另一種風險。第三章提過的費札爾有一個兒子，儘管家中經濟困難，兒子依舊想辦法放錢在當地新成立公司提供的契約儲蓄計畫。我們和那間公司的管理者見面時，他們告訴我們，他們把民眾存的錢拿去投資位於首府的小型企業無擔保債券。我們緊張地看著那間公司兩度換名字，據傳即將關門大吉。喬希和這樣的公司不同，或者該說和他們的業務員不同。喬希是地方上的居民，大家認識她，她和顧客有著社會連結，因此她有動機善待顧客，不會想拿著本金逃跑。

喬希的地方顧客並未被表面上的金額矇住眼睛。我們在全球都找到傳承多代的類似體系，最著名的或許是西非的例子，西非有一種制度沿用迦納的叫法，以寬鬆的定義統稱為「susu」。[14] susu 有很多種，不過有一種是市場商人常用的，他們每天交一筆固定費用給「susu收款人」，接著在每個月的月底，拿回少一天的錢。susu 和剛才的例子一樣，顧客的儲蓄利率

---

[13] 別忘了，這個計算是依據平均存款餘額收取的利息，存款餘額在二百二十天中不斷成長，也因此平均餘額大約是 220 / 2 = 110。因此算起來會是 ((20 / 110) × (365 / 220)) × 100 = 30%。

[14] 請見：Aryeetey and Steel（1995）。亦可參考 MicroSave 網站：www.microsave.org。

是負的，但以 susu 提供的服務來講，費用不高。susu 有效把一個月內每天省下的錢，累積成一筆有用的大款項，服務經常需要資金購買存貨的商人。

儲蓄收款人還有另一件事值得注意，進一步讓人理解非正式產品的定價方式，甚至是我們該如何定義它們。喬希大部分的顧客，以及幾乎是所有的 susu 顧客，他們會一期又一期地存下去，規律進行；在每一期積少成多，一次次繳交小額的錢，最後抱走一大筆錢。如果那樣的一系列循環，始於幾年前的一筆大錢，嚴格來講，我們會稱每一個循環為一筆貸款；然而，如果是始於小款項，我們則稱為儲蓄。然而，過了五年後，這樣的區分沒意義。對於不熟悉此種生活現實的我們來講，容易會落入概念陷阱：借二百二十天後，四十元收四元，聽起來不像是太糟的貸款利率；然而，如果是存四十元，還要倒賠四元，聽起來像是不可思議的存款利率。在維傑亞瓦達，有的顧客根本不區分儲蓄收款人與放貸者，兩者提供的服務太類似，都是收一筆費用，提供不斷累積金錢的服務。

小結

本章揭曉窮人的各種財務關係與使用的工具。舉例來說，我們的南非受訪者西薇亞，她的財務組合中除了有ASCA，還有好幾個不發放利息的互助會，以及一個低利銀行帳戶，還有給女兒的儲蓄計畫。在她的財務組合中，放貸的ASCA屬於高風險、高利潤，但也搭配其他風險較低的工具，配合各種不同的現金流規劃需求。在這點上，西薇亞所做的事和我們許多日記受訪者很像。在南亞，日記受訪者平均使用九種不同的工具，風險程度不一。感覺上，就像我們不會想把所有的退休投資組合全押在對沖基金上，窮人同樣會利用不同的工具來滿足不同的需求，試圖平衡自己的財務組合，即便不一定會成功也是一樣。

多元分散意味著家戶的財務組合中，同時有收取與不收取利息的借貸。為什麼家戶不試著盡量借不收利息的錢，同時又盡量把錢存在有利息的地方？我們在第二章討論過，原因出在時間無法配合。你可能有好幾位好心的親友，他們願意無息借錢給你，但你需要用錢時，他們手邊不一定隨時有錢，或是你可能早就向他們借過。

不過，另一個原因要看價格在顧客心中真正的意義。本章解釋過，為什麼考慮貧窮地區的利率時，情境很重要。我們很容易假設，利率高的主因來自和低收入民眾交易有風險，[15]但利率高還有其他幾個原因，包括借貸的短期本質、本金相對小、不以複利計算、繳款安排彈性等

15 Armendáriz de Aghion and Morduch（2005）追蹤（與駁斥）經濟學家談的放貸者利率能用違約風險來解釋。

等。價格除了只是元素之一外，本身也會隨著其他因子調整。

窮人的財務組合充滿多元性的現象，部分源自正確類型的提供者屈指可數。這點可以解釋為什麼符合窮人需求的服務，有著驚人的需求。由於正式的服務提供者，對貧民窟、小鎮與鄉村的潛在市場裹足不前（相關業者感到違約風險高，需要收取高利率才能彌補），可靠的服務提供者向來不足。業者除了扼殺貧窮社群的機會，也阻斷了自己的機會。若能瞄準更大的規模，輔以升級的系統與技術，絕對能壓低成本，微型金融提供者已經充分證明了這點。

然而，微型金融提供者是否也能壓低整體價格，讓其他放貸者陷入苦戰？在孟加拉，推廣至各地的微型金融問世後，價格確實被壓低，但不是以預期中的方式。微型金融的提倡者原本希望，放貸者將不得不降低利率，但那樣的情形並未成真。儘管如此，總借貸不斷成長，由於微型金融機構所占的比率逐步攀高，借貸的平均價格因此下降。

此外，先前各章都提過非正式的金融服務雖然極度珍貴，但不一定可靠。正式的服務提供者在創業時，比較會將永續性納入考量，理論上可靠度勝過非正式的服務提供者，而窮人所需的金融服務，可靠度正是關鍵特色。

非正式的服務本質上不可靠，和價格有什麼關聯？首先，非正式的服務提供者缺乏透明度，牌告與重新商量後的合約不同。這種情形雖然能帶來一定的彈性，前文提過，貧窮用戶高度重視這個特點，可是顧客也得額外花心思，爭取更為寬鬆的條件，但這樣的彈性本身必須付出代價。舉例來說，遲繳的借款人依舊得忍受威脅與焦慮，另外一點是並非每個人都能有效協商，客戶很少能和放貸者站在平等的地位。第二，非正式的借貸本質上帶有延遲還款的誘因，造成劣幣驅逐良幣，好顧客反而吃虧。這種結構或許能視為某種分配正義（利潤來自有錢者，而不是沒錢的人），但這也是為什麼放貸者的規模向來有限，範圍限於窮人與高風險市場：他們不獎勵有資本的「好」顧客，不成比例的方式很容易吸引到「壞」顧客與缺錢的顧客。第三點是收取利息的非正式借貸雖然利率高，但大多很難安排，有額外的交易成本，不是每一名借貸者都能拿到可靠的價格，甚至是已經來往一段時間的相同借貸者，依舊很難定價。

貧窮家戶在乎價格，但也在乎便利性與彈性，願意為此付錢。此外，他們願意付費取得喬希提供的那種可靠度。如果既可靠，價格又相當親民，他們會喜出望外，例如微型金融機構愈來愈能帶給他們驚喜。替窮人打造可行的金融工具時，方便、彈性與可靠度是主要重點。從更全面的層面理解窮人家戶的經濟生活時，這三點也是關鍵。正如我們發現，沒有家戶真的毫無餘裕，就連極度困苦的家戶也一樣；我們也發現，沒有家戶完全受限於自身的資源，以至於在做財務決定時，完全只能看價格而定。

第六章

重新思考微型金融：二代鄉村銀行日記

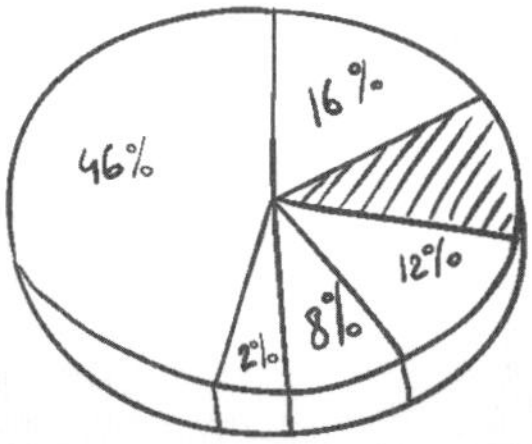

孟加拉的鄉村銀行是微型金融的先驅，知名度最高，最被廣為仿效，然而鄉村銀行在一九九〇年代的尾聲陷入窘境，貸款償還率不再像銀行長期以來宣傳的那麼高，一度達九八％，有的地區跌至七五％以下。孟加拉又在一九九八年碰上史上最嚴重的洪災，數百萬家庭受害，還款能力大減，鄉村銀行的困境進一步惡化，危機當頭。

鄉村銀行的因應方式是全面徹底思考，拋棄舊前提，推出新作法：有的作法改造自地方競爭者的方式，其他的則是全新出發。二〇〇一年時，我們剛完成最初的孟加拉日記研究，當時鄉村銀行的管理階層，準備好推出一系列調整過後的產品，名稱是「二代鄉村銀行」（Grameen II）。二代推出後大獲成功，有時就連銀行領導階層都嚇一跳，證實有可能依據我們前面幾章提到的觀點來打造產品。

鄉村銀行的客戶與產品組合自此再度快速成長，孟加拉其他的微型金融機構同樣欣欣向榮，包括鄉村銀行的兩大競爭對手：BRAC（直接以四個英文字為名稱，非縮寫）與ASA（社會進步協會）。二〇〇六年的年末，鄉村銀行及其創辦人尤努斯榮獲諾貝爾和平獎，一年後，美國商業雜誌《富比士》（*Forbes*）首度將ASA列為全球五十家最佳微型金融機構的第一名。[1]

我們為了從客戶的角度了解相關發展，二〇〇二至二〇〇五年間，在孟加拉進行財務日記特別研究。[2]日記顯示，最初的日記帶來的幾項洞見（請見本書前幾章），隨著孟加拉機構對市場更加理解，他們恰巧也以同樣的概念，開發可行的新產品。孟加拉的微型金融客戶今日約達兩千萬，發展前景不容小覷。

窮人的組織化金融

許多人前仆後繼，投入服務窮人的組織化金融服務，一路至少可回溯至歐洲十九世紀的鄉村信用合作社。然而，在一九七〇年代的亞洲、一九八〇年代的拉丁美洲，新一代的先驅刻意

1 Dowla and Barua（2006）精彩地介紹了二代鄉村銀行。BRAC的成立時間，緊跟在孟加拉一九七一年的獨立戰爭之後。有關於BRAC的哲學與機構的早期歲月，Martha Chen（1986）迄今依舊是精彩指南（BRAC這四個首字母，最初是「孟加拉鄉村促進委員會」〔Bangladesh Rural Advancement Committee〕的縮寫，但如同本書正文所言，今日不採全稱，僅用四個字母）。Rutherford（2009）描述ASA如何不可思議地崛起，從原本的民權運動NGO轉換根基，在《富比士》的「五十大微型金融機構」（Top 50 Microfinance Institutions）名列第一。相關報導請見：Swibel（2007）。

2 相關緣起與我們執行計畫的方式，請見附錄。在此感謝鄉村銀行與其他的微型金融機構，在我們執行日記研究的期間提供協助。

以集體的方式，提供窮人與赤貧人口零售金融服務，價格高到足以負擔成本。一般認為相關進展象徵著新的開始，如今已明顯成為窮人的「現代」金融服務新傳統。

鄉村銀行始於一九七六年，創辦人尤努斯不是銀行家，而是經濟學教授。尤努斯的動機不是自窮人銀行業務中獲利，而是想讓飽受戰爭蹂躪的赤貧母國，得以減輕貧窮的程度。尤努斯的努力先是獲得發展援助官員的讚賞，開始贊助，接著人道NGO也開始效法。看來尤努斯的確除了發明新型的銀行業務之外，也開發出對抗貧窮的方法。

方法簡單到誘人。鄉村銀行把目光集中在最貧窮的鄉村家戶，那些名下可耕土地不足半英畝的民眾。[3]符合此一標準的家戶代表，將受邀加入五人小組，每個人來自不同家庭。小組成員性別相同，最初有女性小組、也有男性小組。小組成員每星期在自己的村莊和鄉村銀行的工作人員見面，此類聚會的主要目的是方便每一位成員，各自償還向鄉村銀行借的款項，大家承諾會用貸款來創業或繼續做小生意。除了還款，成員也會把小額的強制儲蓄投入共同持有的基金。小組成員監督彼此使用貸款的方式，確保所有的貸款都會按時還錢。還款時間表是每星期的固定時間，持續一年，連本帶利歸還，如果成功準時還款，將能快速申請到下一筆更大的款項。這樣的微型企業貸款，被視為釋放村民生產力最有效的方法，不再陷入低收入、低技能的循環。鄉村銀行在做到這一切的同時，向客戶收取每年二〇%左右的貸款利率，差不多是美國銀行對信用卡等無擔保貸款的利率。[4]

一九九一年，鄉村銀行客戶數突破百萬大關，受到國際發展的行動主義社群、捐款人與政策制定者高度關注。到了我們第一次進行孟加拉日記研究時（一九九九至二〇〇〇年），鄉村銀行的「會員」（member，對「客戶」的稱呼）超過兩百萬。同一時間，孟加拉數十個NGO也推出類似方案，BRAC與ASA的規模成長到逼近鄉村銀行。第一批的孟加拉日記顯示，我們研究的四十二個隨機選擇的家戶，至少有三十戶加入一個以上的微型金融機構。第四章提過，那些家戶整體而言喜歡自己獲得的金融服務，特點是相對可靠、方便的小額頻繁分期還款方式，以及有機會不必離開村莊就能處理銀行事務。

關鍵訊息開始傳遍全球：依據借貸者的社經進步情形來衡量的「成功」，將得仰賴女性、小組團結、微型企業與貸款。然而，二代鄉村銀行帶來不一樣的訊息，基礎是替個人與他們的多種需求量身打造，納入儲蓄等範圍更廣的銀行服務。

3 事實上，半英畝的規定沒被嚴格遵守，但此一規定的目的（專注於最窮困的村民）依舊是銀行的原則。

4 鄉村銀行按照貸款金額，收取「固定不變」的一〇％利率。此一利息起初是在貸款的尾聲收取，但鄉村銀行很快就判定，就和償還貸款本金一樣，最好還是分成五十期金額一樣的每週分期還款。年利率因此微幅超過二〇％。如果算進強制儲蓄的效果，這個數字還會微幅上升。

二代鄉村銀行

鄉村銀行的新型「普及化體系」(Generalized System)或「二代鄉村銀行」，源自對銀行的貸款組合品質下降的回應。一九九八年的洪災，確實是情況進一步惡化的禍首，不過鄉村銀行也明白，等洪水退去後，基本的問題依舊還在。尤努斯直言不諱，公開討論相關問題，提筆寫下「系統的內部弱點」。系統包括一套定義明確的標準化規範，不能偏離這些規範，借貸者一旦脫軌，將很難回歸正軌。[5]二代鄉村銀行為了回應問題，提出兩套改變，第一是解決尤努斯提到的借貸系統僵化、缺乏彈性，只有一種貸款期限(一年)與一種還款時間表(每星期固定金額的分期，不能提早還，一定要週週都還，持續一整年)，完全無法配合許多貧窮家戶的現金流。我們在本書第二章談過，仔細研究過現金流後，那個洞見的確獲得佐證。二代鄉村銀行從善如流，引進各種貸款期限，從三個月至三年不等。[6]萬一在貸款期間，現金流開始乾涸，為了度過難關，或是如果出現某種新的投資機會，可以在清償前就增貸。如果是嚴重到付不出錢，貸款人可以延長還款期限，降低每期要償還的金額。這樣的制度包含「回歸正軌」的誘因，承諾一旦改正問題，就能再度獲得借款權利。鄉村銀行不再規定必須持續借貸後，借錢變得更有彈性。此外，二代鄉村銀行不再硬性將小組成員綁在一起，規定借款人有義務替彼此清償債務。

第二大類的改變是新產品或修正後的產品，擴充了客戶有可能進行的交易。二代鄉村銀行不再假設自家客戶只對借貸感興趣，相關改革大都與儲蓄有關，我們源自財務日記的結論，再度支持這個洞見。孟加拉其他的微型金融機構，全是效法第一代的鄉村銀行，成員被要求每星期將一小筆錢存入小組的共同帳戶，中間不能提領，一直要到成員擁有帳戶滿十年，或是放棄鄉村銀行的會籍，才能把錢拿回來。二代鄉村銀行不再要求這樣的強制儲蓄，改成推出兩種新型儲蓄產品。個人活儲帳戶允許個人在任意時間存入與提領任何金額，此外，還推出命名為「鄉村銀行退休金儲蓄」（Grameen Pension Savings，簡稱GPS）的「承諾型儲蓄計畫」（commitment savings plan，亦稱「契約型」〔contractual〕儲蓄計畫），若能在五年期或十年期之間，每月固定存錢，利率則頗具吸引力。這個方案仿照ASA先前的創舉，不再強迫存入禁止提領的錢；也模仿中型競爭者BURO[7]，推出承諾型儲蓄計畫。

---

5 請見：Yunus（2002）。

6 二代鄉村銀行還提供配合個別借貸者的還款時間表，但第一線的工作人員很少推行這個機會（至少在二〇〇五年如此）。

7 BURO和BRAC一樣，今日不再是縮寫，而是正式名稱。

相關改變是為了達成承諾，讓缺錢的貧窮家戶能每日管理現金，利用安全的儲蓄工具累積夠大的一筆錢。這是我們在先前幾章提過的兩大核心金融服務需求。然而要注意的是，達成這樣的結果，不是鄉村銀行發起改變的主要目標。鄉村銀行希望能動員更多儲蓄，建立貸款的資金來源。孟加拉在一九九〇年代的尾聲遭逢大洪水，鄉村銀行能取得新資本的程度，比預期中困難。二代鄉村銀行問世後，鄉村銀行不只得以增加貧窮借款人的儲蓄，也加強活化一般民眾的存款，大獲成功。到了二〇〇四年的尾聲，史上第一次，鄉村銀行的存款組合超越貸款組合，而且此後儲蓄持續成長的速度比貸款組合更快。到了二〇〇七年底，整體而言，鄉村銀行客戶每有一元的貸款，就在銀行有一．四元的存款。

鄉村銀行實際上讓自己從微型企業放貸者，化身為真正的零售銀行，但持續以服務貧窮家戶為主。

二代鄉村銀行日記

二〇〇二至二〇〇五年間，MicroSave 這間 NGO 因為希望多加了解二代鄉村銀行的創新，而贊助新一輪的孟加拉財務日記調查。為了與最初的孟加拉日記做區別，我們命名為「二代鄉村銀行日記」（Grameen II diaries）。二代鄉村銀行日記為時三年，而不是十二個月。此外，拜訪家戶的頻率為每月（至少）一次，不再是隔週，因此詳細程度不如最初的兩星期就訪談一次的日記，但得以觀察在更長的一段時間內，變化是如何開展。

二代日記選擇家戶的過程也不一樣，不是按照家戶的貧窮程度選擇，而是依據他們與微型金融提供者的關係。大部分的家戶都有微型金融機構的帳戶（許多人在鄉村銀行有戶頭，也就是二代鄉村銀行日記特別研究的對象，但還有幾戶是其他機構的客戶），不過也有幾個家戶完全沒加入微型金融。我們因此有辦法研究與比較各式各樣的家戶財務組合，大家住在同一個村子裡，但與不同的微型金融夥伴合作，或是完全沒加入微型金融。

整體而言，二代鄉村銀行日記的財務組合，與最初的孟加拉日記很類似，連帶也與印度和南非的財務組合相像。二代日記再度清楚顯示，相關家戶窮歸窮，財務上卻很活躍。他們和眾多的財務夥伴合作，對象主要是非正式部門，但也有例外。相較於餘額，他們靠工具周轉的現金流金額很大。二代的工具組合類似於第一代的孟加拉組合，包括收取利息的借出與借入、家庭儲蓄、託人保管、儲蓄社、半正式的提供者等等。日記家戶的訪談再度顯示他們極度看重財務生活、煩惱錢的事，想辦法拓展與改善理財方式。

不過，一代與二代依舊有很大的差別，微型金融業者在二代日記的存在感更強。一開始的一九九九至二〇〇〇年日記家戶，也能接觸到微型金融業者，但我們比較初始日記和日後使用微型金融的二代鄉村銀行日記時，發現二代群組中的財務交易，有更大的比例是透過微型金融業者。這點部分反應出孟加拉的微型金融部門急速成長，在二〇〇〇至二〇〇五年間，鄉村銀行、BRAC與ASA三巨頭一共增加九百萬帳戶。因此二代鄉村銀行日記中的家戶，更可能擁有一個以上的微型金融業者帳戶。此外，他們趁機使用新產品，更常與微型金融機構交易，金額也變大。

我們在訪談中，找出數百萬家戶有兩大難以滿足的關鍵財務需求：管理現金流，以及藉由長期儲蓄與借貸累積一筆錢。接下來的章節，我們要針對這兩點，探討二代鄉村銀行創新帶來的影響。

靠活儲管理現金流

我們進行最初的日記研究時，鄉村銀行的客戶被要求每星期存錢進儲蓄帳戶，但能動用的程度嚴重受限。孟加拉的二代鄉村銀行走向開放提款的個人儲蓄，到了進行二代鄉村銀行日記的研究時（二〇〇二至二〇〇五年），大部分的微型金融顧客，包括鄉村銀行在內，都可以在每星期的聚會時間自由存款與提錢（不過他們通常得到分行才能領錢）。銀行人員起初抗拒這樣的改革，擔心不限制提領，帳戶餘額將低到令人憂心，但顧客很開心。許多人運用新型儲蓄帳戶，解決我們在第二章提過的現金流管理問題。最初的日記家戶則為了這一類的事，耗費太多時間，忍受太多麻煩。對多數使用者來講，這是第一次他們能使用有彈性但又可靠的帳戶。民眾通常每星期存一點錢，一季提領兩、三次。

卡碧拉・鮑拉（Kapila Barua）是我們的二代鄉村銀行日記受訪者，她在家做手工藝品，貼補先生打零工每日在農場上約一・五元的收入。我們第一次訪談時，她提到自己有多喜歡鄉村銀行的新型個人儲蓄，她的帳戶餘額接近十八元。卡碧拉談到能夠任意提領，讓她得以應付許多小額支出。她的日記顯示，她在每週聚會時存錢，每季大約存入四元至十元，[8]每季至少提領一次，第一季因為食物不足領了一元；第二季領十三元繳兒子的學費；接著第三季領四元，幫忙同組的人償還貸款；第四季領了兩元付自己的貸款；第五季領了一元，付二代鄉村銀行的保險費；第六季提領十一元買黃金耳環。在這之後，卡碧拉在第七季鬆了一口氣，不必提錢，但第八季領出十一元，購買手工藝材料；第九季領四元，購買鄉村銀行新推出的人壽保險方案（替先生保險）。接下來六個月，她完全沒提錢，努力存錢籌兒子的治療費。在我們追蹤

8　她有貸款時會存更多錢，因為鄉村銀行持續將每筆貸款的一小部分，導入成員的儲蓄帳戶。

的最後一季，她領出十五元繳交醫生費與替兒子買藥。

卡碧拉最後一口氣提領一大筆錢，餘額剩不到一元。她的活儲帳戶平均餘額不太多，這對二代鄉村銀行日記來講是典型的現象，不過三十七個二代鄉村銀行日記家戶中，有這種帳戶的民眾，其總個人存款確實在三年間有所提升，自二百四十八元增加至二百九十九元，成長二一%（大約是每位存戶八元）。雖然最後所剩不多，但相較於期初餘額與期末餘額，總現金流非常大：三十七個家戶在三年間，存了四千二百二十八元（包含賺得的利息），提領四千一百七十六元。第二章已經提過，我們觀察到現金流大、平均餘額少，不過這次的現金流明顯大過一九九九至二〇〇〇年日記家戶的微型金融存款。先前的微型金融儲蓄，統一只給很低的存款利率，而且要提錢十分困難。二代家戶獲得的不只是有機會領出存款，他們全都得到這輩子沒體驗過的全新寶貴理財工具。由於機構會派工作人員到村莊，很簡單就能每星期把一小點錢，存入可自由為了任何目的提領的戶頭。這項發現印證了第二章的結論：貧窮家戶歡迎地方上方便、安全、可自由提領的儲蓄，他們是重度使用者。

此外，這也顯示外界對窮人的猜想大有問題：只依據貧窮家戶目前沒存多少錢，就認為他們不想存錢。二代鄉村銀行證實，推出更好的產品就能大幅改變等式，推出輕鬆就能利用的活儲帳戶後，儲蓄活動將大增。

利用更彈性的貸款，管理現金流與籌措大額款項

讀者會發現，卡碧拉提領二代鄉村銀行儲蓄後的金錢用途，有一項是償還二代鄉村銀行的貸款。二代鄉村銀行先前對這種作法皺眉，但實務上這種事讓借貸變得更容易管理，缺現金繳貸款時，你可以短期內靠儲蓄應付過去。為了這個目的動用儲蓄，壓力通常會小於仰賴鄰居幫忙，鄰居甚至可能幫不了。

二代鄉村銀行的另一項新作法是「增貸」（loan top-up），這種工具很方便，廣受許多貸款人歡迎，它意味著可以再度借到最初的貸款金額。申請時間是還款周期的中途，因此如果你起初借了兩百元，已經還款一百元，你可以再次借出一百元，一共還是欠兩百元，接著每週繼續還款，還款的總期限延長。這種作法較能符合貧窮家戶的現金流。

最貧窮的家戶尤其慶幸有「增貸」功能，二代鄉村銀行日記中的拉姆娜（Ramna），就是這樣的例子。拉姆娜和先生名下完全無土地，借住在拉姆娜哥哥的地上，努力撫養兩個處於學齡階段的兒子。先生沒有多少技能，健康狀況也不好，雖然白天試著在茶攤工作、抓螃蟹，但在我們認識他們的三年期間，先生不曾有過穩定收入。

拉姆娜在我們認識她的前一年加入二代鄉村銀行，在青黃不接的時期貸款八十三元購買存

糧。拉姆娜靠著各種金錢來源每星期還款，包括先生的收入、向家人與鄰居借不收利息的錢，以及她自己的二代鄉村銀行個人儲蓄。二〇〇三年四月，拉姆娜「增貸」鄉村銀行的貸款，替接下來的雨季儲備穀物。拉姆娜並未因為這次與後續的增貸，陷入愈來愈深的債務泥沼，增貸只是讓她把還欠的貸款金額，增加到原本的額度。接著在十月，她的公公過世，他們再次增貸六十七元辦喪事。他們在冬天的乾季想辦法還款，因此二〇〇四年五月，拉姆娜再度符合增貸資格，她接受這個機會拿到錢，請別人保管，日後用於償還已經借了好一陣子的私人借貸。到了主要的稻米收穫季十二月，拉姆娜再度增貸，用於屯糧與先生的醫療費，部分留著當每星期的還款。他們在二〇〇五年年初還不出錢，原因是拉姆娜的父親生病，必須籌錢治療他，不過在七月初，拉姆娜再度可以增貸（六十五元），這次是為了繳學費與再度儲備食物。我們在二〇〇五年年底最後一次見到她，當時她的貸款還剩七十元要繳，正準備再次增貸。

拉姆娜的貸款年利率是二〇％，而且沒直接投資在可以帶來收入的事，但拉姆娜認為增貸工具幫上大忙。她問我們，要是無法增貸，她該如何屯糧、讓兒子上學，在丈夫生病時買藥？要是無法靠鄉村銀行的貸款，一次次帶來實用的大筆款項，這些生活上的大小事會很難應付，代價也會貴上許多。拉姆娜的故事強調出前文的兩大心得：貸款可以用於應付各季節的消費，管理風險，而且可靠度很重要。拉姆娜有辦法在需要時，在有規則的可靠制度下取得與使用貸款。她能仰賴這個制度，也能按照制度預做打算。

正如卡碧拉的儲蓄帳戶，也正如拉姆娜的貸款，我們觀察到金額高的現金流與小額的結餘。拉姆娜起初貸款帳戶剩三十五元沒還，最後剩七十元要還：在中間的三年，她一共貸出三百三十七元，還款三百〇二元，繳交四十四元利息。[9]對拉姆娜等家戶而言，鄉村銀行貸款服務的頻率與可靠度具備吸引力，也應付得來。的確，我們先前選中三個家戶做研究，理由是我們以為他們的貧窮程度，沒有微型金融機構會收留他們，但在三年的研究期間，其中兩戶實際上開了帳戶。他們會受到吸引，原因是觀察到微型金融機構今日提供適合他們的服務，不會只適合「有辦法投資的人」。

這點呼應了我們的另一個主題：重點擺在開設微型企業的微型貸款，依舊具備很大的吸引力，但有不良的副作用，讓人忽略了數量大上許多的其他家戶。那些家戶為了創業以外的眾多目的，希望貸款、看重貸款，也是可靠的還款人。拉姆娜很幸運，即便鄉村銀行的傳統是要求貸款只能用在「生產性投資」，她實際上仍得以依據自己希望的方式運用。

---

[9] 三十七個接受此種鄉村銀行貸款的日記受訪者，三年間借了一萬三千二百二十五元，償還一萬一千三百四十七元，尚欠四千四百五十五元，支付利息二千零五十六元。

利用微型金融貸款

由於二代鄉村銀行的日記，研究客戶三年間的私密財務交易細節，所以研究人員有史上最好的機會，了解微型金融貸款的實際使用情況。[10]在記錄日記的期間，四十三個家戶至少借過一次微型金融貸款——向鄉村銀行或其他機構借款。他們向微型金融貸款過二百三十九次，總放貸金額約為三萬九千美元（依據該時期的平均匯率計算），個人貸款的平均放貸金額為一百六十五元（中位數是一百二十元）。

微型金融的相關數字雖然驚人，不過只代表著總借貸的一部分，因為家戶的借錢對象尚包括親人、儲蓄社、鄰居、放貸者，甚至也向銀行借了一點。日記研究法讓我們得以比較表六・一列出的借款來源。

也就是說，相關家戶所有借貸的放款金額中，即

表六・一　二代鄉村銀行日記：總放款金額依據來源分組

	貸款金額	占總貸款百分比
向親人與鄰居借的無息借款	15,989	23%
向店老闆賒帳	1,629	2%
向家人、鄰居、放貸者借的有息借款	9,033	13%
來自儲貸社團的借款	2,468	3%
向正式銀行貸款	2,167	3%
向微型金融機構借款	39,668	56%
總數	$71,017	100%

注：單位為美元，依市場匯率換算，1 美元 = 60 孟加拉塔卡。本表納入所有借貸，不只是微型金融貸款，包括所有的四十三個二代鄉村銀行日記家戶在期初的尚欠餘額，以及研究期間的借款。

便所有的家戶還向其他一個以上的來源借錢，微型金融機構供應了相當高、超過一半的金額（接近五六%），遠高過一九九九至二〇〇〇年初代孟加拉日記的三八%。

這些借款的用途是什麼？如表六・二所示，我們將二百三十七筆貸款分成六個主要類別。我們有辦法將多數的借貸歸類至單一類別，但有五十五筆屬於「混合類」，分散在各種用途。其中的三十五筆（近三分之二），有很大一部分用於「消費」；三十筆（五成多）中有很大一部分用於償還其他債務；二十六筆（近一半）中，某種投資（資產或做

表六・二　二代鄉村銀行日記：微型金融貸款的筆數與放款金額，依據使用類別分組

	筆數	百分比	金額（美元）	百分比
零售或貿易、手工藝的庫存	75	32%	15,231	39%
取得資產或維護	37	16%	5,583	14%
借錢給非親人	27	11%	5,764	14%
償還其他債務	25	11%	3,413	9%
混合式用途	18	8%	1,425	4%
向微型金融機構借款	55	23%	7,535	19%
總數	237	100%	$38,951	100%

注：單位為美元，依市場匯率換算，1 美元 = 60 孟加拉塔卡。四十三名借貸者一共借了二百三十九筆微型金融貸款。其中兩筆沒納入計算的借貸，被投入儲蓄工具。

10 請見：Rutherford（2006）, the MicroSave Briefing Notes on Grameen II。此處段落在取得 MicroSave 的允許後，引用了 Briefing note number 7。完整的 MicroSave Grameen II Briefing Notes，可在官網取得：www.microsave.org。

生意的存貨）是重要用途。換句話說，「混合式用途」的典型貸款有可能借一百五十元，其中三十元用於購買食物，七十元整修房子，五十元拿去償還其他債務。

我們定義的「資產」類別範圍很廣，包括購買、抵押與租用土地；興建與整修房屋；購買或修理各式車輛與船隻；農田或商業設備；木匠等行業的執業工具。

如果我們把前兩項（「事業庫存」與「各式資產」），視為微型金融放貸人員偏好的「生產性」貸款用途（"productive" loan），大約有一半屬於這類用途（接近一半的所有貸款，比五成的貸款金額稍多一些）。

然而，這不代表整整有一半的使用者，將借款用於「生產性」目的。這是因為生產性用途一般與特定借貸者強烈相關。樣本中的四十三個借貸者，僅少數幾戶（六戶）就占了一萬一千八百一十元，整整是「事業」（business）這個最大宗貸款金額的四分之三。那六戶的所有貸款中，三分之二屬於事業用途。因此雖然依據貸款的「筆數」與「金額」來看，「事業」是最常見的借貸用途，但如果改從借貸者人數來看，其實不是。

占事業項目絕大多數的那六個人，全都擁有根基良好的零售或貿易事業，盡量貸款買進存貨。其中幾人是鄉村銀行成員，增貸制度對他們來講是天上掉下的禮物，他們大都從數個微型金融機構取得資本。舉例來說，一名牛販向鄉村銀行借了基本貸款，每六個月就增貸一次（他本人，而不是他太太），每次大約借出一百元，同時還向其他兩間機構借錢，一起增貸兩筆相同的金額。此外，有一名貸款使用者借的筆數多，總金額也高，勝過樣本中其他所有人。他經營一間存貨豐富的雜貨店，在三年的研究期間向三名業者（鄉村銀行、SASA、SafeSave）借了十五筆貸款，一共是四千五百八十元，最大的一筆是向鄉村銀行借了一千六百七十元的「特殊投資貸款」（special investment loan）。光是這名借貸者，就占樣本中所有貸款總金額的一二%。

這份簡要回顧最令人訝異的地方，在於儘管某幾項用途集中在特定類型的用戶，整體依舊呈現多元性。一方面，微型金融借貸的早期希望顯然並未成真，即期待幾乎是每一筆貸款都用於投資微型企業；另一方面，「商業」與「資產投資」兩項用途占超過五成的放貸金額，即便以這種方式使用貸款的借款人，僅集中在少數幾人。

承諾型儲蓄計畫與籌措大筆款項

微型金融機構的新產品，帶給窮人財務組合最大的變化，因此是將某種日常的金錢管理，轉換成微型金融的儲蓄與貸款帳戶；另一項變化是帶來累積長期金融資產的可能性，有機會累積有用的大額款項。我們剛才看過拉姆娜利用增貸，替公公辦喪事、幫兒子繳學費與替丈夫治病，她有辦法利用可靠又有彈性的借貸工具，快速取得實用的款項。另一種比較慢、但最終效用較大的方式，則是透過可靠的儲蓄帳戶積少成多。

孟加拉的商業銀行長期提供「存款退休方案」（Deposit Pension Schemes）給非窮人客戶，十分受歡迎，那是投入長期儲蓄的方法。幾家微型金融先驅，尤其是BURO，在一九九〇年代實驗過惠貧式版本，但這個概念一直並未真正起飛，直到二代鄉村銀行推廣給旗下數百萬成員。[11]鄉村銀行推出的版本名稱為「鄉村銀行退休金儲蓄」（GPS），提供良好利率給同意定期每月至少存一元的成員，期限為五年或十年。這種儲蓄僅名義上是「退休金」，用途不限於退休需求，許多較為年輕的家庭，實際上把這種「退休金」視為一種方法，替中期的可能支出累積資源，例如，有一天會需要送孩子上學或舉辦婚禮。

如同互助會等非正式的工具（互助會及其他儲蓄社的定義與介紹，請見第四章），GPS等承諾型計畫提供了規律定期存款期間的架構，協助用戶維持紀律、定期存錢，把儲蓄留到未來再使用。[12]不過，相關計畫有一點不同於儲蓄社：在非正式的環境下，累積由數個人持有的資本有其風險。承諾型計畫則不必為了降低風險而縮短儲蓄時間，如果服務提供者和鄉村銀行一樣是受監管的機構，值得信任，承諾型計畫可以是長期的。GPS最長期限是十年，但到期時儲蓄可以改存至定存帳戶，還能開啟新一輪的GPS。在未來，鄉村銀行可以提供期限更長的GPS。

鄉村銀行首度提供GPS給客戶時，有的人已經熟悉承諾式儲蓄的概念，他們認識的人可能擁有BURO或銀行的此類帳戶，但對其他人來講則是新鮮事。第一組人通常家境較不清寒，一般歡迎與立刻使用GPS。賈麗蒙（Jharimon）是典型的例子，她和先生有一棟堅固的房子，此外，相對於鄰居，這家的先生收入也高，靠著租來的店舖經營小型洗衣店，一天大約有三．五元收入。賈麗蒙夫婦因此屬於微型金融成員中收入最高的一階，直到二代鄉村銀行問世前，兩人都沒必要成為微型金融的會員。但賈麗蒙和我們的好幾個日記家戶一樣，為了能使用GPS，特地加入鄉村銀行。

賈麗蒙夫婦起先還以為，不必成為也得借貸的完整會員，就能利用GPS，但銀行不允許。因此賈麗蒙在二〇〇二年加入地方上的鄉村銀行小組，隨即開設十年期的GPS，一個月三．五元。她希望替兩個女兒存嫁妝，一個十二歲、另一個尚在襁褓。賈麗蒙也借了一小筆錢，「因為對方提供這個機會」，但立刻還掉，沒再續借（即便鄉村銀行的人員給了溫和的壓

---

11 相較於其他開發儲蓄產品的先驅（尤其是BURO與ASA），鄉村銀行的優勢在於由法人正式授權流通一般大眾的存款。其餘的孟加拉微型金融機構則大都是合法的NGO，僅能接受自家小組借貸者的存款。

12 此類制度如何能協助人們儲蓄，證據請見第四章提到的菲律賓承諾型儲蓄研究；參見：Ashraf, Karlan, and Yin（2006）。

力，他希望成員能夠借貸）。在二〇〇四年四月，賈麗蒙滿意GPS管理得不錯，又開了另一個十年期的GPS，這次一個月兩元，是替八歲大的獨子存錢，看他長大後要深造，還是做生意。接著到了二〇〇四年的尾聲，鄉村銀行正確評估賈麗蒙是好客戶，提供她四百一十六元的「特殊投資貸款」，用於擴張洗衣店。賈麗蒙接受了，在此同時又開了另一個GPS，同樣也是每月兩元。到了二〇〇五年底，賈麗蒙在三個GPS帳戶裡存了二百六十二元（未計息）。她的「特殊」貸款還剩二百二十五元要還，但已經厭倦每星期要聚會，現在通常只會託另一位比較窮的成員，每星期順便幫她繳貸款和存錢。

相較於大部分的日記家戶，賈麗蒙手頭寬裕，她加入鄉村銀行前就重視承諾型儲蓄。那麼如果是較為貧窮的家戶，先前沒有這方面的經驗，GPS受歡迎的程度又是如何？這個問題的答案無法直接回答，因為二代鄉村銀行的正式要求是必須加入每月一元的GPS，才能借款一百三十三元以上，因此部分用戶加入GPS，只是為了符合這項條件。不過，客戶桑卡爾（Sankar）的故事能協助我們理解，較為窮困的家戶戶長在面對這個要求時，他們心中在想些什麼。

桑卡爾是不識字的人力車夫，家中沒地，妻子是鄉村銀行的會員。夫妻倆向鄉村銀行借了幾次錢，靠其中一筆貸款買下桑卡爾的人力車。有一天，太太突然告訴桑卡爾，他們得開設GPS，才有辦法再次借錢。桑卡爾告訴我們，當時他滿腹狐疑，我們問：「那現在呢？」桑卡爾大笑，「現在的話，我們試著不要貸款，只使用GPS。」我們要桑卡爾多解釋一點，他說自己收入不高，但足以應付每日的需求，沒必要投資昂貴的貸款。他們現在最關心的事是孩子，而相較於借錢，GPS似乎比較便宜、比較沒那麼緊張，可以長期替未來做準備（女兒的婚禮、兒子的事業）。桑卡爾和賈麗蒙一樣，僅偶爾借錢，但一直在存錢。桑卡爾表示：「鄉村銀行很多年前就該這麼做了。」其他很多人也是這樣告訴我們。

數百萬的GPS用戶中，我們不清楚有多少人和桑卡爾一樣喜歡這種帳戶，也不知道有多少人開設GPS只是因為銀行規定要開才能貸款。不過，我們可以在日記家戶身上找到蛛絲馬跡。我們二十七個有GPS的樣本家戶中，二十戶存的錢超過貸款規定的下限，十一戶開設一個以上的GPS帳戶。此類例子中的家戶，大概是為了擁有GPS帳戶而開戶，開戶不是為了貸款而必須付出的代價。剩下的七戶，有的可能和桑卡爾一樣，一開始不願意當儲蓄戶，但一陣子後變得積極。整體而言，「承諾型儲蓄」的優點推廣情形似乎很順利，懂的人愈來愈多。

二十七個二代鄉村銀行GPS用戶的財務組合，有點不同於最初的一九九九至二〇〇〇年日記家戶。微型金融機構所占的總儲蓄餘額比，不僅變成兩倍（三二％與一四％），部分儲蓄今日放在由個人持有、不斷成長的安全長期工具裡。

GPS協助客戶的財務組合轉型，同時也增進了鄉村銀行本身的財務健康度。我們在二〇〇二年的尾聲展開研究時，鄉村銀行的總儲蓄組合是八十二．八四億塔卡（約為當時的一．四二億美元），大約是一百二十一．四九億塔卡貸款組合的六八％。我們在二〇〇五年結束研究時，貸款已經急速成長至二百七十九．七億塔卡，但儲蓄的成長速度甚至更快，達三百一十六．五九億塔卡，也就是比貸款組合還多一三％。我們在第四章看過，窮人家戶在累積實用的大筆資本時所面臨的困難，以及他們籌錢的方法。從那一章的角度來看，證據顯示GPS帳戶（若是妥善管理）若能普及至全球，更臻完善，將是推廣窮人金融服務的重大步驟。[13]

三代鄉村銀行日記？

孟加拉的微型金融產業在全球歷史最悠久、規模最大，持續快速發展。我們在本章提到的組合：開放活儲、更彈性的借貸方式、承諾型儲蓄帳戶，都顯示出孟加拉費了多少力氣改善窮人的金融服務。尤努斯最初的鄉村銀行願景，協助這個世界看見光是提供簡單的貸款就能帶來力量，協助村民做小生意。我們從財務日記中發現窮人有更多的關鍵需求，而二代鄉村銀行所帶來的創新，為範圍更廣的需求助一臂之力，包括管理現金流、處理風險、逐漸累積出一筆實用的大款項等等。

儘管如此，不是每位微型金融顧客都是卡碧拉、拉姆娜、賈麗蒙或桑卡爾。即便是他們四個人，也和多數顧客一樣，依舊主要在非正式部門交易，而且原因不難理解。微型金融機構接觸用戶的時刻，依舊是每星期的村莊聚會，這項一九七〇年代的創舉，如今看來有些過時：聚會耗掉太多寶貴時間；缺乏隱私、未能顧及個人需求；男性的工作人員，又一般以高高在上的態度對待女性會員；愈來愈多會員盡量不出席聚會，偏好每星期快點繳完錢就離開。機構幾乎只和女性合作的作法，試圖扭轉性別不平衡，起初值得讚揚，但隨著時間過去，愈來愈多的批評指向銀行未能找出辦法服務男性。許多微型金融機構表示，他們已經廢除連帶責任的規定，但第一線人員擔心民眾不還錢，依舊強制執行某種連坐法。同樣的，儘管鄉村銀行努力讓還款期限與時間表更具彈性，大多數的貸款依舊是一年期，每星期必須償還一模一樣的金額，不能提前繳納。鄉村銀行的增貸制度，以及競爭者提供的短期緊急貸款，帶來了彈性，但還是屬於

13　GPS是鄉村銀行儲蓄成長的重大助力。此外，GPS帶給鄉村銀行重要的新資金來源。不過，我們發現相關創新的推出時間，屬於景氣相對好的時期，未來有可能經歷不景氣、通膨或社會不穩定所帶來的考驗。

特例，而非業界常態。大部分的顧客平日依舊一還完先前的貸款，就被要求再貸一筆。[14] 高帳戶關閉率顯示許多會員感到難以配合相關條件。[15]

此外，孟加拉的監管制度目前落後於其他國家，不同於柬埔寨或巴基斯坦等其他亞洲國家，孟加拉缺乏特地替微型金融提供者量身打造的法律身分。由於特別立法的緣故，僅鄉村銀行被允許自由流通儲金，即便許多微型金融競爭對手已經證明自己有能力安全保管存款；此外，微型金融ＮＧＯ哪些事能做、哪些不能做，缺乏明確的規定，造成希望進入放貸、保險、小型企業貸款等領域的ＮＧＯ裹足不前。另一方面，客戶要是碰上微型金融機構違約，幾乎是求助無門。雪上加霜的是，微型金融產品未能提供基本的書面條款，孟加拉的ＮＧＯ又正在推廣「資訊權」（rights to information），因此顯得格外諷刺。

今日存在的缺點可以加以克服。立法人員可以逐步制定改良過的微型金融法規，我們依據從日記家戶身上學到的事，提出對孟加拉微型金融的願景（或許能替某種未來的「三代鄉村銀行」鋪路）：微型金融機構可以把自己定位成貧窮家戶的整合型理財系統提供者。如此一來，機構將不再堅持客戶一定要持續借貸，也不會堅持貸款只能用於微型企業投資，持續改善活儲、貸款與承諾型儲蓄等三大核心產品的彈性，不再「一種作法就要適用所有人」的服務，更能配合貧窮家戶提出的需求與實際的現金流。一旦有了彈性的「核心服務」後，可以開發改良版的專門儲蓄、貸款與保險服務。除了推廣成立微型企業，也回應民眾對於居家裝修、醫療、教育支出與退休金產品的需求。

在孟加拉，微型金融的目標向來被視為是消滅貧窮。該國的微型金融提供者依舊把目光集中在貧民身上，以驚人的能力開發產品，迅速擴大規模。專注於貧窮，再加上有能力快速拓展規模，這樣的組合應該能讓微型金融提供者，善加運用新概念與新技術，在二代鄉村銀行打下的基礎上改善品質，再次成為全球取經的金融創新模範。

14 微型金融的傳統模式限制包括團體借款制，相關批評請見 Dichter and Harper（2007）收錄的評論。

15 在二〇〇七年的尾聲，有一段時期每個月有十二萬至十六萬加入 ASA 的新成員，但也有十萬人至十二．五萬人結束戶頭。請見：Interview by Stuart Rutherford with Shafiqual Haque Choudhury, ASA president, November（2007）。

第七章

更理想的財務組合

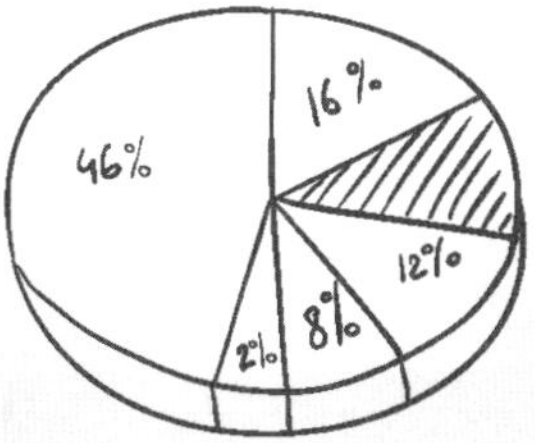

窮人的生活，問題不只是錢不夠。與我們的日記研究類似的家戶，面臨許許多多的貧困挑戰，遠遠不是缺錢那麼簡單。他們可能因為族裔或階級的緣故受到歧視，沒人確保他們獲得法定權力，必須忍受低品質的公共服務，還受限於技能不足。聯合國的「人類發展指數」（Human Development Index）等幸福評估法，除了追蹤收入，也追蹤健康與識字率，拓展扶貧的領域。

不過，財務日記讓我們以新方式從錢的層面思考貧窮，更精確的講法是從金錢管理的角度出發。我們觀察到要是無法取得基本的財務周轉工具，貧窮家戶要是健康突然出狀況，將引發影響層面更廣的財務危機；即便有機會增加收入，窮人也無從把握。此外，窮人被迫仰賴鄰居與親戚，仰人鼻息又通常導致受辱、焦慮與無法自立的狀況。

收入少，妥善管理收入的工具就極為重要。窮人賺到的錢，太常在錯誤時刻領到，很難留住，也很難靠儲貸累積成大筆金額。從財務角度看，這對貧窮來講基本上是悲劇，少又不穩定的收入帶來的「三重打擊」，導致財務機會極度有限，巧婦難為無米之炊。

專注於金錢管理，不代表不能有更遠大的抱負，例如：改善健康、教育與農業，理財能幫忙實現大目標。西肯亞的肥料推廣研究發現一個突出的例子：[1]農人採行新技術時，最大的障礙不是無法理解方法與好處，而是要能抓準存錢時間，在需要施肥時有錢購買。提供能解決這個問題的財務工具後，肥料的使用與作物產量都增加。把基本的事做對，即讓窮人更能掌控時間與金錢之後，過去賺得的收入與未來預期的收入，將能在最需要的時刻派上用場，拿得出需要的金額。基本的金錢管理工具可以打底，讓人得以超出基本需求的層次。整體而言，經濟成長的研究也指出改良後的金融管道，帶來奠定基礎的貢獻。[2]

萬用型服務

窮人的金融服務（相關服務廣為人知的名字是「微型金融」）出現史無前例的成長，各種類型的新資源自四面八方湧進，愈來愈多的業者在全球愈來愈多國家成立辦事處，有的致力於改善窮人的生活，有的期盼獲利，還有許多業者兩者都追求，也就是所謂的「雙重效益機構」（double botom line institution，又譯「雙重底線」、「雙底線」）。過去幾年，私人金融的投資大

1 參見：Duflo, Kremer, and Robinson（2006）。

2 請見：World Bank（2008）, chap. 1。

增，微型金融不再像從前那樣仰賴國庫。[3]新技術，尤其是現場人員與客戶手中的行動裝置，以及業者後勤辦公室的智慧型電腦程式，有望大幅增加生產力、降低成本，提升便利程度。[4]幾乎天天都有新型的窮人金融產品概念問世，設計出能測試功效與影響的聰明方式。如同本書提到的研究，新型研究讓人從新角度理解窮人在尋找財務夥伴時究竟要的是什麼。[5]

財務日記揭曉的窮人財務組合顯示，供應金融服務給窮人的興趣大幅增加，而大概也有真實存在的持續性大量需求。日記證實，窮人高度積極進行財務周轉，能派上用場的工具都用上了。收入低又不穩定是這種現象的源頭，而不是阻礙。

在接下來十年左右，隨著業者更能回應此一需求，金融服務將進入在此之前無法想像的競賽，即眾家業者搶著成為第一個高品質的基本窮人服務，幾乎人人都能取得。在今日，對多數國家的窮人來講，村裡依舊更可能設有學校或健康診所，但不會有微型金融銀行的分行。然而，許多學校與診所持續提供品質不佳的服務，需要大量的公帑與政治決心，才能可靠運轉。在這場競賽中，微型金融的優勢是不需要仰賴公共資源，就能致力於提供窮人負擔得起的可靠服務。一旦有了合適的微型銀行法律架構，也能不再那麼依賴政治決心，而許多國家的確已經提供此類架構。[6]

窮人的金融服務本身已是好事，但普及後將能連帶推動改善其他服務。許多日記家戶高度重視能送孩子上學，不必中斷學業，但手中只有品質不佳的金錢管理工具，很難確保在需要時有錢繳學費或購買制服與課本。先前的章節介紹過卡碧拉與拉姆娜如何利用微型金融業者提供的儲蓄與貸款，管理醫療支出與求學費用，她們有辦法做到，原因是業者的金融工具可靠又方便。以更理想的方式理財後，窮人得以利用更多的資源，支撐自己對於健康、教育與其他服務的需求，他們將施加更多要求改善的壓力。

---

3 舉例來說，投入微型金融的外資，在二〇〇四至二〇〇六年間增加至三倍以上，達四十億美元。請見：Reille and Forester（2008）。

4 無分行銀行（branchless banking）的早期經驗回顧，請見：Ivatury and Mas（2008）。

5 新型的田野研究改造來自醫療研究的方法，測試金融創新的價值與邏輯，隨機對照試驗是重點工具。近日成立的「金融管道計畫」（Financial Access Initiative），召集紐約大學（New York University）、耶魯、哈佛與貧困行動創新組織（Innovations for Poverty Action）的研究人員，在拉丁美洲、非洲、亞洲各地進行現場試驗。舉例來說，研究人員與微型金融提供者合作，調查借貸者對利率變化的敏感程度、結構性儲蓄工具的價值，以及貸款與商業訓練雙管齊下帶來的影響。詳情請見：www.financialaccess.org。

6 允許流通存款的法規尤其重要。在可靠的微型金融機構不被允許接受存款的地區，窮人被迫將錢存放在風險較高的地方。政府必須平衡兩種風險，一邊是放任不誠實的儲蓄業者，一邊是剝奪窮人以規律方式存錢的機會。

機會與原則

本書由眾多細節交織而成，追蹤數千筆貧窮家戶的小額交易，深入詢問那些交易背後的原因，一個又一個的例子顯示窮人確實會理財。然而，從窮人的財務組合也看得出，他們的努力通常不堪一擊又不完整。

這樣說來，最有望改善財務組合的方法，究竟是什麼？我們篩選日記細節，找出業者可以把握的三大機會，順帶也提供一套原則，引導業者把握機會。

機會

我們替本書檢視的兩百五十份左右的窮人財務組合，每一份都很獨特，反映出各家成員的特質，包括他們的年齡、職業與收入，以及他們的願望與期待。此類特質會影響財務偏好，例如南非七十四歲的潘薩（Pumza）與詹娜（Zanele）是多代同堂的女戶長，兩人都深深仰賴政府提供的老人津貼，但使用補助的方式相當不同。潘薩是樂觀主義者，靠津貼做後盾，多方借錢，還款時刻手頭很緊；詹娜則相反，盡量不借錢，就算挨餓也不借，一有機會就存錢。印度的連襟兄弟桑迪譜與普拉卡（Prakash），同樣也是南轅北轍的兩個人：桑迪譜外向、人脈廣，培養出一群非正式的財務夥伴；普拉卡較為內向，偷偷謹慎存錢。

日記顯示儘管每個人各有不同，不過所有人都尋求財務周轉服務，以求達成目標。他們使用的工具有時發揮功效、有時失敗。我們從最全面的角度來看他們的財務組合，找出需求大但通常供應不足的三項關鍵服務。提供解決方案給這些關鍵服務，將是微型金融業者的三大機會：

一、協助貧戶在日常管理金錢。

二、協助貧戶累積長期儲蓄。

三、協助貧戶借貸，且不限制用途。

在某些地區，提供保險同樣也是在提供重大機會，但日記也提醒了我們，從家戶的觀點來看，重點是要有辦法管理風險，至於是否是透過保險做到，倒是其次。第三章提過，有需求時仰賴大量的存款與有辦法借貸，常常是最關鍵的風險管理法。

現金流管理

這裡所說的現金流管理，指的是每日的金錢管理：運用不固定或不可靠的小額收入，確保需要用錢時拿得出來，每天都有東西吃；碰上小但無法預期的需求時，有辦法滿足，例如能看醫生；或是繳交金額不高但重複出現的開銷，例如學費或課本。第二章帶大家看過，窮人家戶在處理財務事務時，這些事就占去非常多的時間。大多數的家戶都是如此，這與偏好或經濟狀況無關。

我們歸納出的三大機會，第一項是讓貧窮的家庭有機會接觸方便又有效的現金流管理工具，包括隨時能存入任何金額的小型儲蓄，而且有需要就能提領；除了儲蓄工具，也要提供金額適中、隨時有需求都能快速拿到的貸款，而且是以分期方式小額還款（有必要的話，還得允許不規律的還款時間）。

累積儲蓄

日記顯示，貧窮家戶的預算有儲蓄的空間，而且他們也懂儲蓄的必要性。貧窮家戶會加入儲蓄社這點，顯示他們有多歡迎能在一段時間內定期存款的機會。然而，由於多數儲蓄社的時間長度有限，窮人很少有機會慢慢積少成多。這是一大限制，因為累積長期儲蓄當靠山，對於支付昂貴的生命周期事件、購買大型資產與應急來講極為重要。

我們提出的第二個重大機會，是提供長期的契約型儲蓄產品，仿效儲蓄社的作法，允許固定存入小筆金額，但也有機會以長期的方式安全儲蓄。第六章提過，這類型的帳戶已經在孟加拉村莊普及開來，回應大量的需求，其他地區也有運作良好的類似方案。不過，長期的「微型儲蓄」革命才剛起步，有的國家尚未制定法規，允許可靠的微型銀行流通存款，從財務日記可以看出克服相關障礙的重要性。

不限用途的借貸

即便提供了窮人家戶長期累積存款的管道，他們依舊需要透過借貸來支付各式大型支出。此外，有太多需要一大筆錢的需求，無法光靠儲蓄就能應付。然而，日記顯示窮人家戶缺乏可靠的借貸管道，尤其是處理重大生命周期事件、大型購買與緊急事件所需的大額款項。

因此，我們提出的第三項重大機會是多用途的借貸。由於開發無擔保借貸是微型金融運動最重大、也最普及的成就，基本機制已經有了，不過許多的微型金融業者還是希望貸款人只把錢用在一件事情上：微型企業。強制執行這條規定時，客戶即便現金流足以還款，也無法替其他重大用途借錢。前一章提過，我們的孟加拉研究顯示，許多表面上是為了從事微型企業的貸款，實際上被挪用至其他用途，微型金融不僅要面對這個現實，也該擁抱這個事實帶來的機會。微型金融若能提供多功能的貸款，貸款的金額與架構配合貧窮家戶的現金流，將能開啟大概是窮人最大的單一市場（尤其是都市地區的窮人，他們通常是領工資，不是自雇者），我們大多數的日記家戶都會相當感激這樣的貸款產品。

許多貸款將被用於應急，即便理想上，風險應該透過保險來控制。然而，唯有承保的風險被妥善定義，有辦法拒絕虛報的索賠，真正的保險才能成功，即是集中保險人繳交的保費，僅發放給遭遇保險事故的保戶。這種方式需要分別投保每一種風險。低收入戶不太可能想花錢替五花八門的風險，保好幾種險。他們知道只有部分保險能帶來報酬。如果能有「萬用型保險」（general purpose insurance，發生多種事件皆會理賠的保單），窮人家戶更可能樂於接受。第三章提到的故事已經明確解釋，缺乏這類型的保險時，次佳的風險控管選擇是儲蓄，再加上有管道借款。

原則

本書經常提到「可靠」、「方便」、「彈性」與「制度」幾個詞彙，當政策制定者與微型金融業者在替惠貧式金融服務擬定法規與開發產品時，這幾個詞彙是關鍵原則。

可靠

可靠是微型金融能改善窮人財務生活的地方，即在答應的時間、以講好的價格、以承諾的量提供產品與服務。原因出在先前的章節提過窮人家戶必須歷經哪些困難，才有辦法達成財務目標。窮人的生活很少有可靠的東西：從學校到診所，到供電，再到警察與法庭，窮人面對的多數服務並不可靠。他們自己的收入也不可靠：金額永遠很小，又通常不固定、無法預測。一天靠兩美元過活的最大挑戰，就是一天不一定拿得到兩塊錢。要是收入可靠，每天都確定能拿到兩塊錢，就能準確安排支出，計算能存下或償還多少錢，放大你的收入購買力。此外，擁有可靠收入帶來的第二大好處，將是擁有可靠的財務夥伴。

方便

方便是指有機會在離家或工作地點近的地方，以快速、頻繁、保有隱私、不引人注目的方法借款與還款，以及存錢與提錢。方便度提升時，窮人家戶能周轉的金額將大增。印度與非洲的存款收取人與放貸者顯示，若是由友善的收款人每日造訪客戶的住處或工作地點，交易量會遠超過其他情形下客戶有辦法做到的量。全球各地的微型金融提供者已經證明，建立方便的地方據點、經常與客戶見面，通常將帶來絕佳的貸款表現，準時還款率相當高。當舖這種舊式的金融系統，向來以快速與隱密的方式，暫時將資產轉換成現金，因為其方便性而受到重視。

彈性

彈性是指交易能配合現金流。每種服務具備的彈性程度與彈性類型不一，對日常的金錢管理來講，交易的金額與頻率必須具備彈性，窮人家戶才可能盡量周轉、有辦法隨時進行任何金額的交易，不論金額多小都一樣。在累積儲蓄這方面，窮人家戶將需要具備一定彈性的還款日期，短期碰上的問題才不會妨礙儲蓄者享有戶頭帶來的長期好處。

借貸也一樣，應能以各種形式的彈性配合客戶的現金流，例如客戶可以任選各種借貸期限，不必在「阮囊羞澀的月分」還款。此外，也可以允許客戶在有較為大筆的進帳時再還錢，或是可以在手頭緊時於還款的中途增貸。還款時間表有彈性，提供寬限期，允許借款人在籌不出錢時動用儲蓄還款，或是提供短期的增貸，不代表客戶就會失去還款紀律。本書其中一位作者創立了達卡的微型金融提供者 SafeSave，允許借款人在自行挑選的時間償還自己說的金額，但每天都拜訪他們，大幅增加客戶快速還款的機會。[7]印度的「農夫信用卡」也有一定的成功度，道理如同償還傳統的信用卡債務，方便民眾以彈性的方式償還農業貸款。雖然無擔保的借貸是微型金融運動最自豪的成就，審慎運用金融擔保也能讓貸款對窮人來講更可行。日記顯示，許多窮人不反對「靠借錢保住儲蓄」，部分原因在於他們高度重視儲蓄，寧可抵押存款借錢，也不願意領出。還有部分原因則是有存款令窮人感到心安，萬一發生什麼事，他們可以靠儲蓄抵債。

制度

此處的制度指的是靠規律性（例如：銀行人員在事先安排好的時間拜訪、計畫儲蓄或還款時間表），促進自律的程度。隨著金額上升、時間拉長，制度變得重要，承諾型儲蓄計畫與長期或金額高的貸款尤其如此。前文提過，對短期的每日金錢管理來講，這類型的制度不重要，反而會妨礙交易。然而，如果是長期的儲蓄計畫或還款時間表，有制度是好事，特別是輔以合適的彈性後，更不會令人感到過重的強迫性質。制度可以強化可靠度。[8]

7 請見：www.safesave.org。為遵守充分揭露原則，在此提醒本書作者梅鐸與盧瑟福為 SafeSave 合作社的成員，擔任董事。

8 盧瑟福在達卡貧民窟創辦的小型微型金融機構 SafeSave，靠銀行人員定期規律拜訪客戶，成功提供制度。SafeSave 提供的部分貸款產品，讓借貸人可以自由選擇還款時間與金額，想更動多少次都沒問題，但靠著第一線人員每日從不間斷地造訪客戶，這樣的自由依舊具備制度與可靠度。詳情請見：www.safesave.org 與 www.thepoorandtheirmoney.com。

供應端的挑戰

若是在十年前，我們呼籲的事會被認為是不可能的任務。然而，微型金融近日的發展，再加上證據顯示窮人願意替這樣的服務買單，前景完全改觀。

第六章回顧了孟加拉的微型金融機構快速前進，替國內大部分貧戶帶來方便的理財帳戶、制度性儲蓄與彈性更高的貸款。相關機構靠著類似於美國信用卡利率的貸款利率，有辦法獲利。此外，孟加拉的 SafeSave 提供客戶不同於往常的高度便利性，每日到府或前往工作場所拜訪他們，收取沒有固定期限的還款，客戶可以自行決定每天要還多少錢。即便提供大量彈性，這項服務依舊帶來獲利。[9]

孟加拉不論是村莊與城鎮，人口都很稠密，能成為大眾微型金融的先驅，這項特質無疑是助力。肯亞則不一樣，人口稀疏許多，但同樣也出現兼具方便性與彈性的服務範例。公平銀行（Equity Bank）成功推出「行動銀行」（mobile banking），利用四輪驅動車每星期造訪偏村，提供各種低成本的儲貸產品。公平銀行因而得以快速在窮人與中等收入的肯亞人之中，建立起龐大的客群。此外，非洲也有例子是業者利用無線裝置的潛力，像是肯亞的 M-Pesa 率先推出手機轉帳服務，雖然菲律賓業者已有先例。

相關進展的潛能如今被範圍更廣的金融服務產業認可。不是每一樣新產品都能做到承諾，但微型金融今日已經進入快速發展期，供應者大概遲早將找出如何以最好的方式，滿足貧窮家戶真正的財務需求，提供他們渴望的高品質金融服務。

把錢放大

錢不夠已經很糟，更糟的是無法管理手中的錢，這是貧窮生活不為人知的困境。由於缺乏工具，無法在正確時刻籌到金額剛好的錢，一時無法看醫生，將變成拖垮全家人的健康危機；一時拿不出錢會害孩子失學，成人則無法把握增加收入的機會，無力讓經濟更穩定。

想要減少貧窮，絕不是發展金融部門就足夠。有理想的工作機會，替穩定的經濟成長打好基礎，以及強化公共基礎建設與安全網，全是必要條件。不過，財務日記揭曉財務在窮人生活中所扮演的角色，從窮人在應付財務挑戰與機會時必須付出的時間與精力，就看得出重要性。

---

9 孟加拉目前缺乏能讓 SafeSave 快速拓展的法律身分制度，因此服務範圍僅為首都貧民窟的一萬三千名客戶。

窮人的生活完全不是收入一到手便全部花光的「日光族」；窮人會把錢存放在家中；加入儲蓄社與儲貸社團；與家人、朋友、鄰居、雇主交易；還會在可行與條件誘人的情況下，使用有執業許可的正式業者服務。這樣的關係與交易，構成了本書檢視的窮人財務組合。

若能有額外的工具助陣，財務組合將能表現得更好，放大家戶能擠出的每一分錢。最重要的是，窮人要能以可靠的方式取得三種關鍵服務：一、每日的金錢管理；二、累積長期儲蓄；三、萬用型貸款。若能結合財務日記帶來的洞見，輔以微型金融機構最新的發展趨勢，我們將能確保貧窮家戶有機會改善財務策略，提升他們的生活。

附錄一

財務組合背後的故事

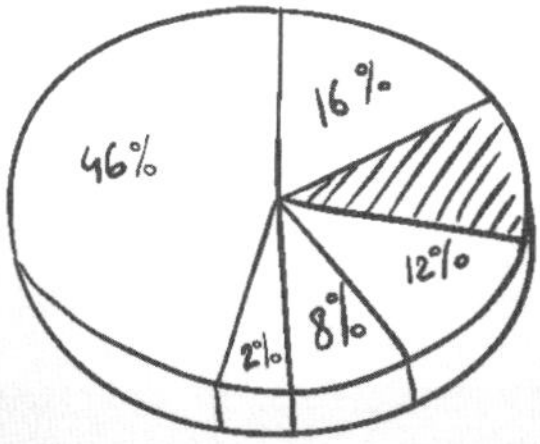

本書最重要的研究發現，源自窮人自己的話與他們採取的行動。我們仰賴一年期的「財務日記」，由孟加拉、印度與南非的三百個貧窮家戶，在一九九九至二〇〇五年的不同時期，一起做的記錄。

深入認識財務日記的主人翁，除了讓我們得以詳細檢視蒐集到的資料之外，也形塑了我們的財務行為觀點。我們和田野團隊不僅得知哪些受訪者運用哪些財務工具，也更加深入地從個人層面了解受訪者：他們經常對自己的財務狀況感到混亂，決策受到家中不同意見影響，無力處理自身的情境。金錢不但力量大，沒錢更是萬萬不能。當我們實際處於財務互動的「第一線」後，才感到有辦法理解窮人是如何管理金錢，他們又是為什麼會那樣做。

混合質性與量化研究法

關於窮人究竟如何管理金錢的方式，很少有系統性的研究。多年前，雪莉．阿丹納（Shirley Ardene）與克利弗德．紀爾茲（Clifford Geertz）等人類學家所做的質性研究，在一九六〇年代描述複雜的儲蓄社。此外，十九世紀英國官員講述印度等殖民地時，枯燥報告中特別突出的段落，是講述放貸者如何以可怕的方式吸血。其他研究則集中在非正式貨幣市場的機制與產品，著名例子包括弗瑞茲・包曼（Fritz Bouman）的《小規模、短期與不安全》（*Small, Short, and Unsecured*），旨在探討印度馬哈拉施特拉邦的非正式金融。[1]

光譜的另一端是詢問儲貸問題的量化調查，但相關調查大多略去或低估非正式的方法與服務，僅提供摘要式的家戶財務行為簡介。[2]許多研究人員所利用的資料集，提供者是他們研究的微型金融機構，或是手上的現成資料。然而，相關的資料集聚焦在有限的範圍，這點通常意味著多采多姿的財務管理方法僅被簡略提到或忽視。此外，回想研究法也侷限了資料的品質（十二個月前的財務生活，你能想起多少細節？）。再說了，如果是一次性的訪談，另一個問題是受訪者信任訪談人的程度有限（第一次見面時，你會告訴訪談人多少你的私人財務資訊？）。

1 可參見：Ardener（1964）、Geertz（1962）、Bouman（1989）與 Hulme and Arun（2009）。Rutherford（2000）亦描述類別眾多的非正式機制。

2 世界銀行的「生活水準評量指標調查計畫」（Living Standards Measurement Survey program）是研發大型家戶調查的領頭羊，其中部分側重於財務。其他重要的大型調查包括「蘭德家庭生活調查」（RAND Family Life Surveys）與「國際食物政策研究所」（International Food Policy Research Institute）所做的調查。FinScope 在非洲及其他地區的多個國家進行訪查（請見：www.finmark.org.za），提供使用金融服務的年度調查例子。雖然記錄人們使用金融服務的程度極為有用，連非正式的服務也納入調查，相關調查是重複的橫斷調查，取某個時間點家戶情況的摘要，而不是在一段時間內追蹤相同家戶。

種種的研究大多提出深刻見解，但我們覺得研究法必須能了解窮人是如何在一段時間內，以各種方式管理金錢。我們需要的研究法要能捕捉到窮人財務生活的豐富性與複雜度，蒐集資料時又要夠系統化，以免被視為只不過是蒐集一堆「軼事」。建立日記集將能在兩者間取得平衡。這個概念由大衛・赫姆（David Hulme）提出，他是曼徹斯特大學（University of Manchester）的發展研究教授，廣泛書寫貧窮與窮人的財務服務，[3]也密切與本書作者盧瑟福合作。盧瑟福與孟加拉的微型金融有極深的淵源，他留意到孟加拉的銀行與NGO的作法，通常像是處於金融服務的真空地帶，就好像他們服務的窮人除了他們之外，沒有其他的財務夥伴。盧瑟福和三個國家數十個貧民窟與村莊的窮人對談（日後寫成專書），深感窮人一般擁有相當豐富的財務生活。[4]

探索開始了，我們在數個國家一次次進行研究，努力帶來新型的混合式研究法。今日回頭看，我們在孟加拉、印度、南非的研究過程，從一開始採取相當民族誌的研究法，研究依據是質性資料（以量化資料為輔），演變成偏向以量化資料為基礎的實證研究法（以質性資料為輔）。盧瑟福在一九九九至二〇〇〇年間主持的孟加拉日記研究，提出一個問題，問題十分簡單，但不曾有令人滿意的回答，那就是：「窮人是否擁有財務生活？」日記研究側重窮人使用的各式財務工具，試圖梳理每一分錢的周轉軌跡，找出窮人為什麼那樣做選擇。魯斯芬二〇〇〇年的印度研究，試圖在採行相關作法的家戶生活情境中理解家庭的財務生活。魯斯芬除了蒐集財務資料，也進一步蒐集詳細的收入與支出資料。[5] 柯林斯二〇〇四年的南非日記，將重心轉換至量化資料，好讓我們的資料適用於更廣的財務分析，努力設計出得以擴大樣本的系統，更適合用於統計分析。梅鐸是學有專精的微型金融與貧窮經濟學家，他在財務日記的實地考察過程中，幾乎是從頭到尾都持續提供了忠告與建議。

財務：時間與金錢的交會點

財務日記背後的基本概念，即財務是「時間」與「金錢」之間的關係，必須同時觀察時間

3 尤其請見 Hulme and Mosley（1996）。

4 Rutherford（2000）。

5 孟加拉日記研究尚未開始前，印度日記已經處於籌備狀態，同屬於國際發展部（Department for International Development，DFID）所贊助的研究計畫，由曼徹斯特大學主持。魯斯芬在德里時已經與 DFID 合作，由她主持研究，並獲得德里私人顧問公司「EDA 農村制度」（EDA Rural Systems）桑傑．辛哈（Sanjay Sinha）與敏納．帕多爾（Meenal Patole）的寶貴協助。

與金錢，才有辦法得出完整的理解。「日記」一詞最能形容我們的作法，很能傳達出我們在一段時間內追蹤財務管理的私人細節。不過，財務日記這種「日記」，不是字面上的意思，因為許多日記主人翁目不識丁。此外，我們蒐集的資料極為詳細，家戶不會有那樣的耐性與時間持續自我追蹤。我們不仰賴戶長自行寫下日記，代替的是派出訓練有素的訪談團隊，在一年間每隔十五日到府拜訪一次，記錄下交易與評論。[6]

我們蒐集的資訊相當私密，因此必須釐清我們的訪談人員應該訪談家中哪些成員。建立適當的「研究單位」（unit of research）是社會研究常見的難題，我們決定按照常見的慣例，把「家戶」設為單位。許多一次性的調查僅訪問戶長，但即便不是每次拜訪都能做到，我們還是請團隊盡量和家中的每一位成年人對談。[7]由於家中發生的事，有可能不是每一位成員都知情，家人也許會彼此隱瞞資訊，我們的訪談人員必須具備敏銳的觀察力。我們因此耗費大量心力，努力和每一位家戶成員都建立和善的關係，營造出安心的環境，鼓勵受訪者說出心中的話。為了讓這樣的環境成真，我們仰賴的研究人員除了能說地方方言之外，他們的階級與背景也與受訪者相去不遠。

畢竟我們無權要求受訪者一定要回答這些非常私人、通常是在探人隱私的問題，也無法請忙著謀生的忙碌人們花那麼多時間回答，他們之中有的人連活下去都成問題。我們問自己，究竟進行這個日記研究能替他們做到什麼，有時就連受訪的家戶也會問這個問題。我們盡量以誠實的方式簡單回答：他們提供的資訊不太可能直接幫到他們，但或許能協助某些人改善某地的金融服務；不過，在一年的研究結束時，我們贈送禮物感謝受訪者挪出時間，[8]我們永遠謹慎對待這段相當敏感的關係，因為家戶成員向我們透露最私人的財務細節。我們扮演的角色是「聽告解」，我們認真看待這個角色，減少訪談的「工作」色彩，不當成付費找受訪者回答，在對話中協助雙方了解人們如何管理金錢。此外，我們也小心不要造成受訪者的負擔，他們會感到必須履行傳統的好客義務，例如請我們喝茶吃餅乾，也因此我們會自己帶水果、餅乾過去，

6 孟加拉的研究由S．K．辛哈（S. K. Sinha）主持，其他成員包括山佛．伊斯蘭（Saiful Islam）、拉貝亞．伊斯蘭（Rabeya Islam）、葉庫．阿薩德（Yeakub Azad）。印度人員包括蘇西．庫瑪（Susheel Kumar）與尼勒．艾亞（Nilesh Arya）。南非的七人團隊包括辛西瓦．穆拉瓦（Tshifhiwa Muravha）、布希．馬嘎齊（Busi Magazi）、汪多．姆基拉納（Lwandle Mgidlana）、詹內爾．拉穆斯（Zanele Ramuse）、諾桑奇．魁貝卡（Nomthumzi Qubeka）、亞伯．蒙加克（Abel Mongake）、諾巴勒．西魯溫（Nobahle Silulwane）。

7 我們請田野調查人員在一年間，試著和每一位家中成員做私下的訪談，包含孩子。

8 孟加拉研究的禮物是一件紗麗或襯衫，以及一盒肥皂；印度研究的禮物是規定一個金額上限，請受訪者自由選擇；南非則送現金禮，大約等同一個月的收入。我們在南非，還在一年之中兩度發放兩張面額非常小的地方超市禮券。在孟加拉，花很多力氣協助我們或需要幫忙的家戶，我們也會致贈小額現金。我們展開訪問前，並未告訴受訪者禮物是什麼，因為我們認為這會改變關係的本質，參加者會感到他們是「拿錢」參與。

也自己付錢購買地方茶攤的飲料。我們帶著同理心，聆聽正在遭遇痛苦人生事件的受訪者，但盡量待在觀察者的角色。我們提醒自己不要提供建議或評論，也試著不打擾或加重家戶的負擔。訪談時，通常是受訪者一邊聊，一邊做日常的工作、煮午餐或餵牛，還經常被其他訪客打斷。

選擇家戶

不過，我們在正視種種訪談困難前，先得決定要訪談多少家戶，以及如何挑選研究對象。我們資源顯然不足，樣本數無法大到統計學者會認為足以代表全國的貧窮家戶，甚至不足以稱為一個地區或某個社群的典型現象。開始實驗新方法時，我們希望能自單一家戶挖掘出深度資訊，而不求研究大量家戶。孟加拉與印度的樣本數各是四十二家與四十八家，即便在南非時，新的資料蒐集法讓我們得以有效追蹤更多家戶，樣本數依舊僅擴大為一百五十二家，完全無法在統計上代表特定群組或地區，更談不上具備全國代表性。[9]我們在三個國家同時與城市和鄉村家戶合作，以求捕捉到兩種地點的經濟與環境差異所導致的財務行為差異。我們選擇社群的依據是全國調查中的窮人，但也主要有務實的考量：地點必須能讓田野調查人員穩定每兩週探訪一次。表A一．一摘要整理了我們的日記家戶數量與所在地，附註欄位是他們的社群、生計與貧窮指標的一般情形。

貧窮是一種動態狀態，隨時有人向上或向下流動。此外，窮是相對的。為了這兩個原因，我們必須替貧窮分級，納入社經地位不同的各種家戶。所幸，有一點很方便，那就是在貧窮社群，人們和鄰居很熟，因此我們得以利用「財富榜」（wealth ranking）來判斷要選擇研究哪些家戶。[10]方法是仰賴關鍵的資訊提供者評估鄰居的相對富裕程度，加以比較，整理出從最富有

---

9 南非與印度的都市樣本退出情形多過鄉村，原因是都市樣本相對富裕，我們碰上的情形是富裕家戶更可能退出研究。此外，都市家庭更常搬家，有幾家人突然搬離我們研究的鄰里，我們因此損失數個家戶樣本。

10 我們在南非重度仰賴小型企業基金會的「參與式財富排行」（Participatory Wealth Ranking，簡稱PWR）手冊。小型企業基金會是地方上的惠貧微型金融機構。PWR法與找出貧民的其他方法，進一步的對照請見：Simanowitz（2000）與Van de Ruit, May, and Roberts（2001）。值得提出的一點是，我們挑選孟加拉的都市研究家戶時，不是按照財富排行，原因是都市居民太常搬家、鄰居間彼此不熟。我們改為依據公式隨機選擇家戶。

表 A一・一　財務日記家戶所在地

地點	附註
孟加拉：鄉村 孟加拉中北部，三個幾乎相鄰的小村子，二十一個家戶。有兩家人很快就不願意合作，換成其他家戶。更換成員後，順利與二十一個家戶合作一年。	家戶大多收入不足（平均每人每天不足 PPP 兩美元，好幾家平均每人每日不足 PPP 一元），但樣本中有三名農夫擁有二至三英畝良田，四家人勤奮從事零售生意或木材交易。其他家戶大多無土地或土地收入不多，男人擔任農場工、苦力、人力車夫，靠捕魚、在磚廠當季節工與拾落穗貼補家用。最窮的是一名年長寡婦，她和從事兼職的身心障礙兒子同住。[1]當地識字率低，但多數孩童都上學。房子主要只有一房，泥牆、泥地，屋頂是茅草或鐵皮。大部分的戶長生在自家的土地上，房子與周圍的樹木是自己的。[2]
孟加拉：都市 三個貧民窟中的二十一個家戶，與首都達卡的市中心距離不等，共有一家人不願合作，很早就找到另一家替補，一年之中我們與二十一個家戶合作。	每一家（我們日後得知）都是戶長在世時，從村莊搬到達卡。幾乎所有家戶都收入不足，即便某幾家從事固定的有薪工作亦同，例如司機每月工資為八十元（大約等同每日每天 PPP 兩元），成衣廠工人的工資再低一些。生計主要靠擔任臨時工或自雇，例如當人力車的車夫、搬運工、建築工、拾荒、擺攤賣茶或食物。大部分的家戶名下完全無土地（雖然有幾家在家鄉依舊有地），在衛生不佳的擁擠貧民窟裡，租下竹牆鐵皮屋。有的家庭擁有自己的小屋，還有幾家租下一房的水泥磚頭屋。許多人不識字。大部分的孩子註冊上學，但不一定會到學校。最窮的是老人。
印度：鄉村 印度中北部北方邦（Uttar Pradesh）的東部，二十八個鄉村家戶。不願合作的那一家，很快找到新的合作家戶。	北方邦東部最不發達角落的兩個村莊。二十八個受訪家戶中，十五家至少有三分之一的收入來自務農，有的是自己的農田，有的向別人租地。二十八個家戶中，僅三家完全無土地，另外十三家（剛好快過半）僅擁有兩英畝以下田地。比較不靠農田收入過活的家戶，從事自雇的交易活動，或是領工資在田裡工作。其他工作包括在區域性城市或是在地方上的灌溉區與採石場，拉黃包車或是當建築工，也可能建造與修理房屋。大部分的受訪家戶（六一%）生活在全球貧窮線極為下方的地方，每人每日賺不到 PPP 一元。三分之一的家戶不讓部分的孩子念書，或是所有孩子都不上學（輟學或不曾入學）。

地點	附註
印度：都市 德里貧民窟的三十個家戶。我們在早期就損失十二個樣本，家戶離開貧民窟或不願合作。我們找到三個新家戶，但幾個月後，其中一家也退出，因此最後的研究依據是二十個家戶。	二十個家庭全在戶長在世期間搬到都市地區（平均在都市待七年半），住在德里的三個違章建築區。一半的家戶依舊和村莊保持密切聯繫，在鄉下與雙親和兄弟組成大家庭（擁有或不持有農地）。有的人把妻兒留在村莊，獨自住在德里。由於受扶養者的人數較少，都市受訪者的平均每人收入遠比鄉村高，八五%的家戶每人每日生活費為 PPP 兩元至五元。最富裕的都市受訪者從事固定給薪的工作（幫傭、工廠工人、警衛、司機），較窮的人則擔任兼職的家務工、臨時工、論件計酬等工作，會碰上沒有打工機會的問題，或是要養太多人，支出很高。
南非：鄉村 盧甘基尼鄉村的六十一個家戶，當地距離東開普的蒙特弗里爾小鎮（Mount Frere）約一小時車程。在一年的研究期間，有三家人退出，也因此最後的分析依據是五十八個南非家戶。	南非樣本中的鄉村人口，同時混合了最貧窮與最富有的人。二五%的人每人每日靠不到 PPP 兩元過活，主要靠政府每月發放的福利補助；另外二〇%的人大多是教師與護士，家境較好，每人每日幾乎可賺 PPP 十元。大部分的家戶房子是自己的，也有夠多的地，有辦法種植穀物與一些蔬菜，但很少出售自家種的東西。所有的家戶都繼承了他們賴以為生的土地，通常也繼承了自己的住所。當地的房子結合了一或多種樣式，有的是傳統式泥土圓茅屋，有的是鐵皮屋頂的磚頭房子。大部分的孩子上學，大部分的成人識字。最窮的是照顧多名孩童的祖父母，那些孩子是孤兒，或是單純父母沒給撫養費。村裡沒電或沒電話線，但部分地區手機收得到訊號。
南非：市區一 約翰尼斯堡附近城鎮的六十個家戶，十一戶在研究期間退出，最後的研究依據是此區的四十九個家戶。	一半的都市樣本取自深溝鎮，距離約翰尼斯堡約四十五分鐘車程。此一樣本中，平均每人每日收入不到 PPP 兩美元的家戶，僅有兩戶，身心健全的成人中，五六%有固定工作。此區原本是安置區，居民來自另一個遭受洪災與過度擁擠的小鎮。政府的「重建發展計畫」承諾最後會提供房屋給深溝鎮的居民，但許多民眾還在等候。四分之三的樣本家戶住在迷你的一房違章建築，政府提供的水塔是居民唯一的水源，該地的幾間廁所也由政府提供。剩下的四分之一家戶，住在政府或房貸計畫興建與提供的房子。

表 A 一・一　財務日記家戶所在地（續）

地點	附註
南非：市區二 開普敦附近城鎮的六十個家戶，十五戶在研究期間退出，最後的研究依據是此區的四十五個家戶。	另一個都市樣本取自最古老的開普敦城鎮，地點靠近市中心。大約一成的樣本家戶，每人每天的生活費不到 PPP 三元，主要倚靠政府補助過活。最富裕的四成家戶，平均每人每天的收入接近 PPP 十元，通常從事領薪水的工作。中等收入戶（平均每人每天 PPP 三元至十元）的收入來源混合臨時工、親戚匯錢以及勉強支撐的小生意。三分之二的樣本家戶住的地方，原本是鎮上的出租住宅，但南非一九九四年政府輪替後，房契移轉給居民。部分受訪者住在這種房屋的後院違章建築，繳房租給主屋的主人。另一群受訪者住在國營旅社，有一家人全家租下一張床，住在旅社旁私蓋的小屋。最後一部分的樣本家戶取自附近的違建區，居民主要是鄉下來的家庭，他們到開普敦找工作。

[1] 這家人的完整細節與生計策略分析，請見：Hulme（2004）。

[2] 在孟加拉，你可以擁有長在別人田裡的樹；或是樹的主人可以「共同植樹」，也就是樹的擁有者與照顧樹的人，一起分享樹帶來的水果、柴火與木材收入。

到最不富有的家戶清單。[11]這個流程不僅讓我們得以篩選位於清單底部、中間與上方的家戶，也能順便和社群培養關係，令他們感到自己也是這項研究的一分子。財富榜與整體社群建立關係是第一步，我們藉由定期向社群領袖回報、與他們見面，持續確認能保住那份信任。我們請家戶親身參與時，這樣的「混個臉熟」幫上很大的忙。

我們一旦替每一區找出財富榜後，自各區抽出最貧窮、中間、最富有的樣本。[12]每個地方、每個國家的情況不同，不過我們定義出不同層級的富裕程度，包括貧窮（poor）、上層貧窮（upper poor）與非窮人（nonpoor）。

貧窮家戶

證據顯示相關家戶長期（多個月與通常是多年）缺乏基本的人類需求，例子包括在「不順的時節」挨餓、住房品質不佳、無業、無法取得基本健康服務、孩子未上學，以及社會邊緣人。這樣的家戶幾乎永遠收入低又不穩定、資產不多，或因為負債的緣故資產是負數。地方關鍵資訊提供者的評估，證實這樣的家戶屬於貧窮或「最下層」。

上層貧窮家戶

這一類的家戶出現部分被剝奪的特徵，但程度沒有貧窮家戶那麼嚴重。他們一般擁有較為固定的收入（低薪但穩定的工作）、較多的資產（家中有鐵皮屋頂、鍋碗瓢盆）、較能取得服務

11 研究結束後，我們發現財富排行的確讓我們同時找到每個社群中最貧窮、最富裕與介於中間的家戶，不過財富排行無法百分之百預測收入或財富。

12 有人會問，這種感覺上的富裕程度和我們蒐集到的日記資訊所呈現的富裕程度，兩者的相似度有多高？在南非，財富榜可以大致預測財富與收入，但不確實，例如人們眼中的非窮人家戶有可能實際上是上層貧窮家戶。我們在年末修正了大約一五％的孟加拉樣本排名。

（大部分的孩子都能上小學）、依賴人口少於貧窮家戶。上層貧窮家戶僅偶爾挨餓，但飲食簡單又基本。這樣的家戶通常能說出自己是如何靠著勤奮工作、成功創業與繼承，自貧窮家戶那一級「向上流動」。另一種可能則是因為身體不好、失去工作、上了年紀與發生意外等原因「向下沉淪」。地方上的關鍵消息提供者，一般會形容這樣的家戶「介於中間……不是非常窮，但也不算寬裕」。

非窮人家戶

我們自所有的社群皆選出少量的此種家戶。地方上的關鍵消息提供者認為他們「生活寬裕、家境較好」。他們的收入、資產多寡、能取得的服務，證實其社經地位較佳。這樣的家戶鮮少或不曾挨餓、吃得到各種食物，包括高價食材。他們住在品質好的房子、能上學，有辦法取得健康服務、有乾淨的飲水。這些家戶過著高度有保障的生活，除非發生不幸事件，要不然不必擔心基本需求。

在選擇家戶的過程中，我們並未詳細計算各家貧窮程度或以客觀方式排名，因為我們認為要做得夠精確的話，耗掉的資源將減少能取得的微型金融資訊程度。以我們的研究目的來講，光是得知每一家屬於三種類別的哪一種，是向上流動、向下流動或持平，這樣就夠了。儘管如此，大致知道我們的類別如何對應到貧窮與剝奪的國際計算方式，也是實用的研究助力。我們的樣本關鍵計算指標，可以對照聯合國的「千禧年發展目標」。兩相對比後，凸顯出我們的家戶具備幾項特徵：

一、依據數個關鍵貧窮指標來看，我們的貧窮家戶皆屬於被剝奪，其中某些家戶更是全球極端貧窮的一群人，印度與孟加拉的鄉間地帶尤其如此。

二、我們的上層貧窮家戶，在一個以上的貧窮指標屬於被剝奪，程度不一。大部分超過千禧年發展目標的極度貧窮標準線「每人每日一美元」之上，但落在「每日兩美元」的貧窮標準以下。不過，大部分的上層貧窮家戶很可能掉進極端貧窮，只要主要的經濟支柱生病、關鍵生產性資產遭竊，或是發生很花錢的重大事件（醫院帳單、喪事），就可能走投無路。

三、我們的非窮人群組一般收入在「每人每日兩美元」的標準之上，也能取得基本服務。然而，這些家戶的部分成員有可能遭受剝奪，尤其是女孩、年輕女性、媳婦與寡婦。我們的非窮人家戶中，即便是家境最好的，也達不到歐美中下階級的社經安全程度。

整體而言，從國際標準來看，我們的樣本屬於貧窮（poor）或近貧（near-poor）。最底層的一群人，尤其是印度與孟加拉鄉間樣本，有很大的比例屬於極度貧窮家戶（extremely poor）。表A一．二是三國各級家戶樣本的生計細節範例。

表 A 一・二　日記家戶的平均每人每日 PPP 美元收入範例

家戶與戶長	平均每人每日 PPP 美元收入	附註
孟加拉市區受薪司機	$1.76	西朗茲，三十七歲，每月以可靠薪資養活妻子與兩個孩子，但經常在一個月之中向同事借無息的錢，又跟雇主預支薪水，在店鋪賒帳、欠繳房租。一家人把錢存放在家中，加入數個儲蓄社，還借錢給其他人。太太是三間微型金融機構的會員，在三個機構都有存款與貸款。
孟加拉市區建築工人	$1.44	三代同堂的六人家庭，三人在賺錢。沙利（Saleem）偶爾在工地工作，妻子交易雞骸，十六歲的兒子偶爾協助父親。一家人有兩個撲滿，存錢在社團與三間微型金融機構。他們很少借錢，寧可動用不多的儲蓄與欠繳房租。
孟加拉鄉間無土地的文盲農場勞工	$0.75	二十六歲的海拉（Helal）有年輕的太太和一個孩子。他靠著在農場做工、當人力車夫、在磚場工作來養活妻兒。他們經常向地方上的人借免利息的小錢度過難關，但有時也會借要計息的錢。他們有幾種非正式的儲蓄方式，錢存放在家中和社團。年末時，妻子加入一間微型金融機構。
孟加拉鄉間年長寡婦	$0.73（包含農產品的預估淨值）	六十二歲的茉莉（Jasmin）和二十一歲的兒子同住。他們擁有三分之一畝地，種植稻米與蔬菜。兒子能取得資金時會交易水果，或是到公共沼澤地抓魚，茉莉則試著販售雞蛋。他們把錢存在家中撲滿，茉莉還向自己加入的儲蓄社借錢。他們以無息方式向別人借錢，或是借錢給別人。兒子加入了一間微型金融機構，但很難做到每週還款，後來退出。
印度市區瓦斯行工人	$1.56	三十歲的納倫德拉（Narendra）是德里天然氣經銷商的裝配工，妻子在家當兼職裁縫，三個孩子在念書。納倫德拉升職後，可靠的薪水隨之增加，有辦法專心替他在比哈爾邦村莊的長期目標存錢。納倫德拉實驗了團體計畫、每日儲蓄方案與銀行帳戶後，據說再也不必借要利息的錢，因為他現金流出問題時，有辦法向朋友與同事求助。

家戶與戶長	平均每人每日PPP 美元收入	附註
印度市區幫傭	$1.35	米拉（Merra）與先生分居，有兩個十幾歲的孩子。她在四間公寓當女傭，供孩子上學。她的收入迷你但可靠，有辦法固定儲蓄，儲蓄社團（互助會，詳情見第四章）讓她每個月能下定決心存錢。全家的支出要靠米拉一個人，因此她完全不借要利息的錢，主要透過預支工資，以及向親戚與鄰居借無息的錢度日。
印度鄉間裁縫	$1.66	穆罕．阿里（Mohan Ali）在地方小鎮上有一間裁縫鋪，妻子馬娜（Mainum）捲比迪煙（廉價香菸），獨子在上學。全家人沒有太多積蓄（唯一可能多出的收入是阿里的店讓人賒帳，有未收帳款），但積極向微型金融機構貸款，擴大店鋪事業。馬娜的健康情形在一年間惡化，造成家中欠債。雖然阿里在結婚旺季賺很多錢，有辦法按時還款，可是到了夏天的旱季，收入減少，全家人欠下愈來愈多債，未能還錢，而馬娜的身體依舊沒好轉。
印度鄉間小農／農場工人	$0.98	中年寡婦悉多（我們在第二章與第四章提過她）與兩個兒子同住，其中一個兒子剛結婚。他們大部分的收入來自偶爾到農場上做工領工資，全家人都出動。悉多嘗試過地方上的微型金融機構，但效果不好。她雖然勉強還完貸款，但她開的雜貨店倒閉。媳婦生病後，悉多的部分收入用於治療她。全家人很難固定存錢，不過悉多在銀行有一個很少用的定存帳戶。開那個帳戶是為了領政府補助。為了在收入不高時，籌錢辦婚禮與喪禮，再加上應付每日的需求，全家人完全仰賴地主／雇主、鄰居與親戚過活。

表A一·二　日記家戶的平均每人每日PPP美元收入範例（續）

家戶與戶長	平均每人每日PPP美元收入	附註
南非市區自雇羊腸小販	$3.87	五十四歲的女性潘薩（見第二章），住在開普敦附近城鎮過度擁擠的旅社，每日購買羊腸在戶外地攤烹煮，賣給路過的人。由於潘薩的生意每天帶來的收入不多，很難替學費等長期目標存錢，因此非常積極地參加儲蓄社，一共加入了八間。其中一間要求每天存一小筆錢，完美配合她頻率高／金額小的現金流。
南非市區建築工人	$8.25	塔伯（Thabo，財務組合範例會介紹他）二十六歲，和妻子祖基斯瓦（Zukiswa）與兩個孩子住在都市的違章建築區。塔伯是家中唯一在賺錢的人，擔任建築工，工資直接匯入他的銀行帳戶。他設定自動轉帳，每星期把兩成的收入轉到定存戶頭，因此在前一年存下一千八百一十五元。
南非鄉間津貼領取者	$2.82	三十四歲的男性沙貝羅是失去部分視力的身心障礙人士，和另一半、四歲的孩子住在一房的小泥屋裡。他通常靠每月的政府失能津貼度日，但津貼辦公室說他的紀錄不完整，不再撥錢。沙貝羅等著再度能領取補助，靠著向地方上的兩間店賒帳度日，也向鄰居借了多筆小錢。
南非鄉間工人	$1.14	三十九歲的山多（Thando），和妻子瑪杜娜（Maduna）、三個孩子、一個姪子同住。一家人每月領到兩個孩子的政府育兒津貼。他們試著貼補家用，開了一間一下子就倒閉的商店，瑪杜娜製作泥磚，山多打零工。他們的收入很低又十分不固定，無法貸款進行大規模的正式投資。他們為了開店賒帳買的冰箱，因為還不出錢被收走。不過，他們依舊每個月擠出二十九元，存在非正式的儲蓄社。

附註：單位為美元，依據一九九三年調整過通膨的PPP轉換率，換算自地方貨幣。

要是有陌生人走進你家……

如果有陌生人走進你家，開始向你打聽有關於錢的事，你會誠實以對嗎？大概不會。我們知道我們需要策略，慢慢贏得信任，還要保住信任。我們最初的訪談，先從不是太敏感的問題開始了解家戶，例如家庭成員的年齡與教育程度。在接下來的訪談，我們冒險踏進收入與生計的領域，詢問稍稍敏感一點的問題，最後取得財務資訊。

這樣的研究準備讓我們得以替家戶的財務機制打造好基本架構，但不代表一開始就會獲得完美資訊。我們在三個國家做研究時，隨時重新調整與重探資料，原因是我們實際接觸到的資訊，不符合我們訓練訪問員時使用的概念範疇。舉例來說，當人們開始告訴我們（鄉村地區經常如此），他們把一筆錢「放在」鄰居那裡，我們會問我們的田野研究人員，這究竟是什麼意思？他們把錢借給鄰居？還是說把錢存放在鄰居那比較安全？[13]有時我們發問會得到答案，有時不會。我們得接受有時所謂的「放錢」，受訪者是刻意不講清楚（有時是不自覺地這麼做）：在大家一起存錢、互相借來借去的傳統制度下，鄰居拿著的錢的確有可能算借錢，也可

13 我們不斷叮嚀不是為了煩訪談員，而是讓他們了解，必須追問受訪者模稜兩可的答案。

能算存錢，視情況而定，還可能隨時間產生變化。

然而，還有其他原因讓我們要過好一陣子，才有辦法弄清楚家戶實際的行為。財務行為複雜又私人，通常還從銀行經理到朋友再到鄰居，涉及各種正式與非正式的夥伴關係。人們為了許多原因，不會向外人說出全部的實情，不論再怎麼信任你也一樣。

以卡林（Kalim）為例，他是孟加拉鄉村樣本中家境較好的家戶戶長。卡林告訴我們，自己有不少錢存在銀行的儲蓄帳戶，但刻意不讓我們看存款簿，他說這是個人隱私，我們也尊重他的選擇。很久以後卡林才告訴我們，其實錢根本不是放在銀行，而是在市場上做生意的朋友那裡，隱瞞這點是因為他有逾期未繳的銀行貸款。卡林要百分之百確定可以信任我們後，才肯說出自己在別的地方有錢，以免銀行經理從我們這裡聽見那件事。

我們也對南非的塔伯為什麼不時會有來自銀行的收入困惑了好幾個星期，有人匯錢給他嗎？塔伯會回答：「沒有，這是我的錢。」經過多次訪談後，我們終於知道那是利息收入，他的定存帳戶裡有很大一筆投資。幾年前，塔伯被裁員，前老闆建議他把遣散費放在定存帳戶。大部分的時候，塔伯會把利息投入下個月的定存，但偶爾會為了特殊目的領出來，我們因此發現他有祕密收入。塔伯不知道該如何解釋這筆投資，我們也沒想到他竟有那麼大筆的投資。在多次訪談的不斷努力之下，我們才終於找出究竟是怎麼一回事。

這種狀況不是只有窮人才會這樣：已開發經濟體的人們，也會對自己的財務行為語焉不詳，甚至比窮人更閉口不談。不過，日記法的優點是一段時間後，可以分析人們不肯講或奇怪的地方。也因此我們兩星期一次的訪談，大部分的心力放在數字兜不攏的地方，後續的訪談也會持續追蹤。我們鼓勵訪談員堅持下去，直到追蹤到完整的交易鏈。舉例來說，如果訪談員聽到某筆借款是用來買牛，會確認是否借來的錢就夠買牛，還是說也動用了其他的錢。訪談員如果聽到買牛時還動用了儲蓄，他們會問那筆錢原本存放在哪裡，包括買牛時錢在哪裡，以及最開頭存錢時，錢放在何處。這種耗時的例行性詢問，讓我們得以揭曉與理解其他研究者大都很少提到的行為，例如「幫忙保管錢」這件事，以先前不曾有的方式浮出水面，像是把現金存放在信任的鄰居、親戚、雇主、店老闆等處。

表Ａ一．三列出我們在每一國發現的所有財務工具。「工具」是指日記家戶用來管理金錢的機制，包括「服務」（例如：銀行提供的服務）與「方法」（儲蓄社等ＤＩＹ式的作法）。我們依據正式程度加以分類，也在下表納入較不為人知的工具定義。

財務組合

此一田野工作的成果，是替每一個財務日記家戶完整記錄獨特的「組合」。如同富人的財

表 A 一．三　微型金融工具、服務與計畫

類別	日記中出現的工具	出現在哪些國家（B = 孟加拉；I = 印度；SA = 南非）
正式服務		
銀行、保險公司、其他受監管機構所提供的服務，包含正式部門的雇主與零售公司	銀行貸款	B I SA
	銀行活期儲蓄	B I SA
	銀行定期儲蓄（bank term savings）	B I SA
	銀行現金帳戶（current account）	B I SA
	銀行信用卡／簽帳金融卡	SA
	正式人壽保險	B I SA
	正式喪葬險	SA
	員工退休金／公積金	I SA
	私人投資基金、單位信託基金	I SA
	商店卡	SA
	零售帳戶	SA
	預支薪水	SA
	債務託管	SA
	標會	I
	惠貧式人壽保險	B
	惠貧式保險貸款	B
半正式服務		
專門惠貧式非政府及其他組織提供的服務	NGO 貸款	B I
	NGO 儲蓄	B I
	NGO 保險	B
非正式的服務與工具		
團體工具 由社團持有、由使用者經營	存錢社團	B I SA
	互助會	B I SA
	ASCA	B I SA
	喪葬社團	SA
	協助互助會與社團	SA
	共用薪水	SA
雙邊服務		
雙方之間的契約	互惠式無息借出與借入	B I SA
	收利息的私下借出與借入	B I SA
	放貸（mahajan & mashonisa）	B I SA
	保管金錢	B I SA

類別	日記中出現的工具	出現在哪些國家（B = 孟加拉；I = 印度；SA = 南非）
雙方之間的契約	典當	B I SA
	商店賒帳（偶爾）	B I SA
	商店賒帳（分期方案）	I
	預支工資	B I SA
	預先販售勞力或作物	B I SA
	不定期創業投資（Casual venture capital）	B
	貿易信貸	B I SA
	欠繳租金	B I SA
個人工具		
個人儲蓄工具	錢存放家中或身上	B I SA
	寄錢回村莊	B I SA

附註：較不為人所熟悉的工具，以粗體字呈現，以下加以解釋。本清單未列出的一切工具，不代表該國一定沒有，只代表我們的日記家戶在一年的研究期間並未使用。

- 標會（chit fund）：由政府監管的互助會（請見下文解釋），僅出現於印度一地。
- 惠貧保險：僅在孟加拉找到。採取 NGO 微型貸款銀行的方法，提供窮人生死合險（連結人壽保險的儲蓄計畫），收到保費後再轉貸給窮人。
- 存錢社團：參加者一起替特定目標存錢，例如宗教慶典，且不將基金轉貸出去。
- 互助會（SoSCA）：一種儲蓄與貸款社團，人數固定的成員在固定的時間間隔，繳交固定金額，集合眾人的錢，由一名會員在每一輪取走全部的基金（互助會有多種形式）。
- ASCA：「累積儲蓄與信用協會」（accumulating savings and credit association）的縮寫。ASCA 不同於互助會的地方，在於會員定期存錢，累積基金，接著將基金放貸給一至多名會員。
- 喪葬社團：南非現象。非正式的社團，成員是彼此的保障，負責拿出喪葬費用。
- 協助互助會與社團（umgalelos）：南非互助會與 ASCA 的別名。
- 共用薪水（salary timing）：和其他人商量好，薪水下來時共用。
- 互惠式無息借出與借入：朋友、鄰居、家人之間的借貸，不需要利息，但欠下人情債，有義務在未來也得借錢給對方。
- mahajan 與 mashonisa：南亞與南非的詞彙，意思是牟利的地方放貸者。
- 保管金錢：請別人替你保管錢，對方通常是親戚、鄰居、雇主或店老闆。
- 寄錢回村莊：城鎮居民經常以這樣的方式，在家鄉儲蓄與累積資產。值得注意的是，在我們的南非研究中，寄錢回村莊被視為支出，而非財務工具，因為我們知道收到錢的家人，會把錢用於自己的需求，而不是存起來。孟加拉與印度則通常（不一定）把收到的錢拿去做某種投資，例如：買土地、房子或放貸，此時我們將寄錢回家鄉視為儲蓄。

務組合，窮人的組合也多元化，配合不同的需求與時機，使用不同工具。附錄二替每一國提供五個家戶的組合範例，更多的三國家戶樣本背景介紹與財務組合，以及依據財務日記資料所做的各式主題研究，可參見：www.portfoliosofthepoor.com。完整的南非日記資料集請見：www.datafirst.uct.ac.za。

財務日記法的優缺點

仔細回溯每個家戶的現金流後，可以看出日記法相較於問卷調查的優點。南非的複雜版本日記，讓本書作者柯林斯得以正式評估日記調查表在多少程度上掌握了完整的現金流。每次調查期間（通常涵蓋兩星期）的資金來源（收入＋流入家戶的金融流），用於比較資金用途（支出＋流出家戶的金融流），再調整訪談期間期初與期末的手中現金。兩者的金額差異被稱為「誤差範圍」，代表家戶高報或少報多少現金流。這種作法被用來追蹤資料品質，田野調查人員接著在下次的訪談立即取得反饋。圖Ａ一．一顯示經過前六次的訪談後，誤差範圍開始縮小，此時訪談員與受訪者更加了解彼此，也建立起信任感。我們發現要經過六次的日記問卷調查後，甚至要熬過了初期的訪談，才有信心掌握完整的家戶現金流資訊。[14]

我們也鼓勵訪談員探索伴隨交易而來的情緒，引出受訪者對於使用不同工具的看法，評估家戶重視財務活動的程度，亦即他們視為生活中重要／不重要的環節。我們逐字記錄訪談內容，出乎意料的說法尤其要特別記錄。我們的研究法因此屬於混合型——在一段期間內，在當下同時捕捉量化與質性資料。

日記法的侷限同時也是優點：前文提過，最重要的一點是我們合作的家戶數量太少，不足以代表整體人口。此外，也會有人質疑，我們的參與會改變部分

[14] 若目的是要蒐集十二個月的資料，我們建議蒐集十五個月的資料。頭三個月的資料是在建立信任感與了解背景，但因為不精確，不適合用於正式的分析。我們也發現，在宗教或文化慶典的期間，南非的現金流資訊品質下降。從圖Ａ一．一可看出，誤差範圍在研究期間的尾聲增加，原因是時間逼近耶誕季節，家戶除了很忙碌（沒興趣做訪談！），還會大量消費。

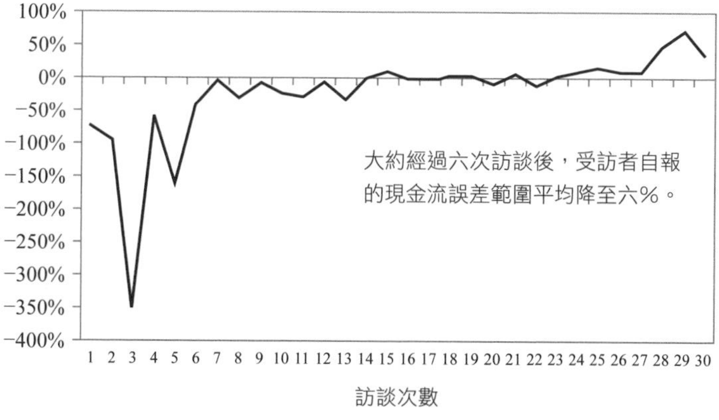

圖Ａ一．一　南非自行通報的現金流誤差範圍（資金來源百分比）

受訪者的行為。有時或許是這樣沒錯。在我們的最後一次訪談，部分受訪者感謝我們，說我們「幫了他們很多」。太好了，我們鬆了一口氣。我們很難判斷受訪者為什麼感謝我們，謝謝一年來的陪伴？還是說他們感到向我們描述自己的財務交易，帶來真正的益處？或許就像協助減重的慧優體（Weight Watchers）一樣，我們的家戶因為不斷被問及財務交易，因此想要好好表現，不過要是沒有另一種的研究設計做對照，很難確認我們究竟帶來多少影響。

此外，財務日記高度側重金融服務與工具的使用者，也就是說我們對於相關服務的提供者比較少有直接的論述。日記並未協助我們參與微型金融世界裡最激烈的部分辯論，即永續性與補助所扮演的角色。[15]不過，我們可以替另一個辯論主題提供新鮮觀點，這個主題理應是金融業者心中最重要的事：從客戶的角度理解微型金融的服務與工具。[16]

15 相關辯論可參見：Cull, Demirgüç-Kunt, and Morduch（2009）。

16 我們欣慰有獨立的研究，在其他地點重現財務日記法，包括非洲的馬利與馬拉威：Samphanthaak and Townsend（2008）同時還替研發適用於家戶的損益表與資產負債表打造理論基礎。

附錄二

財務組合範例

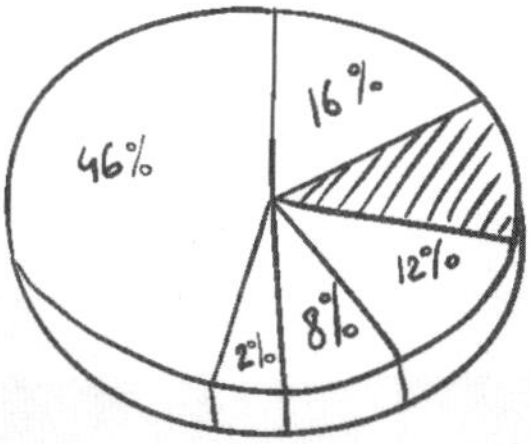

本附錄中的每一個財務組合濃縮了各種質性與量化資訊，我們首先描述家戶情形，包括成員來自何地、謀生方式與擁有哪些實體資產。資訊頁的對頁是家戶金融淨值表，分成資產與負債兩大項，再依每一種財務工具的正式程度細分。我們列出在一年研究期間的期初與期末，每一項財務工具的餘額。為了顯示出每一種工具在整體組合中的重要程度，下一欄會顯示整體期末資產或負債所占的百分比。第二章提過，某些工具的交易額與餘額有很大的差異，因此再下一欄是交易額。同樣的，我們希望藉由資產或負債的整體周轉比重，描述出每一種工具的重要性。最後還替每一種工具提供附註，方便讀者理解每種工具的使用方式。

每一份組合的最後，簡短描述該組合如何在一年中發生變化。我們除了留意金融淨值是否發生增減，以及背後的理由，也強調哪些工具似乎滿足現金流管理的目的，用於累積大筆款項與管理風險。

詮釋組合時要注意兩點：第一，財務日記讓我們得以發現或重新解釋財務工具。我們起初不曉得家戶使用那些工具。南非的日記版本較晚出現、較為資料庫導向，讓我們得以回填空缺的餘額與交易，但孟加拉與印度較早的日記版本，無法將這點納入考量。這就是為什麼讀者會注意到這兩國的組合中，有好幾項期初餘額為零。第二，請留意期初與期末餘額是在每個月的開頭與結尾記錄，但一個月份的交易並未剛好在日曆的月份開始與結束，舉例來說，南非有部分家戶每個月領到薪水，錢直接匯入銀行戶頭。如果我們的期末結餘剛好落在薪水存入後、被提領前，有可能誤以為家戶在那個月存了很多錢。儘管可能產生誤會，我們希望讀者會感到這些範例有幫助，其餘的家戶組合請見：www.portfoliosofthepoor.com。

孟加拉達卡司機的家

賈德（Jaded）小時候在村裡念過十年書，長大後到達卡找工作，還學會開車，以孟加拉的貧民來講，不是人人都有機會學會這項技能。賈德目前五十多歲，住在防洪堤上違法興建的鐵皮小屋裡。同住的人包括他的第二任妻子與兩人的三個孩子，以及第一段婚姻的大兒子。賈德是某位中產階級寡婦的司機，月薪八十元，不是很多，但雇主按時給錢，還讓他預支薪水。賈德家沒有太多資產，只有一間小屋和家具，包括一台風扇、一台電視、一個木床、一張桌子與幾張椅子，加起來大約值四百五十元。妻子詩琳（Shirin）很能幹，在街坊經營販售紗麗的小生意，由她負責家中大部分的財務交易，但依據地方上的傳統，賈德才是一家之主。

如同許多的孟加拉組合，他們家的負債相對於現金流算小，資產輕鬆超過負債，即便在研究的一年之中，正淨值下降，主因是他們的微型金融機構儲蓄減少。詩琳為了販售紗麗以及家中的需求，領出存款。夫妻倆積極參與多種形式的財務活動，包含半正式的微型金融機構（太太詩琳和兩人的女兒，開了至少七個微型金融機構戶頭，從其中四個借了錢）與非正式部門。夫妻每日管理金錢的方法，包括向先生的雇主借錢、向店家賒帳，以及從鄰居那借了幾筆錢，有的要利息、有的不用。詩琳很會存錢，通常有辦法私下借錢給別人，或是讓別人抵押東西，從中獲利。她的紗麗販售事業，部分靠來自微型金融機構的資金，但她抱怨為了錢的事要花很多時間。

表 A 二・一　研究年度的期初與期末金融淨值
（依市場匯率換算成美元）

		起始金額	最終金額	占組合餘額比[a]	交易額[b]	占組合交易額比	備註
資產							
非正式	銀行儲蓄	8.00	8.00	2%	0.00	0%	一年之中都是靜止戶
非正式	惠貧人壽保險	180.00	190.00	49%	10.00	1%	未定期存入
半正式	微型金融機構存款	216.40	136.70	36%	176.30	20%	向數間微型金融機構每星期存款與提領數次
非正式	無息借錢給他人	0.00	26.00	7%	72.80	8%	至少借七筆小額的錢給鄰居
非正式	借錢給他人，收利息	0.00	1.60	<1%	1.60	<1%	借出＄1.60，太太收取＄1.60利息
非正式	借錢給他人，收抵押品	0.00	0.00	0%	60.00	7%	兩筆小額借貸，擔保品是金飾
非正式	商品賒帳	0.00	0.00	0%	258.00	30%	太太償還所有的生意欠款
非正式	錢存放在家中	100.00	20.00	5%	280.00	32%	周轉放在鐵櫃裡的大量現金
非正式	撲滿	0.00	0.30	<1%	6.54	<1%	太太未認真放錢
非正式	錢放在身上	1.00	1.00	<1%	4.00	<1%	工作時放在先生身上
	總計	505.40	383.60	100%	869.24	100%	

表A二·一　研究年度的期初與期末金融淨值（續）
（依市場匯率換算成美元）

		起始金額	最終金額	占組合餘額比[a]	交易額[b]	占組合交易額比	備註
負債							
半正式	微型金融機構貸款	212.00	98.00	94%	454.00	42%	向數家微型金融機構借款，主要用於販售紗麗
正式	無息借貸	0.00	6.00	6%	26.00	2%	向鄰居借了兩筆錢，一筆是大兒子借的
	有息借貸	0.00	0.00	0%	200.00	18%	有一筆借款，不好取得
	賒帳	0.00	0.00	0%	80.00	7%	固定向雜貨店小額賒帳
	預支薪水	0.00	0.00	0%	240.00	22%	雇主讓先生每幾個月借錢一次，以薪水作為擔保
	替人保管錢	0.00	0.00	0%	100.00	9%	兩名鄰居經常託太太保管錢
	總計	212.00	104.00	100%	1,100.00	100%	
	金融淨值	293.40	279.60	總金流	1,969.24		

[a] 期末的資產或負債值除以總金額；表A二·二至A二·一五的相同欄位亦同。

[b] 流入工具加流出工具的金額；表A二·二至A二·一五的相同欄位亦同。

孟加拉達卡成衣工人的家

我們在第四章介紹過這家人。三年前，長子蘇鳩（高中學歷）帶著媽媽、妹妹、三個弟弟離開家鄉，前往達卡，他們在村子裡找不到工作。到了達卡後，全家人住在租來的一個灰泥磚牆房間。成衣業正在擴張，除了最小的弟弟，蘇鳩想辦法幫每一個家人都找到工廠工作，每月工資是二十元至四十五元。

一家人奮發向上，除了母親之外，身體都很好。他們幫家裡買了東西，有一台電風扇和一台電視。他們在村子裡有土地當後盾，大約價值一千兩百元。此外，這家人和村子保持聯絡，向微型金融機構借錢，貸款買更多地，租給佃農，每次收穫都能拿到一些糧食。

此外，他們很聰明，一下子就懂微型金融機構、互助會與ＡＳＣＡ提供的機會，即便長子的互助會被倒會，看來投資的錢打了水漂。妹妹加入成衣廠的ＡＳＣＡ，很適合儲蓄與借貸。他們雖然才剛搬到貧民窟，一下子就和鄰居混熟（許多人與他們同鄉），有辦法借到不用利息的錢。金額雖然不大，但通常能幫助他們撐過家中的現金流問題。

從正式的銀行儲蓄帳戶（雖然長子很少像他發誓的那樣，每個月都存一點錢），一直到半正式的微型金融機構，再到數種非正式的工具，他們很快就用起各式各樣的工具，改善金融資產的金額。負債同樣也增加了，不過那是因為他們靠微型金融機構的貸款買下更多地。

表A二·二　研究年度的期初與期末金融淨值
（依市場匯率換算成美元）

		起始金額	最終金額	占組合餘額比	交易額	占組合交易額比	備註
資產							
正式	銀行儲蓄	84.00	94.00	50%	10.00	4%	試圖每個月存一點錢，但通常沒成功
	惠貧人壽保險	20.00	36.00	19%	16.00	6%	保險員上門時間不固定，不再存錢
半正式	微型金融機構存款	12.00	24.50	13%	12.50	5%	妹妹是會員，每週存錢
非正式	互助會存款	20.00	14.00	7%	6.00	2%	被倒會，兒子只拿回部分的錢
	ASCA存款	8.00	4.00	2%	108.00	42%	妹妹加入同工廠的工人組成的ASCA
	無息借錢給他人	0.00	0.00	0%	20.00	8%	借錢給很快就還的妹夫
	錢藏在家中	14.00	14.00	7%	40.00	16%	在皮箱裡存放部分積蓄
	錢放在身上	1.00	1.00	<1%	4.00	2%	由戶長保管
	匯錢回家鄉	0.00	0.00	0%	40.00	15%	寄給留在村裡的弟弟，修理祖宅的屋頂
	總計	159.00	187.50	100%	256.50	100%	

		起始金額	最終金額	占組合餘額比	交易額	占組合交易額比	備註
負債							
半正式	微型金融機構貸款	26.84	50.24	84%	336.60	40%	母親是微型金融機構會員：有兩筆貸款，其中一筆用於購買村裡的地，因此拿到一些農產品
非正式	無息借款	0.00	0.00	0%	156.00	18%	至少借過十筆小額的錢，立刻償還
	ASCA借款	0.00	0.00	0%	80.00	9%	妹妹替家用借兩筆錢
	賒帳購買商品	10.00	10.00	16%	254.16	30%	經常賒帳，大部分是欠雜貨店錢
	欠繳房租	0.00	0.00	0%	24.00	3%	不常欠繳
	總計	36.84	60.24	100%	850.76	100%	
	金融淨值	122.16	127.26	總金流	1,107.26		

孟加拉中北部鄉間無土地、打零工的家戶

山佛（Saiful）與奈姬絲（Nargis）是一對年輕夫婦，有兩個還小的孩子。他們沒有土地，不識字，住在山佛自己蓋的小屋。山佛找得到零工時，在地方上的農田工作，或是受雇當人力車夫。他在田裡工作時，一天的報酬是大約值八十分錢的穀物，以及現金七十分左右：如果當車夫，一天可以淨賺一元至一．五元，而他平均一個月有二十二天能找到工作。這家人屬於孟加拉樣本中最貧窮的家戶，老大上學了，小的那個還是嬰兒。夫妻倆身材健壯，大部分的時候很健康。

這家人和我們的許多家戶財務組合一樣，不論是從絕對值來看，或者與他們運用的許多工具的現金流相比，年終時資產與負債的餘額都很小。財務組合包含兩種交易：一方面，他們有數筆小額儲蓄與貸款，用於補足日常現金不足之時，少有大額交易。最大的工具是一筆微型金融機構的貸款，奈姬絲在年末加入那個組織，理由是「我看到其他女性也加入」。他們起初把貸來的錢擺在家裡，不確定該如何處理。接下來，他們怕會浪費這筆錢，便借給親人並收取利息，這件事改善了他們的資產狀況。奈姬絲加入微型金融機構後，開始存錢在機構那。

此外，他們和正式的金融業者完全沒往來，即便附近的市場上就有好幾間商業銀行，而

且保險公司在那一區很活躍。他們唯一的半正式夥伴是一間小型的地方微型金融機構，但那個機構經營不善，後來倒閉。他們其餘的財務生活發生在非正式部門，靠家人與鄰居支持，並透過自己的努力在家中存錢。這家人擔心錢的事，太太尤其煩惱。

表 A 二 · 三　研究年度的期初與期末金融淨值
（依市場匯率換算成美元）

		起始金額	最終金額	占組合餘額比	交易額	占組合交易額比	備註
資產							
半正式	微型金融機構儲蓄	0.00	49.00	70%	49.00	22%	在每週的聚會存錢
非正式	無息借錢給他人	0.00	0.00	0%	0.60	0%	借了一筆短期的錢給鄰居
	借錢給他人，收利息	0.00	20.00	29%	60.00	27%	借了兩筆錢給親人，資金來自他們的微型金融機構貸款
	在家存錢	0.08	0.10	0%	103.12	47%	錢存放在撲滿與櫃子裡，後來花掉
	錢放在身上	1.00	1.00	1%	2.00	1%	永遠放在先生口袋裡
	錢交給他人保管	2.00	0.00	0%	4.00	2%	放在隔壁鄰居家一陣子，避免誘惑
	總計	3.08	70.10	100%	218.72	100%	

表A二·三　研究年度的期初與期末金融淨值（續）
（依市場匯率換算成美元）

		起始金額	最終金額	占組合餘額比	交易額	占組合交易額比	備註
負債							
半正式	微型金融機構貸款	0.00	33.32	63%	46.68	42%	一筆貸款，轉借錢給別人，年末時收回部分的錢
非正式	無息借貸	0.00	4.30	8%	41.70	38%	向鄰居與家人借了十三筆小錢
	有息借貸	4.00	10.00	19%	14.00	13%	為了消費與醫藥費，借了兩筆貸款
	賒帳	1.00	1.00	2%	4.00	4%	向地方上的雜貨店，賒了三次小錢
	預支工資	0.00	4.00	8%	4.00	4%	是堂弟的錢，先生打算在收穫季節靠幫忙做工償還
	總計	5.00	52.62	100%	110.38	100%	
	金融淨值	−1.92	17.48	總金流	329.10		

孟加拉中北部鄉間的木材小販

詹曼（Zaman）與佩瑞提（Preeti）這對夫婦有高中學歷，十八歲的兒子也還在讀書，但教育並未帶給他們取得資本的管道。先生經營的木材貿易事業因為缺乏資源，經營得不太順利；他們另外也在家中開了一間小店，有能力時會開門做生意，通常得靠這間店的每日進帳生活。雖然他們夫妻住在鄉下，但沒有農田做後盾，只在一小塊地上擁有一間簡樸的房子。

詹曼做的買賣是把木材從森林深處的鋸木工那裡，運送到地方市場上的鋸木廠。他盡量以「無本生意」的方式來做這個買賣，只有當他從鋸木廠拿到錢後才付錢給鋸木工，但很難做到。所以，每當有辦法借到錢，會用在事業的周轉上，而不是用來擴張事業。

為了讓木材事業順利一點，詹曼四處向許多源頭借錢。他是三間微型金融機構的會員，他抱怨每一間都只肯一年借一次錢，還堅持要他每週都還款，因此感到很麻煩。儘管如此，微型金融機構是他最可靠的借錢對象，而且比收利息的私人借貸便宜。只要有機會，詹曼就會靠「互惠式」的地方無息借款方式過活。他學生時代的老友是公務員，同意把錢放在他那，有賺錢的話兩人共享。詹曼只在有獲利時，才付那個朋友利息。他不曾告訴家人這件事，朋友到店裡討錢時，他的妻兒嚇了一大跳，我們那天剛好也在。

在一年的研究期間，這家人的財務狀況似乎大幅改善，淨值由負轉正，而且金額頗高，原因之一是他們在微型金融機構戶頭裡累積起來的存款。另一個原因則風險較高，詹曼為了籌措資本，砍下自家土地上的樹木，沒收到貨款，就先交給鋸木廠。在帳面上，他的資產增加了，但風險是鋸木廠有可能賴帳。負債也增加，詹曼向微型金融機構借了更多錢，此外還有幾筆要利息的非正式借貸。

表 A 二 · 四　研究年度的期初與期末金融淨值

（依市場匯率換算成美元）

		起始金額	最終金額	占組合餘額比	交易額	占組合交易額比	備註
資產							
正式	銀行儲蓄	4.00	4.00	<1%	0.00	0%	妻子名下的帳戶，是靜止戶
半正式	微型金融機構存款	82.60	114.30	8%	114.92	8%	他們是三間微型金融機構的會員
非正式	無息借錢給他人	0.00	0.00	0%	4.00	<1%	借了一筆小錢給親戚
	賒帳先給貨物	0.00	1,270.00	91%	1,330.00	91%	主要是先把自家木材交給業者，得等業者給錢
	錢藏在家中	3.00	3.00	<1%	6.00	<1%	將非常少量的錢藏在屋樑裡
	撲滿儲蓄	0.00	0.00	0%	6.00	<1%	先生拿去幫店裡周轉
	總計	89.60	1,391.30	100%	1,460.92	100%	

		起始金額	最終金額	占組合餘額比	交易額	占組合交易額比	備註
負債							
半正式	微型金融機構貸款	114.50	229.42	52%	1,345.08	66%	先生加入兩間微型金融機構，妻子加入一間，先生能向微型金融機構借多少錢就借多少錢
非正式	無息借貸	0.00	0.00	0%	210.00	10%	我們發現九筆借款，但可能還有非常多筆沒計算到的。詹曼不願意告訴我們所有的細節，偶爾才吐實
	有息借貸	98.00	130.00	30%	368.00	18%	我們注意到四筆貸款，但可能還有其他筆
	買東西賒帳	90.00	20.00	5%	110.00	5%	累積好幾個月欠商店的錢
	向朋友借錢；有獲利的話給利息	58.00	58.00	13%	0.00	0%	擔任政府雇員的朋友的投資，有利潤的話可以分到
	總計	360.50	437.42	100%	2,033.08	100%	
	金融淨值	−270.90	953.88	總金流	3,494.00		

孟加拉達卡，戶長為女性

安芭（Amba）在達卡貧民窟土生土長，我們認識她時，她四十八歲左右，身形十分瘦弱，看起來健康不佳。安芭的先生大約在十四年前，為了別的女人拋棄她，後來她在十幾歲兒子的幫忙下，撐起一個家。兒子偶爾會當車夫，外甥幫忙負擔這個孩子的生活費。此外，安芭還得照顧一個小女兒。

安芭的情形不好懂：她的一房住宅比許多鄰居的家都大，家具也多，有電風扇、電視，還有擺在豪華木櫃上的大型音響組。我們剛認識她時，外甥和她同住，除了繳房租還買食物，也因此我們評估安芭的家境相當不錯。然而，外甥很快就搬走，安芭的財富在一年剩下的時間快速縮水。她用簾子隔開房間，分租出去，並且替房客煮飯。安芭籌到資金時，在貧民窟叫賣紗麗，大家都認識她，她也會借錢給有典當品的人。然而，在一年的研究期間裡，她的兒子海洛因成癮，吸光家中資源。安芭找到女傭的工作，工資很低，十二歲的女兒也被送去當幫傭。

安芭最大的財務流與微型金融機構貸款有關，以及別人拿抵押品找她借錢：這兩項有關聯，因為她有時是拿微型金融機構貸款的錢來借給其他人。此外，安芭也以非正式的方式借錢，有的要利息、有的不用。

由於安芭嘗試按時繳交惠貧式保險的保費（雖然僅成功一部分），盡量不領出微型金融機構的存款（她說服某個欠她錢的人負責放錢進去），再加上她或多或少準時償還微型金融機構的貸款，儘管兒子讓她碰上財務問題，她的財務狀況仍有所改善。安芭最大的負債是兩筆不收利息的欠款。

表 A 二 · 五　研究年度的期初與期末金融淨值
（依市場匯率換算成美元）

		起始金額	最終金額	占組合餘額比	交易額	占組合交易額比	備註
資產							
正式	銀行儲蓄	8.00	16.00	5%	8.00	3%	我們認為這筆餘額可能屬於外甥
正式	惠貧人壽保險	76.00	100.96	30%	24.96	10%	保單的名字是女兒
半正式	微型金融機構存款	24.00	41.60	13%	17.60	7%	把微型金融機構貸款來的錢，又轉借給別人。自年中起，由那個向她借錢的人負責存這個戶頭
非正式	無息借錢給他人	40.00	40.00	12%	0.00	0%	一筆很久沒消息的借貸
非正式	借錢給他人，收利息	0.00	135.60	40%	184.40	77%	把從微型金融機構貸款來的錢，收抵押品借給地方上的人。部分的欠款得以收回
非正式	錢放在身上	2.00	2.00	<1%	4.00	2%	塞在紗麗裡的皮包
	總計	150.00	336.16	100%	238.96	100%	

表A二·五　研究年度的期初與期末金融淨值（續）
（依市場匯率換算成美元）

		起始金額	最終金額	占組合餘額比	交易額	占組合交易額比	備註
負債							
半正式	微型金融機構貸款	42.40	95.00	43%	267.50	42%	付清一筆貸款，又借了一筆
	無息借貸	0.00	100.00	46%	120.00	19%	借了三筆錢，快速還掉比較小的那一筆
	有息借貸	0.00	0.00	0%	120.00	19%	借了兩筆錢，利息一〇%，一筆為了消費、一筆為了還債
	抵押東西借錢	0.00	2.00	1%	40.00	6%	借錢治療染上毒癮的兒子
	房租欠繳	22.00	22.00	10%	88.00	14%	不斷遲繳房租
	總計	64.40	219.00	100%	635.50	100%	
	金融淨值	85.60	117.16	總金流	874.46		

印度德里兩個打零工的人

索曼斯與詹納斯這對兄弟（第二章介紹過他們）在比哈爾邦長大，為了找工作，從東部搬到西部，一九九四年抵達英迪拉貧民窟。兩人二十五歲上下，念過幾年書。該貧民窟的土地是英迪拉·甘地（Indira Gandhi）在執政期間於一九八〇年提供，住著五千個家戶，居民受雇於德里歐克拉工業區的工廠。貧民窟的房子建材是磚頭與水泥，兩層樓或甚至三層樓的公寓，擠在狹窄的水溝旁，中間橫越一條大排水溝，工業廢棄物與汙水從中流過。索曼斯與詹納斯都已婚，妻兒、父母和小弟住在村莊。全家族沒有田地，只能重度倚賴兩兄弟省下工資寄錢回老家。在進行研究的那一年，兄弟倆幾乎寄不了任何錢，直接導致家中必須借高利貸才能生活。索曼斯與詹納斯設法在歐克拉的成衣廠與化學廠找工作，一直前途茫茫，研究期間兩人同時有四個月完全沒工作。

由於他們在一年之中不是很順，淨值轉負，愈陷愈深，以致只寄了三次錢回村莊，而且金額很小。支出一直超過收入，債務愈欠愈多。他們避免向也住在城市的少數幾個親戚借錢，每天靠著跟同事與鄰居借不用利息的小錢過日子，一年之中積欠房租，在雜貨店賒帳。他們趁回村時借了要利息的錢，在德里則盡量不借這種錢，因為利率較高。由於工資低、工作又不固定，他們幾乎完全無法留住部分的收入寄回家。兩兄弟感到有組織的儲蓄計畫，應該能讓他們維持存錢的紀律（例如每天上門收存款的人或互助會），但哥哥兩年前被騙過，不願意把已經少到可憐的工資交給陌生人保管。至於把錢存在銀行，對兩兄弟來講就算方便也不可能做到，因為他們沒有德里居民的身分證（當地的「配給證」〔ration〕）。

表 A 二・六　研究年度的期初與期末金融淨值（依市場匯率換算成美元）

		起始金額	最終金額	占組合餘額比	交易額	占組合交易額比	備註
資產							
非正式	寄錢回家	0.00	48.12	100%	48.12	100%	一年之中，僅寄了三筆小錢回村莊
	總計	0.00	48.12	100%	48.12	100%	
負債							
非正式	無息借貸	31.38	34.52	16%	44.98	8%	沒工作與回鄉下老家時，四度向德里的朋友借生活費
	有息借貸	0.00	71.13	33%	71.13	13%	為了家人與在德里的生活費，向村裡的放貸者借了兩筆錢
	預支薪水	0.00	20.92	10%	20.92	4%	由於工作不穩定，幾乎無法預支薪水
	拖欠房租	0.00	41.84	19%	148.54	28%	失業五個月的期間，無法付房租
	店舖賒帳	0.00	46.55	22%	251.57	47%	
	總計	31.38	241.96	100%	537.14	100%	
	金融淨值	−31.38	−166.84	總金流	585.26		

印度德里的工廠監工

薩提斯．潘蒂（Satish Pandey）原本是比哈爾邦人，在家鄉有一小塊土地，但一場洪水摧毀了家中農作物，一九八八年到德里找工作。他是我們的樣本中唯一的大學畢業生，一九九一年成為化學廠的固定員工，兩度升遷後，二〇〇一年的月薪是七十三元。他和弟弟同住，還出租隔壁間，賺取租金。潘蒂的妻兒大部分時間都住在鄉下，和叔伯、妯娌、公婆同住。由於一家人能靠農田收入滿足基本需求，潘蒂寄回家的錢主要用於婚喪喜慶與投資，例如蓋磚造的房子。

儘管薪水（相對）高又穩定，又有眾多財務需求（主要是為了蓋房子與村裡辦婚禮，但也要招待客人與改善在德里的住處），潘蒂幾乎不曾與正式的金融服務業者打交道。他的銀行戶頭除了存雇主提供的政府退休金之外，其他時候沒在用。他的解釋是錢來來去去的速度太快，用不到銀行帳戶。他較為大筆的錢，來自收取利息的放貸者，以及互助會與ASCA等團體計畫，靠這些錢輔助私底下的「你來我往」交易。除了直接寄回村裡的錢，潘蒂喜歡動用各種人脈借錢，對於無法用來借錢的儲蓄，沒有太大的興趣。

表 A 二・七　研究年度的期初與期末金融淨值
（依市場匯率換算成美元）

		起始金額	最終金額	占組合餘額比	交易額	占組合交易額比	備註
資產							
正式	公積金	604.44	733.08	54%	128.67	13%	自薪水扣除的政府退休金（雇主負擔相同金額）
非正式	無息借錢給他人	0.00	0.00	0%	41.84	4%	三筆「互惠」借貸，很快就把錢拿回來
	互助會儲蓄	−150.63	4.18	0%	154.81	15%	標會。他在我們展開研究前已經拿走會錢
	ASCA 儲蓄	−86.82	0.00	0%	86.82	8%	由於他是辦公室裡 ASCA 的出納，在研究年度開始前，他借的錢超過儲蓄金額
	寄錢回家	0.00	621.34	46%	621.34	60%	三度寄一大筆錢回家，改建村裡的房子
	總計	366.99	1,358.60	100%	1,033.48	100%	

表 A 二 · 七　研究年度的期初與期末金融淨值（續）
（依市場匯率換算成美元）

		起始金額	最終金額	占組合餘額比	交易額	占組合交易額比	備註
負債							
半正式	無息借貸	83.68	225.94	47%	569.04	43%	他為了在德里的花費（招待客人、修理房屋）與返鄉，借了七筆錢；三個月內還清
	有息借貸	322.18	219.67	46%	102.51	8%	兩筆定期繳交利息的舊貸款
	預支薪水	0.00	0.00	0%	334.73	26%	兩個月內五度預支薪水，全是為了返鄉
	賒帳	0.00	34.52	7%	296.03	23%	
	總計	405.86	480.13	100%	1,302.31	100%	
	金融淨值	−38.87	878.47	總金流	2,335.79		

印度北方邦東部的鄉村農人家戶

杜羅悉陀還小的時候，父母從娘家的舅舅那裡繼承了十英畝的肥沃良田，大幅改變一家人的命運。家中原本世世代代都是牧羊人，但如今這個大家庭（杜羅悉陀夫婦、兩個兒子、媳婦、六個孫子）的重心不再放在剪羊毛，愈來愈轉向農務。杜羅悉陀的大兒子崔文尼（Triveni，四十歲，有十年級學歷），過去在孟買做過幾份工作，數度擔任幾個月的守衛，貼補農田收入（在我們的研究期間，平均每月不到三十六元），每次回家大約能帶回一百〇五元的積蓄。崔文尼在研究期間因為不願意離開老父與愈生愈多的孩子，在地方上尋找領薪水的工作（沒有成功）。

按照地方標準來看，這家人有十畝田，算是大農家，因此有辦法從各種管道取得機構貸款，尤其是官股銀行與農業合作社。他們向村裡與村莊附近認識的大量朋友借用小筆的金錢、商品與服務；盡量不借索取利息的錢，亟需現金時，可以出售穀物與綿羊。由於有農田與家畜資產，又能借到便宜的銀行資金，所以一家人對新興的現金儲蓄產品市場沒興趣（目前還沒有）。

一年間，這家人的淨值嚴重縮水，主因是債務增加。他們向兩大銀行增貸，家中很少存錢，把無息借出去的錢當成最重要的金融資產。他們在研究年度的期初借出去的錢，在一年之內陸續收到還款。

表 A 二・八　研究年度的期初與期末金融淨值
（依市場匯率換算成美元）

		起始金額	最終金額	占組合餘額比	交易額	占組合交易額比	備註
資產							
正式	銀行儲蓄	5.23	5.23	20%	0.00	0%	一年之中不曾使用儲蓄帳戶
非正式	無息借錢	85.77	20.92	80%	64.85	100%	借給村外的朋友一大筆錢，幾個月內收回大部分的錢，還剩一些沒還
	總計	91.00	26.14	100%	64.85	100%	
負債							
正式	銀行貸款	684.64	1,192.47	87%	1,960.79	59%	主要是兩筆靠地契借到的大型銀行貸款，十二至十八個月後償還，年利率一三%
非正式	無息借貸	0.00	8.37	1%	1,215.90	37%	五筆小額借款與一筆非常大的借款：向開雜貨店的朋友借錢，償還銀行貸款
	商店賒帳	92.05	145.82	11%	103.97	3%	固定靠信貸購買雜貨
	預支服務	10.46	18.83	1%	12.55	<1%	麵粉廠與醫生
	預先售出的存貨	0.00	6.28	0%	14.64	<1%	從貧窮鄰居那取走少量穀物，試圖將穀物價格固定在低價
	總計	787.15	1,371.77	100%	3,307.85	100%	
	金融淨值	−696.15	−1,345.62	總金流	3,372.70		

印度北方邦東部賣鍋子的鄉村家戶

費札爾（第三章提過他）四十歲，不識字，是比迪菸（廉價香菸）工廠經理的兒子，母親是庫需法拉村（Kushphara）的人。一九八五年時，母親家鄉的村委會分給費札爾一座農莊。我們認識費札爾時，他是鋁鍋商人，騎腳踏車到鄰近的村莊兜售，獨子正在接受裁縫訓練。費札爾的妻子、長輩、七個女兒負責捲比迪菸，論件計酬。在研究年度的開頭，這家人靠著費札爾四處工作累積了不少儲蓄，但年中時情況急轉直下，費札爾碰上腳踏車意外，摔斷腿無法工作一家人因為不想花錢（忙著存女兒結婚要用的錢），費札爾只去看傳統醫生，但斷腿的傷勢惡化，最後被迫花了近兩百五十元（全家人三分之二的年收入）住院看醫生。費札爾迫於無奈，與很久沒往來的父親和好。父親答應幫忙出一半的醫藥費。在研究剩下的時間，他們一家人少了費札爾的收入，只能苦撐。

儘管情況很不妙，一家人淨值惡化，但尚未完全變成負值，部分原因是雖然費札爾出意外，碰上財務危機，不過他們家完全只借不收利息的錢。雖然村裡的微型金融機構在鄰居之間很受歡迎，費札爾家不肯加入。費札爾的說法是他有辦法從地方批發商取得足夠的資金買存貨，要是借其他比較貴的貸款，就得以更快的速度更加努力工作，但他腿斷了，根本不可能。

意外發生後的大筆醫療費，費札爾家是靠兒子存放在雇主那裡的錢，加上提領銀行存款來支付。不過，他們選擇不中斷放在私人存款收取者的契約型儲蓄，靠著向鄰居借免利息的小錢度日。

表 A 二 · 九　研究年度的期初與期末金融淨值
（依市場匯率換算成美元）

		起始金額	最終金額	占組合餘額比	交易額	占組合交易額比	備註
資產							
正式	銀行儲蓄	152.72	10.46	11%	167.36	59%	四處做工的儲蓄與到期的定存，放在儲蓄帳戶。費札爾出腳踏車意外後，被提領出來
非正式	放在存款收取人那裡的儲蓄	33.47	71.13	73%	37.66	13%	私人公司提供契約型儲蓄產品，投資地方企業
	錢交由他人保管	62.76	0.00	0%	62.76	22%	兒子（裁縫學徒）把工資放在雇主那裡
	賒帳先給貨物	9.41	16.32	17%	18.41	6%	賣給附近村莊的鋁鍋
	總計	258.36	97.91	100%	286.19	100%	
負債							
非正式	預支工資	0.00	13.60	26%	97.28	23%	當裁縫學徒的兒子向雇主預支
	商店賒帳	20.92	39.54	74%	207.95	48%	
	服務賒帳	0.00	0.00	0%	125.52	29%	費札爾出腳踏車意外後，產生大筆醫療費。父親答應幫忙支付
	總計	20.92	53.14	100%	430.75	100%	
	金融淨值	237.44	44.77	總金流	716.94		

印度北方邦東部鄉村的裁縫家

庫需法拉村是穆罕（三十五歲，幾乎不識字）父親的村莊。穆罕在母親的第二個家庭長大，日後回到父親的村莊，認為可以在那裡當裁縫師傅，在地方上的商業地帶開店。穆罕以前在孟買工作，月收入五十五元，稍微高過他今日自行開業賺的錢。他返鄉是為了和妻兒同住。我們剛展開研究時，穆罕的妻子馬娜病痛不斷，無法工作。醫生診斷不出生了什麼病（或許與坐骨神經痛和骨結核有關），多次往返安拉阿巴德與瓦拉納西（Varanasi），最後又到密札浦（Mirzapur）求醫，和家人一直在那裡待到研究結束。家中資源主要用在她的健康問題。

馬娜是地方微型金融機構的會員，她在一年之中繳完第一筆貸款，接著貸了雙倍的錢。夫妻試著利用快速還款方案（二十四週內就還清貸款，而不是一般的五十週，每期繳相同的利息），但失敗了，被迫「降速」到可以晚點還清的方案。不過他們依舊拿不出錢，因為馬娜的病耗掉了收入。馬娜的健康每況愈下，朋友與親戚協助這對夫婦，穆罕遲繳店舖租金，依舊偶爾向放貸者借錢，但也認為微型金融機構提供新機會，可以試著替非緊急用途借借看（他們先前只有在碰上緊急狀況時，才借收利息的錢）。穆罕有固定收入，即便是用於家用（而非做生意）的欠款，也有辦法償還，但馬娜惡化的健康改變了一切。如同表Ａ二．十所示，他們在一年之中陷入愈來愈深的負淨值，主要原因是負債大增。

表A二・十　研究年度的期初與期末金融淨值
（依市場匯率換算成美元）

<table>
<tr><th></th><th></th><th>起始金額</th><th>最終金額</th><th>占組合餘額比</th><th>交易額</th><th>占組合交易額比</th><th>備註</th></tr>
<tr><td colspan="8">資產</td></tr>
<tr><td>半正式</td><td>微型金融機構儲蓄</td><td>2.09</td><td>0.75</td><td>2%</td><td>8.03</td><td>8%</td><td>和還款一起收取的小額儲蓄，抵銷年底沒繳的分期付款</td></tr>
<tr><td>非正式</td><td>賒帳提供服務</td><td>41.84</td><td>30.33</td><td>98%</td><td>95.19</td><td>92%</td><td>朋友賒帳取得他的裁縫服務，不願意給錢</td></tr>
<tr><td></td><td>總計</td><td>43.93</td><td>31.08</td><td>100%</td><td>103.22</td><td>100%</td><td></td></tr>
<tr><td colspan="8">負債</td></tr>
<tr><td>半正式</td><td>微型金融機構貸款</td><td>19.08</td><td>6.28</td><td>5%</td><td>213.64</td><td>36%</td><td>由於妻子健康惡化，夫妻很難還錢</td></tr>
<tr><td rowspan="5">非正式</td><td>無息借貸</td><td>3.14</td><td>69.67</td><td>56%</td><td>118.83</td><td>20%</td><td>因為妻子健康不佳借錢、店鋪租金、一筆微型金融機構還款</td></tr>
<tr><td>有息借貸</td><td>0.00</td><td>4.18</td><td>3%</td><td>10.46</td><td>2%</td><td></td></tr>
<tr><td>欠繳租金</td><td>29.29</td><td>36.61</td><td>30%</td><td>222.80</td><td>37%</td><td>先生的現金流能支撐時，償還店鋪租金。年末時支出增加，則手頭較緊</td></tr>
<tr><td>服務賒帳</td><td>2.09</td><td>0.00</td><td>0%</td><td>2.09</td><td>0%</td><td></td></tr>
<tr><td>店鋪賒帳</td><td>0.84</td><td>6.80</td><td>6%</td><td>28.56</td><td>5%</td><td></td></tr>
<tr><td></td><td>總計</td><td>54.44</td><td>123.54</td><td>100%</td><td>596.38</td><td>100%</td><td></td></tr>
<tr><td></td><td>金融淨值</td><td>−10.51</td><td>−92.46</td><td>總金流</td><td>699.60</td><td></td><td></td></tr>
</table>

南非盧甘基尼鄉間照顧愛滋孤兒的寡婦

七十七歲的諾莎（第四章介紹過）照顧四個孫子。一年前，諾莎的女兒死於愛滋病，兩個孫子來和她一起住。全家人住在通往陡坡的小徑尾端，房舍有兩棟建築物，全都破舊不堪。孫子來同住之前，諾莎的日子算得上好過，但現在一家五口只靠諾莎每個月一百一十四元的政府老人津貼，日子開始拮据。諾莎一遍又一遍試著向社工申請育兒津貼，但被打回票，女兒的喪事又讓諾莎遭逢雙重夾擊。諾莎因為想重建家中的傳統圓茅屋，原本就欠地方商店錢，她付掉喪事的錢，但還不了因此欠下的一年期貸款。諾莎靠著在菜園種菜、向放貸者借錢勉強度日，但已經搞不清楚到底欠了誰多少錢。

諾莎的財務組合主要由債務工具組成，欠各種債主錢，也因此年尾的淨值是負數。值得留意的是，她借了各種要利息或免息的錢，同時向放貸者與儲蓄社借。諾莎在其他方式都求助無門後，只得向放貸者借錢。不過，諾莎依舊想辦法清償，老人津貼下來時會還。從我們認識她一直到完成研究，她的財務狀況基本上沒變。儘管財務狀況不佳，諾莎的周轉金額高到嚇人，在十四個月間，她透過財務工具組合，流入與流出一共五千三百多元。

表 A 二．十一　研究年度的期初與期末金融淨值
（依市場匯率換算成美元）

		起始金額	最終金額	占組合餘額比	交易額	占組合交易額比	備註
資產							
正式	銀行儲蓄	0.00	23.08	24%	3,581.46	73%	津貼會匯入銀行戶頭，立刻提領
非正式	存錢社團的儲蓄	0.00	71.54	75%	133.08	3%	參加兩個存錢社團
非正式	錢放在家裡	0.00	0.23	<1%	1,141.92	23%	從銀行提領津貼，購買基本食物，剩下的錢放在家裡應付每日的需求
非正式	喪葬社				68.91	1%	參加兩間喪葬社
	總計	0.00	94.85	100%	4,925.37	100%	
負債							
非正式	無息借貸	0.00	58.46	32%	19.77	5%	向鄰居與家人借了四筆錢
非正式	向放貸者借錢	20.00	100.00	55%	84.88	20%	借了四筆錢，每月利率為二五%至三〇%
非正式	商店賒帳	76.92	23.38	13%	193.35	46%	向村裡兩間不同商店不斷賒帳
非正式	向儲蓄社借錢	0.00	0.00	0%	124.45	29%	向不同的儲蓄社借了四筆錢；付每月三〇%的利息
	總計	96.92	181.84	100%	422.25	100%	
	金融淨值	−96.92	−86.99	總金流	5,347.82		

南非盧甘基尼鄉間參加多間喪葬社的女性

六十五歲的女性諾奇莎（Nozitha）和兩個女兒、一個姪兒、五個孫子一起住在一條泥土路旁，那條路穿越微風吹拂的翠綠盧甘基尼。就在家門外，地勢突然下降成陡坡，對面的綠色山谷散布著圓茅屋與盒狀平房。家中所有的成員全靠諾奇莎每個月一百一十四元的老人津貼過活，不過分別在七月與十月，兩個最小的孫子開始每月可領二十六元的政府兒童補助。諾奇莎的大女兒（不住在家裡）偶爾會給她錢、食物、花園用的鐵絲網，但諾奇莎說不夠用。她最煩惱的事，就是要繳錢給她參加的七個喪葬方案，例如其中一個正式方案是殯葬業者會負責她本人的喪事，每個月會有人到家裡收七十五分錢。非正式的例子是諾奇莎參加喪葬社，每月繳一．五三元，但若是遲交，要罰三．〇八元。諾奇莎擔心遲交，借錢付喪葬社與食物的費用。在一年的研究期間，諾奇莎還向ASCA借錢，也向地方商店賒帳。此外，她也向私人販售者賒帳，購買小雞與衣櫥等各種東西。

雖然一年間，諾奇莎多了兩份育兒補助可領，但淨值赤字愈來愈嚴重。她每月的補助收入是一百六十六元，光是喪葬社的錢就要十九元。值得嗎？相較於村裡其他家戶的組合，她的喪事工具組合顯然「物超所值」，每個月每繳一塊錢，就能換得四十五元的喪葬服務。然而，即便把七個喪葬方案全部加起來，依舊不夠替她家裡每一個人支付喪事費用。家中四個成人，每一個人都大約會有一千五百元的喪禮支出，五個小孩則需要七百五十元。也就是說，他們全家人的喪事費用，將需要九千七百五十元，但諾奇莎辛辛苦苦繳錢的喪葬方案，只能支付大約一半的錢。

表A二·十二　研究年度的期初與期末金融淨值

（依市場匯率換算成美元）

		起始金額	最終金額	占組合餘額比	交易額	占組合交易額比	備註
資產							
正式	喪葬計畫				30.84	5%	向兩家保險業者投保
非正式	錢存放家中	18.46	9.54	100%	527.30	78%	領到現金津貼，購買基本日常用品，剩下的錢放家中應付每日需求
	喪葬社團				116.89	17%	參加五間喪葬社
	無息借錢給他人	0.00	0.00	0%	1.62	<1%	一年之中借了一筆小錢給鄰居
	總計	18.46	9.54	100%	676.65	100%	
負債							
非正式	無息借貸	0.00	58.46	32%	11.84	2%	向鄰居與親人借了五筆錢
	放貸者借款	20.00	100.00	55%	77.69	12%	借了三筆錢，每月利息二五%至三〇%
	商店賒帳	76.92	23.38	13%	240.84	39%	不斷向村中一間店賒帳
	向儲蓄社借錢	0.00	0.00	0%	118.46	19%	向不同儲蓄社借五筆錢；每月支付二五%至三〇%的利息
	向地方商人賒帳	0.00	0.00	0%	175.99	28%	向六個不同商人賒帳買東西
	總計	96.92	181.84	100%	642.82	100%	
	金融淨值	−78.46	−172.30	總金流	1,301.47		

南非深溝鎮的一對老夫婦

我們認識瑪麗（Mary）和詹姆士（James）時，他們分別是六十三歲、五十六歲。這對夫妻住在南非深溝鎮，該地是約翰尼斯堡周邊的都市區。一眼望去，深溝鎮由各式各樣的房屋拼湊而成：一排雜亂的違章建築，被一條骯髒溪流隔開，一旁是突兀但整齊的政府一房公宅。瑪麗和詹姆士夫婦住在這區的新房子，他們的家在盡頭，位於半山腰。夫婦倆從前和兩個兒子同住，但兩個兒子都在二〇〇三年十二月搬到鄉下。在一年的研究期間，瑪麗和詹姆士從違章建築搬進政府提供的房子。叔叔借住在他們的舊房子，但沒付房租。詹姆士以前有一份送貨的好工作，但一九九五年被裁員。他拿到資遣費，但錢幾乎全花在鄉間買了一棟要整修的房子。瑪麗以前是家庭清潔工，也在二〇〇三年十一月被裁員，但沒拿到資遣費。瑪麗在二〇〇四年八月開始做另一份工作，每月領到四十六．一五元。詹姆士偶爾打點零工，其他時候夫妻倆靠詹姆士手足給的錢過活。雪上加霜的是，他們的孫子在一年前夭折，地方上的葬儀業者讓他們以賒帳的方式辦喪事；我們第一次見到他們時，他們欠那個人一百〇七．七元，穩定還錢。但八月時，又有一場他們得拿錢出來的喪事，因此向朋友借了六十一．五四元。他們接著又向鄰居借了無數次小錢，鄰居開始拒絕他們。

瑪麗和詹姆士在孫子過世前，手頭就很緊，但後表的數字顯示，兩場喪事帶給他們的金融淨值多大的打擊，他們大部分的交易是向朋友與鄰居借錢。瑪麗和詹姆士的例子很典型，夫妻過著省吃儉用的拮据生活，出兩次事就讓他們陷入嚴重的貧窮陷阱。雖然擁有政府提供的新房子，看上去「資產豐厚」，但他們的現金流狀況並不妙。

表 A 二・十三　研究年度的期初與期末金融淨值
（依市場匯率換算成美元）

		起始金額	最終金額	占組合餘額比	交易額	占組合交易額比	備註
資產							
正式	銀行儲蓄	0.00	0.00	0%	0.00	0%	他們有工作時，開了兩個銀行戶頭存錢；但後來失去工作，關閉帳戶
非正式	放錢在家	20.00	23.00	100%	432.69	99%	以前把錢藏在家中某個特定地方，每日有需求就從那裡拿錢
	喪葬社團				5.05	1%	夫妻參加了一間喪葬社團
	總計	20.00	23.00	100%	437.74	100%	
負債							
非正式	無息借貸	0.00	50.77	69%	154.41	63%	向鄰居與親人借了十二筆錢度日
	商店賒帳	0.00	23.08	31%	92.31	37%	葬儀社讓他們賒帳，還了部分的錢
	總計	0.00	73.85	100%	246.72	100%	
	金融淨值	20.00	−50.85	總金流	684.46		

南非深溝鎮的厲害理財者

西薇亞（第四章提過她）三十九歲，極有紀律，住在南非約翰尼斯堡外圍的深溝鎮小房子裡。她的整潔小屋與其他兩間緊緊相連，一起塞在密密麻麻的違章建築區裡，但其中一面牆令人讚嘆，有多扇窗子，塵埃飄落的陽光得以灑入。西薇亞替兩名客戶分別打掃房屋，每個月賺三百七十元。她的財務組合中最值得注意的財務工具是一間ＡＳＣＡ，二〇〇三年六月起就是會員。會員一共有三十三人，每人每月繳三十元，再以每月三〇%的利率借給他人，成員有義務每個月都要認領一些金額放貸出去。西薇亞每天忙著借錢給別人，光是二〇〇四年七月至十一月間，一共借錢給十六人，每個人平均借六十元。很可惜，西薇亞從ＡＳＣＡ那賺到的錢，沒有想像中多。首先，有幾個人借錢不還，西薇亞得自掏腰包還給ＡＳＣＡ，淨利因此減少；第二，就在ＡＳＣＡ即將分配收益的前夕，會計從銀行領錢出來時，慘遭搶匪殺害。會計身上只帶著ＡＳＣＡ部分的錢，也因此西薇亞依舊拿回一些錢，一共兩百四十六元。如果借錢的人沒賴帳，也沒發生搶劫事件，她原本可以拿到雙倍的錢。

西薇亞不只靠ＡＳＣＡ存錢，每個月也讓兩名雇主把她的工資匯入兩個不同的銀行戶頭，一個戶頭的錢用在她所有的支出，另一個則盡量不動。照銀行費來看，分兩個銀行戶頭比較貴，但西薇亞因此有辦法每個月存下一半工資。此外，她還存錢在正式的儲蓄方案，到期日是女兒十六歲、需要錢念大學的時候。西薇亞還試著把錢放在家裡，這麼做將需要極度有紀律的預算。此外，她專心還完在先前的耶誕節動用的兩張信用卡。西薇亞是財務組合管理的模範，努力利用眾多財務工具存錢。天道酬勤，她的金融淨值在一年間成長一倍以上。

表 A 二．十四　研究年度的期初與期末金融淨值
（依市場匯率換算成美元）

		起始金額	最終金額	占組合餘額比	交易額	占組合交易額比	備註
資產							
正式	銀行帳戶	1,373.38	2,086.28	62%	10,353.54	54%	有四個不同的銀行帳戶，包括一個長期存款戶頭
	儲蓄年金	153.85	369.23	11%	182.71	1%	有女兒教育費的儲蓄計畫
	喪葬方案				68.95	<1%	使用一個正式的喪葬方案
非正式	存放家中	84.62	483.08	15%	4,875.23	25%	以現金方式領補助，購買基本用品，剩下的錢則存放家中，應付每日的需求
	ASCA存款	0.00	246.00	7%	1,206.88	6%	參加五間形式不同的儲蓄社
	錢交由他人保管	0.00	153.85	5%	153.85	1%	把一些錢交給住在鄉間的阿姨
	喪葬社團				68.95	<1%	加入五間喪葬社團
	收利息借錢給他人	0.00	0.00	0%	2,404.38	12%	一年間一共借出四十二次
	總計	1,611.85	3,338.44	100%	19,314.49	100%	

表 A 二 · 十四　研究年度的期初與期末金融淨值（續）
（依市場匯率換算成美元）

		起始金額	最終金額	占組合餘額比	交易額	占組合交易額比	備註
負債							
正式	信用卡	214.46	0.00	100%	248.17	99%	有兩張信用卡，一年之中穩定償還
非正式	商店賒帳	0.00	0.00	0%	1.33	1%	向地方商店賒帳一次，因為手上沒有現金，立刻就還清
	總計	214.46	0.00	100%	249.50	100%	
	金融淨值	1,397.39	3,338.44	總金流	19,563.99		

住在南非蘭加違章建築區的夫婦

二十六歲的塔伯和妻子祖基斯瓦、兩個孩子，住在南非開普敦周邊蘭加的都市區。蘭加擁有多種類型的住宅，包括公寓區、兩房的獨立住宅、骯髒小旅社，以及一眼望不盡的擁擠違章建築。我們拜訪塔伯時，首先得找到進入貧民窟的入口，接著小心翼翼穿越各家，每一家都緊緊相連。塔伯的房子蓋在某種空地上，幾家鄰居接在一起。以當地標準來看，塔伯的房子算相當豪華，因為有兩個房間。附近有一排流動馬桶與一條水管，由那一區的人共用。

塔伯當建築工人，一星期賺一百〇七．六九元，薪水直接存入他的儲蓄帳戶。他利用停止單，每週自動將薪水中的二十三元轉帳至定存戶頭（和第四章約瑟夫的帳戶機制一樣）。塔伯靠這個辦法，在前一年存下九百二十三元，接著花掉五百五十三．八五元，留住三百七十元。他預期到了研究年度的尾聲，將能再累積九百二十三元以上。塔伯和朋友把這種方法當成某種儲蓄社團，雖然每個人都是各自存在自己的銀行戶頭，不過他們分享資訊，談論如何設定帳戶，鼓勵彼此存錢，塔伯希望有一天能拿這筆錢買房子。值得注意的是，去年十二月，他用商店信用卡花了超過七百七十元替孩子買衣服，打算隔年十二月還要花更多錢。他不希望動用儲蓄來償還這筆債務，並說留著這筆錢比較重要，萬一發生什麼事才有保障。

我們注意到塔伯的財務組合有一項值得留意的特點。他銀行戶頭裡有九百三十一・六三元，那是前一年靠自動轉帳法所存下來的錢。然而，為了過耶誕節，他欠下六百八十六・七七元的卡債。我們問，他為什麼不用銀行的錢結清信用卡，他說銀行的錢是給緊急事件用的，他不想冒險失去那筆錢，寧願慢慢一點一點還掉。另外也值得注意的一點是，其他家戶會在家中放錢，塔伯並不那麼做。他說擔心被偷，也怕失火，他住的地方三天兩頭就會發生這兩件事。塔伯希望靠存錢買房子，不過他煩惱將得等上很長一段時間。他的生活方式簡單又保守，有助於存錢，新的存錢法也能幫上忙，只不過速度比西薇亞慢。

表A二．十五　研究年度的期初與期末金融淨值（依市場匯率換算成美元）

		起始金額	最終金額	占組合餘額比	交易額	占組合交易額比	備註
資產							
正式	銀行儲蓄	931.63	2,165.71	94%	11,297.40	99%	利用一個銀行戶頭領薪水，接著利用停止單，把錢轉到另一家銀行的其他戶頭
	公積金	106.73	147.84	6%	44.84	<1%	雇主提供的公積金
非正式	無息借錢給別人	61.38	0.00	0%	61.38	1%	借一筆錢給鄰居，最終把錢拿回來
	總計	1,099.74	2,313.55	100%	11,403.62	1%	
負債							
正式	信用卡	1.54	686.77	100%	14,999.00	100%	有零售龍頭的一張信用卡
	總計	1.54	686.77	100%	14,999.00	100%	
	金融淨值	1,098.2	1,626.78	總金流	26,402.62		

謝辭

要不是有眾多人士鼎力相助，本書的研究無法成真。四項財務日記計畫的全體受訪者，我們欠了他們太大的人情。他們挪出寶貴時間，大方接受我們的糾纏不休，有什麼說什麼，信任我們、耐性十足，願意讓我們了解他們的人生，吐露財務祕密，同時將優點與弱點攤在我們面前。我們祈禱本書所做的呈現夠公允。

福特基金會（Ford Foundation）贊助了本書的寫作，我們尤其感謝福特約翰尼斯堡辦事處的寶拉・尼普諾（Paula Nimpuno）。她熱情相信日記法能做到的事，忍耐我們這四個身處三洲的作者花了三年，才終於寫下初稿。孟加拉（一九九九至二〇〇〇年）與印度（二〇〇〇至二〇〇一年）的財務日記，經費來自英國國際發展部（Department for International Development）提供給曼徹斯特大學發展政策與管理所（Institute for Development Policy and Management）「金融與發展研究計畫」（Finance and Development Research Programme）的研究經費。孟加拉的二代鄉村銀行日記（二〇〇二至二〇〇五年）由 MicroSace 委託。南非的財務日記由福特基金會、FinMark信託（FinMark Trust）、南非微型金融管理局（Micro Finance Regulatory Council of South Africa）支持。比爾蓋茲夫婦基金會（Bill and Melinda Gates Foundation）透過金融管道倡議（Financial Access Initiative）贊助本書作者梅鐸。本書提出的觀點是我們自己的，但我們也獲得眾多協助，而這些觀點不一定代表贊助者及其工作人員的意見。

在此向我們的田野調查員致上謝意。一九九九至二〇〇〇年的孟加拉日記，要感謝S．K．辛哈（S. K. Sinha）、山佛．伊斯蘭（Saiful Islam）、葉庫．阿薩德（Yeakub Azad）。三年期的「二代鄉村銀行日記」（二〇〇二至二〇〇五年）團隊由辛哈指導，區域指導員是珊米瑪．蘇塔納女士（Mrs. Shamima Sultana）、卡畢塔．培爾女士（Ms. Kabita Pal）、瑞貝雅．蘇塔納女士（Mrs. Rabeya Sultana，無親屬關係），助理是寶盧．亞塔女士（Ms. Parul Akhtar）、佩尼馬．鮑拉女士（Mrs. Purnima Barua）、普汪提．亞特女士（Mrs. Provati Akhter）、賈奈．蘭尼．馬強德女士（Ms. Jharna Rani Majumder）、倪露法．蘇塔納女士（Mrs. Nilufa Sultana，無親屬關係）與希皮．亞特女士（Ms. Shilpi Akhter，無親屬關係）。娜茲曼．奈哈女士（Ms. Nazmun Nahar）是翻譯人員。印度的田野調查員是蘇西．庫瑪（Susheel Kumar）與尼勒．艾亞（Nilesh Arya）。南非的七人團隊包括辛西瓦．穆拉瓦（Tshifhiwa Muravha）、布希．馬嘎齊（Busi Magazi）、汪多．姆基拉納（Lwandle Mgidlana）、詹內爾．拉穆斯（Zanele Ramuse）、諾桑奇・魁貝卡（Nomthumzi Qubeka）、諾巴勒・西魯溫（Nobahle Silulwane），以及我們永遠懷念的已故的亞伯・蒙加克（Abel Mongake）。幾位辛苦的研究人員忍受我們不停地追問，為了接觸受訪者，日日跋山涉水、風雨無阻，忍受暴雨、泥濘與極端高溫。他們發揮博愛精神，搭起我們與受訪者之間的橋樑。

本書亦獲得眾多同仁協助。財務日記概念發起人赫姆不僅協助我們展開孟加拉與印度研究，提供建議，還在最後階段以奇蹟似的效率編輯本書。普林斯頓大學出版社（Princeton University Press）的編輯提姆・蘇麗文（Tim Sullivan）與賽斯・迪奇克（Seth Ditchik）協助我們的草稿成形，在出版過程中提供指引。提雅・蓋隆（Thea Garon）詳細閱讀最後的草稿，幫了大忙。

南非的幾位人士全都扮演著重要角色，他們引導研究流程，宣傳南非日記的成果。在此感謝：馬克・奈皮爾（Mark Napier）、克莉絲汀娜・祁連申（Christian Chileshe）、達洛・貝金（Darrell Beghin）、傑諾米・李奇（Jeremy Leach）、拉西德・阿梅德（Rashid Ahmed）、加百列・戴維（Gabriel Davel）、尼普諾、莫瑞・賴布蘭（Murray Leibbrandt）。我們誠心感謝大衛・波特斯（David Porteous）支持南非展開財務日記研究。我們要大力感謝克莉絲汀娜・史考特（Christina Scott）在南非進行風趣又務實的公關工作。研究助理露易絲・塔加德（Louise Taljaard）火眼金睛抓出細節，多虧有她梳理與準備南非資料。

一九九九至二〇〇〇年的孟加拉日記，伊姆蘭・馬汀（Imran Matin）與穆罕默德・馬尼魯札曼（Md Maniruzzaman）是不可或缺的指導團隊成員。馬尼魯札曼也替鄉村銀行日記再度提供建言，執行補充的田野研究。此外，我們獲得達卡的艾納賓會計公司（Acnabin and Co.）協助，由合夥人伊特卡・胡笙（Iftekhar Hossain）負責監督，穆罕默德・米亞（Mohammad Mia）主持。我們要感謝鄉村銀行，尤其是創辦人兼執行董事尤努斯及其副手迪巴爾・詹德拉・巴拉（Dipal Chandra Barua），在此謝謝他們的鼓勵與協助。也要感謝鄉村銀行的分行經理與第一線人員，以及其他眾多的微型金融機構，耐心回答我們不停拋出的問題。MicroSave的A・N・萊特（A. N. Wright）與大衛・克拉奈爾（David Cracknell）大力支持此一研究，提供眾多點子。

我們要感謝印度的Cashpor金融與技術服務（Cashpor Financial and Technical Services）協助我們挑選鄉村研究地點。從客戶篩選的概念化，一直到發展資料集，再到回顧草稿與協助寫作，印度古爾岡市（Gurgaon）EDA農村制度的辛哈（Sanjay Sinha）與帕多爾和我們合作，大力協助研究。此外，同樣任職於EDA農村制度的拉西卡・阿漢色（Radhika Aghase）協助平行研究，替財務日記提供寶貴心得。普拉胡・甘特（Prabhu Ghate）、蘇溫德・亞洛那（Sukhwinder Arora）、維哲・馬罕哲（Vijay Mahajan）、維克朗・亞庫拉（Vikram Akula）、拉吉・卡瑪爾・木赫吉（Raj Kamal Mukherjee）、吉肖・辛格（Kishore Singh）、芭芭拉・

哈里斯・懷特（Barbara Harriss-White）、班・羅加利（Ben Rogaly）、馬坎・哈潑（Malcolm Harper），全都替完成研究後那年出刊的論文提供建議，或是協助我們在印度展開研究。

最後要大力感謝我們的家人與另一半。在我們專心寫作、熬夜開視訊會議的數個月期間，更別提在漫長又耗力的日記田野工作歲月，他們支持著我們。柯林斯希望在此特別表揚她的先生布萊恩・塔伯特（Brian Talbot）。塔伯特一絲不苟地建立了聰明資料庫，協助記錄了南非的日記資料。

World Bank. Various years. *World Development Indicators*. Washington, DC: World Bank. Available at www.worldbank.org.

World Bank. 2008. *Finance for All? Policies and Pitfalls in Expanding Access*. Washington, DC: World Bank.

Wright, Graham, and Leonard Mutesasira. 2001. "The relative risks to the savings of poor people." MicroSave Briefing Note No. 6, MicroSave, Nairobi, Kampala, and Lucknow. Available at www.microsave.org.

Yunus, Muhammad. 2002. *Grameen Bank II: Designed to Open New Possibilities*. Dhaka: Grameen Bank.

———. 2007. *Banker to the Poor.* New York: Public Affairs.

Sinha, Sanjay, Tanmay Chetan, Orlanda Ruthven, and Nilotpal Patak. 2003. "The outreach/viability conundrum: Can India's regional rural banks really serve low-income clients?" ODI Working Paper 229:41.

Sinha, Sanjay, and Meenal Patole. 2002. "Microfinance and the poverty of financial services: How the poor in India could be better served." Working Paper 56, Finance and Development Research Programme, Institute for Development Policy and Management, Manchester University.

Stiglitz, Joseph. 2005. *Globalization and Its Discontents*. New York: Norton.

Swibel, Matthew, and Forbes Staff . 2007. "The world's top 50 microfinance institutions." *Forbes*, December 20. Available at www.forbes.com.

Thaler, Richard H. 1990. "Anomalies: Saving, fungibility and mental accounts." *Journal of Economic Perspectives* 4 (1): 193–205.

Thaler, Richard H., and Cass R. Sunstein. 2008. *Nudge: Improving Decisions about Health, Wealth, and Happiness*. New Haven: Yale University Press.

Thomas, Duncan. 1990. "Intra-household resource allocation: An inferential approach." *Journal of Human Resources* 25 (4): 635–64.

Thomas, Duncan. 1994. "Like father, like son or like mother, like daughter: Parental education and child health." *Journal of Human Resources* 29 (4): 950–89.

Townsend, Robert M. 1994. "Risk and insurance in village India." *Econometrica* 62 (3): 539–91.

Udry, Christopher. 1994. "Risk and insurance in a rural credit market: An empirical investigation in northern Nigeria." *Review of Economic Studies* 61 (3): 495–526.

Udry, Christopher, and Santosh Anagol. 2006. "The return to capital in Ghana." *American Economic Review* 96 (2): 388–93.

Vander Meer, Paul. 2009. "Sustainable financing for economic growth: Roscas in Chulin Village, Taiwan." Unpublished manuscript.

Van de Ruit, C., J. May, and B. Roberts. 2001. "A poverty assessment of the Small Enterprise Foundation on behalf of the Consultative Group to Assist the Poorest." CSDS Research Report, University of Natal.

Wolf, Martin. 2005. *Why Globalization Works*. 2nd ed. New Haven: Yale University Press.

insurance in South Africa." International Labour Organization Working Paper No. 22.

Roth, James, Denis Garand, and Stuart Rutherford. 2006. "Long-term savings and insurance." In *Protecting the Poor: A Microinsurance Compendium*, ed. Craig Churchill. Geneva: International Labour Organization.

Rutherford, Stuart. 2000. *The Poor and Their Money*. Delhi: Oxford University Press.

———. 2006. "MicroSave Grameen II briefing notes." Available at: www.microsave.org.

———. 2009. *The Pledge: ASA, Peasant Politics, and Microfinance in the Development of Bangladesh*. New York: Oxford University Press.

Rutherford, Stuart, and Graham Wright. 1998. "Mountain money managers." Unpublished report for European Union.

Rutherford, Stuart, S. K. Sinha, and Shyra Aktar. 2001. *BURO Tangail: Product Development Review*. For DFID Dhaka, available from BURO, Dhaka.

Sachs, Jeffrey. 2005. *The End of Poverty: Economic Possibilities for Our Time*. New York: Penguin.

Samphantharak, Krislert, and Robert M. Townsend. 2008. "Households as corporate firms: Constructing financial statements from integrated household surveys." , Unpublished manuscript, University of California, San Diego, and University of Chicago.

Schreiner, Mark, and Michael Sherraden. 2006. *Can the Poor Save? Saving and Asset Accumulation in Individual Development Accounts*. New Brunswick, NJ: Transaction.

Sillers, Donald. 2004. "National and international poverty lines: An overview." Unpublished manuscript, U.S. Agency for International Development. Available at www.microlinks.org.

Simanowitz, Anton. 2000. "A summary of an impact assessment and methodology development process in the Small Enterprise Foundation's Poverty-Targeted Programme, Tašhomisano." Paper for the Third Virtual Meeting of the CGAP Working Group on Impact Assessment Methodologies. Available at http://www2.ids.ac.uk/impact/files/planning/simanowitz_AIMS_paper.doc.

Morduch, Jonathan. 1995. "Income smoothing and consumption smoothing." *Journal of Economic Perspectives* 9 (3): 103–14.

———. 1999. "Between the market and state: Can informal insurance patch the safety net?" *World Bank Research Observer* 14 (2): 187–207.

———. 2005. "Consumption smoothing across space: Tests for village-level responses to risk." In *Insurance against Poverty*, ed. Stefan Dercon. New York: Oxford University Press.

———. 2006. "Microinsurance: The next revolution?" In *Understanding Poverty*, ed. Abhijit Banerjee, Roland Benabou, and Dilip Mookherjee. New York: Oxford University Press.

———. 2008. "How can the poor pay for microcredit?" Financial Access Initiative Framing Note Number 4. Available at: www.financialaccess.org.

Mullainathan, Sendhil. 2005. "Development economics through the lens of psychology." In *Annual World Bank Conference on Development Economics 2005: Lessons from Experience*, ed. Francois Bourguignon and Boris Pleskovic. New York: World Bank and Oxford University Press.

O'Donahue, Ted, and Matthew Rabin. 1999a. "Doing it now or doing it later." *American Economic Review* 89 (1): 103–21.

O'Donahue, Ted, and Matthew Rabin. 1999b. "Incentives for procrastinators." *Quarterly Journal of Economics* 114 (3): 769–817.

Patole, Meenal, and Orlanda Ruthven. 2001. "Metro moneylenders: Microcredit providers for Delhi's poor." *Small Enterprise Development* 13 (2): 36–45.

Pauly, Mark. 1968. "The economics of moral hazard: Comment." *American Economic Review* 58 (3): 531–37.

Prahalad, C. K. 2005. *The Fortune at the Bottom of the Pyramid.* Upper Saddle River, NJ: Wharton School Publishing.

Reille, Xavier, and Sarah Forester. 2008. "Foreign capital investment in microfinance." Consultative Group to Assist the Poor, CGAP Focus Note 43.

Rosenberg, Richard. 2007. "CGAP reflections on the Compartamos initial public offering: A case study on microfinance interest rates and profits." Consultative Group to Assist the Poor, CGAP Focus Note 42.

Roth, James. 1999. "Informal micro-finance schemes: The case of funeral

International Labour Organisation. 2006. "Answering the health insurance needs of the poor: Building tools for awareness, education and participation." May 29–31. Subregional Office for South Asia, New Delhi.

International Monetary Fund. Various years. *International Financial Statistics*. Available at www.imf.org.

Ivatury, Gautam, and Ignacio Mas. 2008. "The early experience with branchless banking." Consultative Group to Assist the Poor, CGAP Focus Note 46.

Johnston, Donald, Jr., and Jonathan Morduch. 2008. "The unbanked: Evidence from Indonesia." *World Bank Economic Review* 22 (3): 517–37.

Karlan, Dean, and Jonathan Zinman. 2008. "Credit elasticities in less-developed economies: Implications for microfinance." *American Economic Review* 98 (3): 1040–68.

Khandker, Shahidur. 1998. *Fighting Poverty with Microcredit: Experience in Bangladesh.* Washington, DC: World Bank.

Khandker, Shahidur, Baqui Khalily, and Zahed Kahn. 1995. "Grameen Bank: Performance and sustainability." World Bank Discussion Paper 306.

Laibson, David. 1997. "Golden eggs and hyperbolic discounting." *Quarterly Journal of Economics* 112 (2): 443–77.

Laibson, David, Andrea Repetto, and Jeremy Tobacman. 1998. "Self-control and saving for Retirement." *Brookings Papers on Economic Activity* 1:91–196.

———. 2003. "A debt puzzle." In *Knowledge, Information, and Expectations in Modern Economics: In Honor of Edmund S. Phelps*, ed. Philippe Aghion, Roman Frydman, Joseph Stiglitz, and Michael Woodford. Princeton: Princeton University Press.

Lim, Youngjae, and Robert Townsend. 1998. "General equilibrium models of financial systems: Theory and measurement in village economies." *Review of Economic Dynamics* 1 (1): 59–118.

Lund, Susan, and Marcel Fafchamps. 2003. "Risk sharing networks in rural Philippines." *Journal of Development Economics* 71 (2): 261–87.

McCord, Michael, and Craig Churchill. 2005. "Delta life, Bangladesh." Good and Bad Practices Case Study No. 7, CGAP Working Group on Microinsurance, ILO Social Finance Programme, Geneva.

Easterly, William. 2006. *The White Man's Burden: Why the West's Efforts to Aid the Rest Have Done So Much Ill and So Little Good.* New York: Penguin.

Fafchamps, Marcel, and Forhad Shilpi. 2005. "Cities and specialization: Evidence from South Asia." *Economic Journal* 115 (503): 477–504.

FinScope. 2003. "Summary report: Findings of the FinScope study into [*sic*] financial access and behavior of the South African population 2003." Available at www.finscope.co.za./documents/2003/Brochure2003.pdf.

Geertz, Clifford. 1962. "The rotating credit association: A 'middle rung' in development." *Economic Development and Cultural Change* 10 (3): 241–63.

Ghate, Prabhu. 2006. *Microfinance in India: A State of the Sector Report.* Delhi: Care India, SDC, Ford Foundation.

Gibbons, David, and S. Kasim. 1991. *Banking on the Rural Poor.* Center for Policy Research, University Sains, Malaysia.

Grimard, Franque. 1997. "Household consumption smoothing through ethnic ties: Evidence from Cote d'Ivoire." *Journal of Development Economics* 53: 391–422.

Gugerty, Mary Kay. 2007. "You can't save alone: Testing theories of rotating saving and credit associations." *Economic Development and Cultural Change* 55: 251–82.

Hoddinott, John, and Lawrence Haddad. 1995. "Does female income share influence household expenditures? Evidence from Cote d'Ivoire." *Oxford Bulletin of Economics and Statistics* 57 (1): 77–96.

Hossain, Mahabub. 1988. *Credit for Alleviation of Rural Poverty: The Grameen Bank of Bangladesh.* Institute Research Report No. 65. Washington, DC: International Food Policy and Research Institute.

Hulme, David. 1991. "The Malawi Mundii Fund: Daughter of Grameen." *Journal of International Development* 3 (3): 427–31.

———. 2004. "Thinking 'small' and the understanding of poverty: Maymana and Mofizul's story." *Journal of Human Development* 5 (2): 161–76.

Hulme, David, and T. Arun. 2009 *Microfinance: A Reader.* London: Routledge.

Hulme, David, and Paul Mosley. 1996. *Finance against Poverty.* London: Routledge.

Deaton, Angus. 1992. *Understanding Consumption*. Oxford: Oxford University Press.

———. 1997. *The Analysis of Household Surveys: A Microeconometric Approach to Development Policy*. Baltimore: Johns Hopkins University Press for the World Bank.

Dehejia, Rajeev, Heather Montgomery, and Jonathan Morduch. 2007. "Do Interest Rates Matter: Evidence from the Dhaka Slums." New York University, Financial Access Initiative working paper.

de Mel, Suresh, David McKenzie, and Christopher Woodruff . 2008. "Returns to capital in microenterprises: Evidence from a field experiment." *Quarterly Journal of Economics* 123 (4): 1329–72.

Dercon, Stefan, ed. 2006. *Insurance against Poverty*. WIDER Studies in Development Economics. Oxford: Oxford University Press.

Dercon, Stefan, Tessa Bold, Joachim De Weerdt, and Alula Pankhurst. 2004. "Group-based funeral insurance in Ethiopia and Tanzania." Centre for the Study of African Economies Working Paper Series 227, Oxford University.

Dichter, Th omas, and Malcolm Harper. 2007. *What's Wrong with Microfinance?* Rugby, UK: Practical Action.

Dorrington, R. E., L. F. Johnson, D. Bradshaw, and T. Daniel. 2006. "The demographic impact of HIV/AIDS in South Africa: National and provincial indicators for 2006." Centre for Actuarial Research, South African Medical Research Council and Actuarial Society of South Africa, Cape Town.

Dowla, Asif, and Dipal Barua. 2006. *The Poor Always Pay Back: The Grameen II Story*. Sterling, VA: Kumarian Press.

Dubois, Pierre. 2000. "Assurance complete, heterogeneite de preferences et metayage du Pakistan." *Annales d'Economie et de Statistique* 59:1–36.

Duflo, Esther. 2003. "Grandmothers and granddaughters: Old age pension and intra-household allocation in South Africa." *World Bank Economic Review* 17 (1): 1–25.

Duflo, Esther, Michael Kremer, and Jonathan Robinson. 2006. "Understanding technology adoption: Fertilizer in western Kenya, evidence from field experiments." Unpublished manuscript, MIT, Harvard University, and Princeton University.

Bauer, Michal, Julie Chytilova, and Jonathan Morduch. 2008. "Behavioral foundations of microcredit: Experimental and survey evidence from rural India." Unpublished manuscript, Financial Access Initiative. Available at www.financialaccess.org.

Bertrand, Marianne, Simeon Djankov, Rema Hanna, and Sendhil Mullainathan. 2007. "Obtaining a driver's license in India: An experimental approach to studying corruption." *Quarterly Journal of Economics* 122 (4): 1639–76.

Booysen, F. 2004. "Income and poverty dynamics in HIV/AIDS-related households in the Free State province of South Africa." *South African Journal of Economics* 72:22–45.

Bouman, Fritz J. A. 1989. *Small, Short, and Unsecured: Informal Rural Finance in India* New Delhi: Oxford University Press.

Case, Anne, and Angus Deaton. 1998. "Large cash transfers to the elderly in South Africa." *Economic Journal* 108 (450): 1330–61.

Chen, Martha Alter. 1986. *A Quiet Revolution: Women in Transition in Rural Bangladesh.* Dhaka: BRAC Prokashana.

Chen, Shaohua, and Martin Ravallion. 2007. "Absolute poverty measures for the developing world, 1981–2004." World Bank Policy Research Working Paper No. 4211.

Collins, Daryl. 2007. "Social security and retirement: Perspectives from the financial diaries." Unpublished manuscript. Available at www.financialdiaries.com.

———. 2008. "Debt and household finance: Evidence from the financial diaries." *Development Southern Africa* 25 (5): 469–79.

Collins, Daryl, and M. Leibbrandt. 2007. "The financial impact of HIV/AIDS on poor households in South Africa." *AIDS* 21, Supplement 7: S75–S81.

Cull, Robert, Asli Demirguc-Kunt, and Jonathan Morduch. 2009. "Microfinance meets the market." *Journal of Economic Perspectives*.

Dehejia, Rajeev, Heather Montgomery, and Jonathan Morduch. 2007. "Do Interest Rates Matter? Credit Demand in the Dhaka Slums." Working paper, New York University Wagner Graduate School.

Das, Jishnu, Jeff rey Hammer, and Kenneth Leonard. 2008. "The quality of medical advice in low-income countries." *Journal of Economic Perspectives* 22 (2): 93–114.

參考書目

Aleem, Irfan. 1990. "Imperfect information, screening and the costs of informal lending: A study of a rural credit market in Pakistan." *World Bank Economic Review* 4 (3): 329–49.

Armendariz de Aghion, Beatriz, and Jonathan Morduch. 2005. *The Economics of Microfinance.* Cambridge: MIT Press.

Anderson, Siwan, and Jean-Marie Baland. 2002. "The economics of ROSCAs and intrahousehold allocation." *Quarterly Journal of Economics* 117 (3): 963–95.

Ardener, Shirley. 1964. "The comparative study of rotating credit associations." *Journal of the Royal Anthropological Institute* 94 (2): 201–29.

Aryeetey, Ernest, and William Steel. 1995. "Savings collectors and financial intermediation in Ghana." *Savings and Development* 19 (1): 191–212.

Ashraf, Nava. 2008. "Spousal control and intra-household decision making: An experimental study in the Philippines." Unpublished manuscript, Harvard University.

Ashraf, Nava, Dean Karlan, and Wesley Yin. 2006. "Tying Odysseus to the mast: Evidence from a commitment savings product in the Philippines." *Quarterly Journal of Economics* 121 (2): 635–72.

Banerjee, Abhijit, and Esther Dufl o. 2004. "Do firms want to borrow more? Testing credit constraints using a directed lending program." CEPR Discussion Paper No. 4681.

———. 2006. "Addressing Absence." *Journal of Economic Perspectives* 20 (1): 117–32.

———. 2007. "The economic lives of poor households." *Journal of Economic Perspectives* 21 (1): 141–67.

Barrientos, Armando, and David Hulme. 2008. *Social Protection for the Poor and Poorest*. London: Palgrave.

Big Ideas
走出貧窮：250個底層家庭日記揭示的解答與希望

2021年11月初版
定價：新臺幣420元
有著作權・翻印必究
Printed in Taiwan.

著者	Daryl Collins Jonathan Morduch Stuart Rutherford Orlanda Ruthven
譯者	許恬寧
叢書編輯	陳冠豪
校對	鄭碧君
內文排版	李信慧
封面設計	兒日

出版者	聯經出版事業股份有限公司
地址	新北市汐止區大同路一段369號1樓
叢書編輯電話	(02)86925588轉5315
台北聯經書房	台北市新生南路三段94號
電話	(02)23620308
台中分公司	台中市北區崇德路一段198號
暨門市電話	(04)22312023
台中電子信箱	e-mail：linking2@ms42.hinet.net
郵政劃撥	帳戶第0100559-3號
郵撥電話	(02)23620308
印刷者	文聯彩色製版印刷有限公司
總經銷	聯合發行股份有限公司
發行所	新北市新店區寶橋路235巷6弄6號2樓
電話	(02)29178022

副總編輯	陳逸華
總編輯	涂豐恩
總經理	陳芝宇
社長	羅國俊
發行人	林載爵

行政院新聞局出版事業登記證局版臺業字第0130號

本書如有缺頁，破損，倒裝請寄回台北聯經書房更換。　ISBN 978-957-08-6069-6 (平裝)
聯經網址：www.linkingbooks.com.tw
電子信箱：linking@udngroup.com

Portfolios of the Poor: How The World's Poor Live On $2 A Day

國家圖書館出版品預行編目資料

走出貧窮：250個底層家庭日記揭示的解答與希望/ Daryl Collins、Jonathan Morduch、Stuart Rutherford、Orlanda Ruthven著．許恬寧譯．初版．新北市．聯經．2021年11月．352面．14.8×21公分（Big Ideas）
ISBN 978-957-08-6069-6（平裝）

1.貧窮 2.家計經濟學

551.84 110017714